省级精品在线课程配套教材

新编21世纪高等职业教育精品教材 ◆ 物流类

智慧物流与供应链基础

ZHIHUI WULIU YU GONGYINGLIAN JICHU

主　编　吴云旋　熊　毅

副主编　龚淑娟　叶雅雅

参　编　林海萍　李　颖

中国人民大学出版社

·北京·

图书在版编目（CIP）数据

智慧物流与供应链基础 / 吴云旋，熊毅主编．北京：中国人民大学出版社，2025.1 --（新编 21 世纪高等职业教育精品教材）．-- ISBN 978-7-300-33384-7

Ⅰ．F252.1-39

中国国家版本馆 CIP 数据核字第 2024GA7289 号

省级精品在线课程配套教材

新编 21 世纪高等职业教育精品教材·物流类

智慧物流与供应链基础

主　编　吴云旋　熊　毅

副主编　龚淑娟　叶雅雅

参　编　林海萍　李　颖

Zhihui Wuliu yu Gongyinglian Jichu

出版发行	中国人民大学出版社		
社　　址	北京中关村大街 31 号	**邮政编码**	100080
电　　话	010－62511242（总编室）		010－62511770（质管部）
	010－82501766（邮购部）		010－62514148（门市部）
	010－62515195（发行公司）		010－62515275（盗版举报）
网　　址	http://www.crup.com.cn		
经　　销	新华书店		
印　　刷	北京昌联印刷有限公司		
开　　本	787 mm×1092 mm　1/16	**版　　次**	2025 年 1 月第 1 版
印　　张	17.5	**印　　次**	2025 年 1 月第 1 次印刷
字　　数	390 000	**定　　价**	48.00 元

前　言

党的二十大报告指出，建设现代化产业体系，加快建设网络强国、数字中国。建设现代化产业体系需要现代物流与现代供应链。建设网络强国及数字中国需要大数据、区块链、物联网等与物流行业结合，加快推进中国物流与供应链数字化发展。物流与供应链是现代经济活动中的核心领域，在全球经济发展和产业结构不断演变的背景下，智慧物流与供应链是发展趋势，其发展前景非常广阔。随着信息技术的发展和消费者需求的升级，智慧物流与供应链将为经济发展方式的转变做出更大的贡献。

随着智慧物流与供应链的快速发展，物流企业和供应链企业对智慧物流与供应链人才的需求快速上升，出现人才供给不足的情况。同时，智慧物流与供应链行业发展对所需的相关人才也提出新的需求。为了增强智慧物流与供应链各个岗位从业人员对智慧物流与供应链基本知识的认知，也为了培养其智慧思维、创新思维、系统思维等职业素养，增强对智慧物流与供应链行业的认知与认同，我们编写了这本书。

本书遵循产教融合、校企合作的理念，围绕高素质智慧物流人才和供应链运营人才培养目标，基于工作过程，项目化、任务化、岗课赛证融通，实施以学习者为中心、学习成果为导向的教学改革。全书分为智慧物流概述、智慧物流技术、智慧物流运输、智慧物流仓储、智慧物流配送、智慧物流包装、智慧物流装卸搬运、智慧供应链八大项目，包含29个任务。每个项目遵循“学习目标”（知识目标、能力目标、素养目标）→学习内容→“任务导入”→“基础知识”→“任务分析与讨论”→“任务实施”→“任务总结”→“任务拓展”的逻辑结构，并创新性地给予重要知识点配套微课讲解，而且辅以大量的案例和实例，介绍了智慧物流与供应链的发展与应用情况。本书既可作为高职院校物流类及相关专业的学生用书，又可作为从事物流与供应链行业企业人员的培训用书和参考用书。

本书由泉州经贸职业技术学院吴云旋、熊毅等老师共同编写，具体分工如下：

熊毅负责编写项目一，龚淑娟负责编写项目二、项目三和项目六，林海萍负责编写项目四，李颖负责编写项目五和项目七，吴云旋、叶雅雅负责编写项目八。本书从大纲拟定、初稿完成到最终定稿都凝聚着中国人民大学出版社编辑的鼓励和支持。同时，编者在编写过程中参考了业内很多专家的成果，在此一并表示深切的敬意和谢意。

本书配备免费的教学 PPT、教学大纲、教学视频和课后练习等教学资源，并以省级精品课程在超星学银在线和智慧职教 MOOC 上架，读者可以访问学习并获取资料。

由于编者水平有限，加上智慧物流与供应链发展迅速，新理念、新技术、新方法等不断更新，书中难免有不足之处，敬请专家和广大读者批评指正，使本书后续能进一步完善，持续创新和提升。

编者

目　录

项目一
智慧物流概述

面对新形势新要求，我国流通体系现代化程度仍然不高，还存在一些短板和堵点。加快发展智慧物流，积极应用现代信息技术和智能装备，提升物流自动化、无人化、智能化水平。

《“十四五”现代流通体系建设规划》

学习目标

知识目标

- 掌握智慧物流的概念与特征；
- 了解智慧物流的发展；
- 了解智慧物流的功能与作用。

能力目标

- 掌握智慧物流与传统物流的区别；
- 了解智慧物流的应用场景与未来发展趋势。

素养目标

- 树立创新思维，将物流与互联网技术进行深度融合；
- 具备智慧物流行业新时代中国特色社会主义道路自信；
- 具有强烈的国家认同感和物流强国责任感。

学习内容

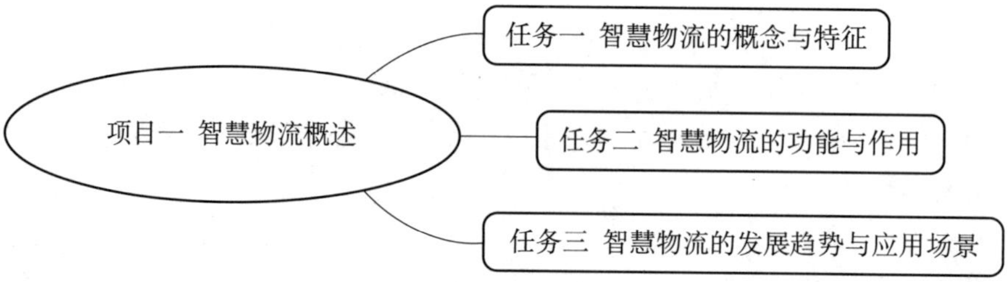

任务一
智慧物流的概念与特征

【任务导入】

上海通用汽车在物流全过程中进行了全局的数字化改造，打造全局物流数字化体系，并引入了大量的智慧物流装备，将数字化技术融入生产计划排产、入厂物流及物流平台建设等环节，推进物流数字化及智慧化转型。具体做法体现在以下几点：一是数字化智能排产。通过全过程数据采集与高效智能算法，快速灵活地优化排产计划，满足不同业务场景及对多维度的物流运作要求。二是优化入场物流流程。上汽通用汽车于2018年上半年重点推进了“供应链前端数据采集及绑定”“多库排队系统”“电子收货”等多个入厂物流数字化项目。三是建设智慧物流平台。上汽通用汽车携手安吉物流共同打造整车物流智能集成平台，实现了数据实时共享。在运输监控模块，获取运输车辆实时位置，实现精细化、透明化管理；通过车辆资源与运输资源匹配，降低车辆运输成本。

思考：智慧物流的内涵是什么？智慧物流与传统物流有哪些区别？

【基础知识】

一、物流产业变革

（一）物流产业变革的机遇

1. 物流需求规模不断扩大和结构转型升级

经济快速增长，物流需求量和物流市场规模不断扩大。工业化推进，大宗能源、原材料和主要商品的物流需求旺盛。产业结构转型升级，生产方式变化，“短、小、轻、薄”的商品以及小批量、多频次、灵活多变的物流需求加速增长。中国与国外不同经济体和国家的贸易会进一步提升，国际物流规模也会不断增长。随着国家经济的增长，广大居民的消费水平、心理、方式和结构也发生变化，物流需求更加关注服务质量、效率、品牌、个性化和体验等，基于更高价值的物流需求会越来越大。

2. 物流行业高标准高要求

城镇化率提高、物流量增加、能源短缺、环境污染、交通拥挤和道路安全等问题，迫切要求提升物流效率。区域经济协调发展及一体化要求构建有利于区域协调发展的物流服务体系。网络零售市场从沿海地区向内陆地区渗透，从一二线城市向三四线城市及县域渗透，加上乡镇和农村电子商务的发展，对电子商务物流发展提出了更高的要求。

3. 物流全球化需求

全球化背景下，中国与世界经济的联系和相互作用日益加深，中国与世界各国需要更便利的交通运输、物流、通信、信息等基础设施连接。同时，中国国际贸易继续稳健增长，加上跨境电子商务的发展，全球物流会有更好的发展。

（二）物流产业变革的挑战

1. 劳动力成本升高

中国劳动力人口比例持续下降，老龄化程度加剧，劳动力成本升高。人口红利正在消失，企业加快转型升级成为突围的关键。尤其是依赖要素投入促进经济增长的模式已经不可持续，通过技术进步、生产力和劳动者素质提高来加快转型升级，才是科学的发展对策。

2. 运输效率亟待提升

在我国各种运输方式中，公路物流体系承担运输系统中75%以上的货物运输，对物流业发展起着重要的支撑作用。但公路运输中“小、散、乱、差”等痛点仍然存在，货运个体户居多、行业分散、信息不对称、信息化应用程度较低等，加上货物、车型、价格、作业流程等标准化低，这些现象降低了运行效率，同时加大了管理的难度和成本。

3. 物流设施供需不均衡

物流设施供需矛盾突出，设施使用不均衡，集中表现为高租金和高空置率同时存在。最近几年，我国仓储能力与需求相比存在较大差距，全国人均通用仓储面积较低。同时，高标准仓储设施较为短缺。由于供需不均衡，一方面仓库租金呈加速上涨趋势，另一方面部分地区仓库空置率居高不下。

（三）物流产业变革的方向

1. 新技术、新模式，促进智慧物流蓬勃发展

推动物流业与互联网融合发展，鼓励互联网平台创新创业。具体要推动智慧运输、智慧仓储、智慧配送等智慧物流的发展，支持和鼓励物流企业应用大数据、物联网、云计算、移动互联网等先进技术，推广物流云服务等。

2. 降成本、减负担，打造高效物流服务体系

增加财政对公共产品和服务的投入，降低成本，比如针对公路运输，可以通过降低公路的收费标准、下调过路过桥费占运输成本的比重这些举措来降成本和减负担。推行精益物流等现代管理技术，降低企业存货水平，减少所有环节的库存浪费。

3. 全链条、一体化，推进物流网络互联互通

推进多种运输方式协同发展，打破链条各环节间的瓶颈，调整运输组织结构，提升

铁路运输、内河航运在多种运输方式中的货运比重。开展多式联运衔接工程，加强铁路与公路、水运、航空货运枢纽的规划衔接和网络对接，支持铁路进港口、进园区、进机场，支持在物流节点城市建设一批多式联运枢纽。培育社会化的多式联运市场主体，建立多式联运代理人制度，统一多式联运单证，推广电子运单，实现“一单制”。

二、智慧物流的产生

（一）智慧物流的产生概述

发展智慧物流，是指通过智能硬件、物联网、大数据等智慧化技术与手段，提高物流系统分析决策和智能执行的能力，提升整个物流系统的智能化、自动化水平。智慧物流集多种服务功能于一体，体现了现代经济运作特点的需求，强调信息流与物质流快速、高效、通畅地运转，从而达到降低社会成本、提高生产效率、整合社会资源的目的。

智慧物流的产生如图 1-1 所示。

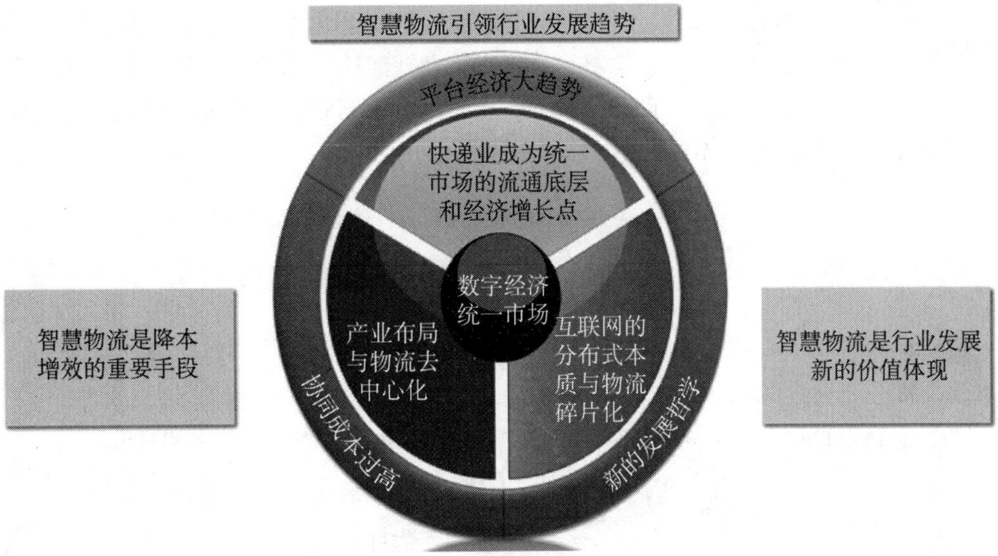

图 1-1　智慧物流的产生

（二）智慧物流产生的驱动因素

1. 新需求

电子商务、新零售、C2M 等各种新型商业模式快速发展，同时消费者需求也从单一化、标准化向差异化、个性化转变，这些变化对物流服务提出了更高的要求。

2. 新技术

工业 4.0 的提出，强调利用物联信息系统将生产中的供应、制造、销售信息数据化、智慧化，最后达到快速、有效、个性化的产品供应。对于物流科技而言，即整合传统和新兴科技，以互联网、大数据、云计算、物联网等现代信息技术提升物流智能化程度，增强供应链柔性。

3. 新模式

互联网时代下，物流行业与互联网结合，改变了物流行业原有的市场环境与业务流程，推动出现了一批新的物流模式和业态，比如车货匹配、运力众包等。基础运输条件的完善以及信息化水平的提升，进一步推进了多式联运模式的发展。新的物流运作模式，需要与之匹配的智慧物流来保障。

三、智慧物流的概念和内涵

微课

智慧物流的概念与特征

（一）智慧物流的概念

“智慧物流”从 2010 年开始出现相关研究，2016 年达到最热。对于智慧物流的概念，目前专家和学者没有统一说法。本书采用《中国智慧物流 2025 应用展望》中关于智慧物流概念的表述。智慧物流是通过大数据、云计算、智能硬件等智慧化技术与手段，提高物流系统思维、感知、学习、分析决策和智能执行的能力，提升整个物流系统的智能化、自动化水平，从而推动中国物流发展业，降低社会物流成本、提高效率。智慧物流体系框架如图 1－2 所示。

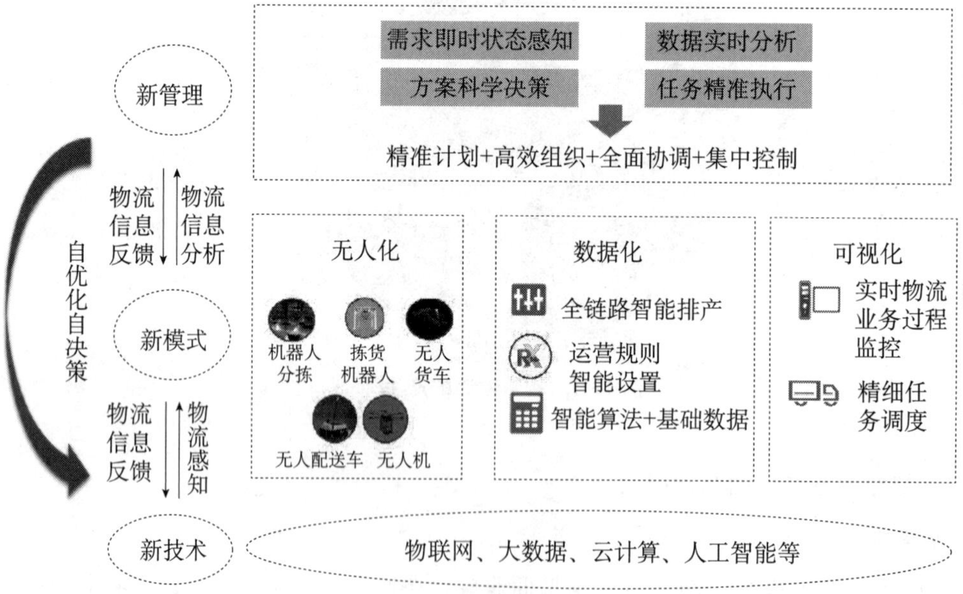

图 1－2　智慧物流体系框架

（二）智慧物流的内涵

智慧物流是大数据、云计算、物联网等新技术与传统物流系统的融合创新，是由新技术、新模式、新管理三者组成的耦合系统。

智慧物流内涵示意图如图 1－3 所示。

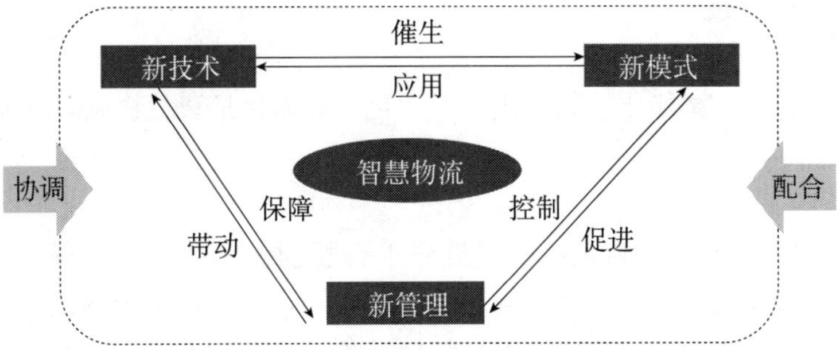

图 1－3　智慧物流内涵示意图

1. 新技术催生新模式，新模式应用新技术

大数据、云计算、物联网、人工智能等新技术的发展为物流行业的发展赋予了新的能量，激发了物流行业商业模式创新和市场新进入者的参与，催生出互联网+车货匹配+、互联网+合同物流、互联网+货运经纪、互联网+库存管理等新模式，成为物流业创新的重要源泉。同时，智慧制造、新零售、共享平台、无人化、自动化等物流领域新模式的产生也促进了物流行业技术的创新与应用。出于对物流行业无人化、智能化运作模式的要求，众多企业纷纷投入无人车、无人机、无人仓等设施设备的研发，物流行业共享化、平台化模式使得以自我感知、自我处理、自我决策为主要特点的智慧物流信息系统得以被设计并研发，大型制造企业的智慧化发展也促使 3D 打印、VR/AR（虚拟现实/增强现实）等相关技术开始应用于物流领域。

2. 新模式促进新管理，新管理控制新模式

新技术的引入使得物流行业新的运营模式产生，而诸如智慧制造、新零售、共享平台、无人化、自动化等新模式的正常运营则需要与之适应的管理思想、管理理念、管理方法、管理体制以及管理流程。与旧模式相比，新模式在组织管理方式、产业形态、经营形态等方面有新的发展和突破。管理的革命总是与技术及模式的革命相伴而生，模式的变化势必推动管理的变革，管理的变革必须适应模式的进步。与此同时，智慧物流中新的管理理念、方法、体制及流程等为新模式的运营提供了标准和规则。保障业务模式的有效运营、随时交互的客户沟通、超越客户预期的体验、重塑生产满足客户需要、客户与合作伙伴相互渗透等都需要运用新的管理方式。

3. 新管理带动新技术，新技术保障新管理

新的管理方式为新兴技术从体制、组织、战略、领导、环境、运作方式、资源配置效率等方面提供保证。先进的管理促进技术创新，技术创新能否给企业带来预期的绩效、能否提高创新工作效率，在很大程度上取决于能否同管理创新协同与匹配，能否同组织创新、文化创新、体制创新、运行机制创新等协同与匹配。智慧物流中，新兴的管理方式需要与之配套的新技术加以辅助，如无人化、智能化设施设备的管理需要追踪导航、信息控制等相关技术的辅助。

四、智慧物流的特征

与传统物流相比，智能化、数据化、柔性化、一体化是智慧物流的特征。

（一）智能化

“智能化”是智慧物流的典型特征，贯穿于智慧物流活动的全过程。智慧物流通过人工智能技术、自动化技术及移动通信等技术的应用，可实现整个物流过程的自动化及智能化管理，主要表现为需求及库存水平的精准预测、车辆及道路的智能配置，以及分拣、搬运及监控过程的智能控制等。

（二）数据化

“数据化”反映了智慧物流以“数据”驱动决策与执行的运作原理。智慧物流通过物流信息及业务的数据化，促进信息在物流各环节、各节点之间的互联互通和信息共享，实现物流系统全过程的透明化和可视化，并利用大数据、云计算及各种智能信息系统实现数据的科学分析与决策。

（三）柔性化

“柔性化”反映了智慧物流“以顾客为中心”的服务理念。随着人们个性化需求的不断增加，对于物流服务的需求也呈现出明显的差异化，柔性化在物流服务中的重要性开始凸显，主要表现为根据用户需求制订行之有效的物流方案，实时监控并适时调整，从而为用户提供可靠的、及时的、高质量的物流服务。

（四）一体化

“一体化”是指智慧物流活动的整体化和系统化，它是以智慧物流管理为核心，将物流过程中运输、存储、包装、装卸等诸环节集合成一体化系统，以最低的成本向客户提供最满意的物流服务。

知识延伸

顺丰“慧眼神瞳”

在物流行业中，人、车、货、场以及日益增多的自动化设备，是影响业务生产的几大要素。这些要素叠加另一些维度，如效率、质量、安全等，组合成了我们在业务的实际操作中的关注重点，比如人的效能、车的装载率、排班效率、件的时效、件在流转中的质量等。流程长、节点多、场景多而且复杂，如何对这些不同要素及场景进行精细化的经营管理，是整个业务过程中的重要挑战与痛点。

由物流行业快速发展引发的行业痛点给人工智能技术带来了新的蓝海，同时，人工智能技术也给物流行业带来了新的自动化机会，这双向的力量碰撞产生了奇妙的化学反应，为物流柔性自动化生产创造了条件，以解决包裹在预分拨、码垛、接驳、装车、分拨中心、配送站点等环节中的业务和技术难题。

顺丰在持续提升服务质量的战略背景下，经过多年的行业深耕与洞察，自主研发建立了 AIoT 视觉感知应用平台——“慧眼神瞳”，其综合应用 IoT、边缘计算和人工智能等前沿技术，极具扩展性。“慧眼神瞳”模块化、容器化的设计可根据需求灵活调整配置，实现业务变化与优化，高效迭代作业流程；能够配合监控摄像机、分拣线工业相机等 IoT 智能设备进行作业场景数字化建模，全面分析人、货、车、场地、设备等关键生产要素，覆盖端到端全业务场景的实时业务数据流，通过业务风险分析、自动化决策等数字化手段，可以有效保障运营质量，还可以管控业务风险、减少运营成本、提高管理效能与服务质量。

【任务分析与讨论】

请通过查阅教材、上网搜索、听课、讨论等获取表 1－1 的答案/案例，并进行自我评价，确保项目顺利实施。

表 1－1　相关知识和技能信息确认单

相关知识和技能	答案/案例	自我评价
传统物流		
智慧物流		
传统物流与智慧物流		

【任务实施】

思考任务要求，制订工作计划，在表 1－2 中用适当的方式予以表达。

表 1－2　计划工作单

1. 小组讨论决策

负责人：__________讨论发言人：______________________________

决策结论及方案变更：

____

____

____

2. 小组互换决策

优点	缺点	综合评价 （A、B、C、D、E）	签名

续表

3. 人员分工与进度安排

内容	人员	时间安排	备注

【任务总结】

【任务拓展】

1. 物流技术有哪些？智慧物流技术有哪些？
2. 你知道的智慧物流应用场景有哪些？

任务二
智慧物流的功能与作用

【任务导入】

2021年我国快递业务量达1 085亿件，支撑网络零售额接近11万亿元。其中，农村地区2021年收投快递包裹总量达370亿件。2022年我国基本实现建制村“村村通快递”。2023年我国快递业务量累计完成1 320.7亿件，同比增长19.4%。消费者的体会：以往订单量激增导致的快递“爆仓”现象基本没了，通常是“昨晚刚下单，今早就到货”！

思考： 快递处理工作量堪称“海量”，货物是如何快速送达的？这背后，智慧物流发挥了哪些作用？

【基础知识】

一、智慧物流的功能

微课

智慧物流的功能

（一）感知功能

智慧物流可以运用各种先进技术获取运输、仓储、包装、装卸搬运、流通加工、配送、信息服务等各个环节的大量信息，实现实时数据收集，使各方能准确掌握货物、车辆和仓库等信息，初步实现感知智慧。

（二）规整功能

智慧物流在感知之后把采集的信息通过网络传输到数据中心，进行数据归档。建立强大的数据库，分门别类后加入新数据，使各类数据按要求规整，实现数据的联系性、开放性及动态性。通过对数据和流程的标准化，推进跨网络的系统整合，实现规整智慧化。

（三）智能分析功能

智能分析是指运用智能的模拟器模型等手段分析物流问题，根据问题提出假设，并在实践过程中不断验证问题，发现新问题，做到理论与实践相结合。在运行中，系统会自行调用原有经验数据，随时发现物流作业活动中的漏洞或者薄弱环节。

（四）优化决策功能

优化决策是指智慧物流会结合特定需要，根据不同的情况评估成本、时间、质量、服务、碳排放和其他标准，评估基于概率的风险进行预测分析，协同制定决策，提出最合理有效的解决方案。

（五）系统支持功能

系统智慧集中表现于智慧物流并不是各个环节各自独立、毫不相关，而是每个环节都能相互联系、互通有无、共享数据，优化资源配置的系统，从而为物流各个环节提供最强大的系统支持，使各环节协作、协调、协同。

（六）自动修正功能

在前面各种功能的基础上，按照最有效的解决方案，系统自动遵循最快捷有效的路线运行，并在发现问题后自动修正，并且备用在案，方便日后查询。

（七）及时反馈功能

物流系统是一个实时更新的系统。反馈是实现系统修正、系统完善必不可少的环节。反馈贯穿于智慧物流系统的每个环节，为物流相关作业者了解物流运行情况并及时解决系统问题提供强大的保障。

微课

智慧物流的作用

二、智慧物流的作用

（一）降低物流成本，提高企业利润

智慧物流能有效地降低制造业、物流业等各行业的成本，显著提高企业的利润。生产商、批发商、零售商三方通过智慧物流相互协作、信息共享，能够节省成本。其关键技术诸如物体标识及标识追踪、无线定位等新型信息技术应用，能够有效实现物流的智能调度管理、整合物流核心业务流程，实现物流管理的合理化，降低物流消耗，从而降低物流成本，减少流通费用、增加利润。

（二）加速物流产业的发展，为物流业提供信息技术支撑

智慧物流的建设，将加速当地物流产业的发展，集仓储、运输、配送、信息服务等多功能于一体，打破行业限制，协调部门利益，实现集约化高效经营，优化社会物流资源配置。同时，智慧物流将物流企业整合在一起，将过去分散于多处的物流资源进行集中处理，发挥整体优势和规模优势，实现传统物流企业的现代化、专业化。此外，这些企业还可以共享基础设施、配套服务和信息，降低运营成本和费用支出，获得规

模效益。

（三）为企业生产、采购和销售系统的智能融合打基础

随着 RFID 技术与传感器网络的普及，物与物的互联互通将给企业的物流系统、生产系统、采购系统与销售系统的智能融合打下基础，而网络的融合必将产生智慧生产与智慧供应链的融合，企业物流完全智慧地融入企业经营之中，打破工序、流程界限，打造智慧企业。

（四）使消费者节约成本，轻松、放心购物

智慧物流可以提供货物源头自助查询和跟踪等多种服务，尤其是对食品类货物的源头查询，能够让消费者买得放心、吃得放心，在增加消费者的购买信心的同时促进消费，对整体市场产生良性影响。

（五）提高政府部门工作效率，有助于政治体制改革

智慧物流可全方位、全程监管食品的生产、运输、销售环节，大大缓解了相关政府部门的工作压力，监管也更彻底、更透明。计算机和网络的应用使政府部门的工作效率大大提高，有助于政治体制的改革，精简政府机构，裁汰冗员，从而削减政府开支。

（六）促进当地经济发展，提升综合竞争力

智慧物流集多种服务功能于一体，体现了现代经济运作特点的需求，即强调信息流与物质流快速、高效、通畅地运转，从而降低社会成本，提高生产效率，整合社会资源，促进当地经济进一步发展。

知识延伸

AI 持续助力顺丰自动化作业能力

物流改变生活，科技改变物流，AI 对物流产生了巨大的影响。

顺丰依托物流场景海量数据的沉淀，打造了丰富的产品矩阵，覆盖了物流的各个环节。让计算机看懂物流，在满足顺丰业务需要的同时，也为泛物流行业客户及合作伙伴提供了先进可靠的一站式解决方案。

1. AI 助力业务质量提升

皮带机堵转会造成流水线瘫痪，影响分拣时效，同时也会导致货物被挤压、变形、损坏等。为了对皮带机堵转现象进行实时监控，顺丰研发了皮带机堵转检测子系统。该子系统通过分析摄像头监控画面，实时预警堵转事件的发生，并精准定位堵转区间，实时上报并进行消息推送，确保堵转事件的快速消除。2021 年初，顺丰完成了皮带机堵转检测子系统在全国范围网点和中转场的推广落地，使货物破损率显著下降。

2. AI助力经营改善

快递在运输的整个过程中，需要经过多个分拣环节进行中转或分发，只有通过扫描设备准确识别包裹与运单条码的匹配关系才能进行精准分发。传统的扫描设备识别运单条码的准确率偏低，导致大量快递无法自动分派，同时也可能被分派到错误的目的地，对于生鲜类产品来说，这容易带来过期损坏等投诉问题，运输时效与配送成本均面临严重的影响。

3. AI补码产品技术利用

利用视觉OCR识别技术、视觉效果增强等技术，对扫描设备无法识别或识别错误的运单条码进行二次识别与矫正，其中OCR识别采用超大规模深度预训练模型，通过数千万文字图片进行训练后，结合特征金字塔方案对图片进行多尺度的特征变换，使其对图片中不同尺寸的字体均能够友好识别，识别准确率超过99.9%。在运输过程中，包裹摩擦等因素经常导致条形码破损或模糊，视觉增强技术通过大量图像样本训练，可以对条码中关键像素点重新进行图像组织，最大限度还原原始条形码成像，结合视觉OCR识别技术，整体准确率超过99.99%，性能和稳定性达到业界最高水平，在满足顺丰内部需求的同时，也服务于行业多家物流公司。

4. AI助力业务风控

寄递安全关系到快递业的健康发展。为了满足国家对寄递安全监管的要求，顺丰研发了智慧安检系统。智慧安检基于人工智能与物联网技术对传统的安检机进行升级改造，使之具备智能识别违禁品，并利用自动化设备实现对违禁包裹的自动拦截及分拣功能，不仅提升了安检的效率、准确率，还降低了人力成本投入。

【任务分析与讨论】

请通过查阅教材、上网搜索、听课、讨论等获取表1-3中的答案/案例，并进行自我评价，确保项目顺利实施。

表1-3 相关知识和技能信息确认单

相关知识和技能	答案/案例	自我评价
智慧物流的功能		
智慧物流的作用		

【任务实施】

思考任务要求，制订工作计划，在表1-4中用适当的方式予以表达。

表 1-4 计划工作单

1. 小组讨论决策

负责人：__________讨论发言人：__________

决策结论及方案变更：

____

____

____

2. 小组互换决策

优点	缺点	综合评价（A、B、C、D、E）	签名

3. 人员分工与进度安排

内容	人员	时间安排	备注

【任务总结】

____

____

____

____

【任务拓展】

1. 请简述智慧物流在不同行业的价值。
2. AI 替代了物流行业哪些岗位技能？

任务三 智慧物流的发展趋势与应用场景

【任务导入】

对比表 1-5 中三家企业的主要业务，分析智慧物流发展趋势。

表 1-5 三家企业的主要业务

企业名称	中远海科	运达科技	华鹏飞
注册日期	1993 年 5 月 19 日	2006 年 3 月 10 日	2000 年 11 月 15 日
注册资本	3.719 亿元	4.447 亿元	5.627 亿元
注册地点	中国（上海）自由贸易试验区民生路 600 号	四川省成都市高新区新达路 11 号	广东省深圳市福田区华富街道莲花一村社区皇岗路 5001 号
简介	中远海运科技股份有限公司主要从事智能交通系统，交通和航运信息化，工业自动化，安全防范工程领域的软、硬件产品科研、开发、销售、系统集成。公司是国内航运信息化领域的领军企业，以中国远洋海运集团为强有力的依托，致力于航运业相关应用软件和解决方案的研发工作，为用户提供高质量、多方位、深层次的航运和物流行业解决方案和集成服务。	成都运达科技股份有限公司始终秉承“让交通更安全”的使命，致力于为轨道交通业务领域提供智能解决方案及服务，是国内领先的少数拥有核心自主知识产权和生产能力的高科技企业之一。产品线布局涉及机车车辆业务板块、轨道交通牵引供电业务板块、铁路运输业务板块，公司为轨道交通提供智慧培训、智能运维、智慧车辆段、智能牵引供电等解决方案。	华鹏飞股份有限公司起步于综合物流服务，是国家 AAAA 级物流企业，多年耕耘不辍，不断延伸和拓展业务边界，公司业务目前覆盖移动物联网运营、综合物流服务和地理信息测绘等板块。公司目前已搭建基于互联网信息技术的大物流平台，逐步实现物流、信息流、资金流、商流四流合一，构建融合现代物流业产业基础及运营服务、多产业协同发展的一体化供应链生态圈。

【基础知识】

一、智慧物流的发展动因

在以提质增效为特征的新常态下，智慧物流快速发展，这其中主要动因有国家政策、技术进步、商业变化三个原因。

(一) 国家政策

为了促进物流行业智能化、数据化、绿色化、高效化发展，我国制定了智慧物流发展相关政策（见表1-6）。2022年12月，国务院发布《“十四五”现代物流发展规划》，提出推进物流智慧化改造，深度应用第五代移动通信（5G）北斗、移动互联网、大数据、人工智能等技术，分类推动物流基础设施改造升级，加快物联网相关设施建设，发展智慧物流枢纽、智慧物流园区、智慧物流仓储基地、智慧港口、数字仓储等新型物流基础设施。

表1-6　智慧物流发展相关政策汇总表

发文机构	文件名称	发文时间
国务院办公厅	《“十四五”现代物流发展规划》	2022年12月
	《物流业降本增效专项行动方案（2016—2018）》	2016年9月
	《关于深入实施“互联网+流通”行动计划的意见》	2016年4月
国家发展改革委	《关于恢复和扩大消费措施的通知》	2023年7月
	《“互联网+”高效物流实施意见》	2016年7月
国家发展改革委、工业和信息化部等	《推动物流业制造业深度融合创新发展实施方案》	2020年8月
商务部等	《关于支持国家级经济技术开发区创新提升更好发挥示范作用若干措施的通知》	2022年12月
科技部等	《关于加快场景创新以人工智能高水平应用促进经济高质量发展的指导意见》	2022年8月
国家邮政局	《“十四五”快递业发展规划》	2021年12月

(二) 技术进步

从2015年开始，大数据、物联网、云计算、机器人、区块链等新技术驱动物流技术在模块化、自动化、信息化等方向持续、快速变化。这些新技术物流发生了以下3个方面的变化：在感应方面，物流整个场景数字化；在互联方面，整个供应链内的所有元素相互连接；在智能方面，供应链相关的决策更加自主、智能。

目前在部分发达地区已经实现了人工智能机器人配送货物。随着可穿戴设备、3D打印、无人驾驶、人工智能、区块链、大数据、物联网等技术的成熟，人工智能机器人会越来越广泛地应用于运输、仓储、配送等物流环节，这将推动中国智慧物流的全面实现。

(三) 商业变化

现代商业的发展趋势在不断地发展和演变。众包、众筹、分享成为新的社会分工协作方式，物流信息资源、物流技术与设备资源、仓储设施资源、终端配送资源、物流人力资源等的共享成为现实，实现了在整个社会的层面进行物流资源的优化配置，提高效率、降低成本。而且，技术的进步也在改变物流模式，物流行业将大量采用电子化、自动化、信息化等先进技术，以提高效率和服务质量。

为了应对商业变化，物流行业需要高度重视并大力发展智慧物流，用“智慧”让物流更便利、更高效。如利用数据分析来提升效能，根据普华永道调研，运输和物流企业非常看重数据分析的重要性，其重视程度超过其他行业。根据分析，在未来，运输和物流行业拟将年收入的5%投入数字化运营中。

二、智慧物流的应用场景

智慧物流的发展已经从概念阶段转入实践阶段，智慧物流已经应用于多个领域，包括快递、冷链物流、快消品物流等。

微课

智慧物流的应用

（一）物流逐步实现在线化

随着移动互联网的快速发展，大量物流设施通过传感器接入互联网，货车、托盘、集装箱、仓库接入互联网。物流连接呈快速增长趋势，以信息互联、设施互联带动物流互联。“物流在线”奠定了智慧物流的基础。

（二）物流大数据得到应用

物流在线化产生了大量的业务数据。物流大数据得到应用，大幅度提高了企业的生产率。通过对大数据进行处理与分析，企业可以挖掘对自身运营管理有价值的信息，从而科学合理地进行管理决策。比如菜鸟网络推出的智能路由分单，实现包裹和网点的精准匹配，准确率达98%以上，分拣效率提高50%以上，有效缓解了仓库爆仓的压力。

（三）物流云服务强化保障

依托大数据和云计算能力，通过物流云来高效地整合、管理和调度资源，并为各个参与方按需提供信息系统及算法应用服务，是智慧物流的核心需求。近年来，京东、菜鸟等企业纷纷推出物流云服务应用，为物流大数据提供了重要保障。

（四）协同共享助推模式创新

智慧物流的核心是“协同共享”。“互联网+”物流服务成为贯彻协同共享理念的典型代表，互联网+高效运输、互联网+智能仓储、互联网+便捷配送等应用，就是互联网与物流业深度融合的应用。

（五）人工智能正在起步

人工智能通过赋能物流各环节、各领域，实现智能配置物流资源、智能优化物流环节及智能提升物流效率。无人驾驶、无人仓储、无人配送和物流机器人等人工智能开始试验应用。

微课

智慧物流发展趋势

三、智慧物流的发展趋势

（一）连接升级

预计未来 5～10 年，物流人员、装备设施以及货物将全面接入互联网，形成全覆盖、广连接的物流互联网，“万物互联”助推智慧物流发展。

（二）数据升级

预计未来 5～10 年，物流数字化程度将显著提升，清除行业信息不对称和信息孤岛现象，“全程透明”强化智慧物流基础。

（三）模式升级

预计未来 5～10 年，众包、众筹及共享等新的分工协作方式将得到广泛应用，打破传统的分工体系，重构企业业务流程和经营模式，“创新驱动”成为智慧物流的动力。

（四）体验升级

预计未来，分布式的物流互联网将更加接近消费者，全面替代集中化运作方式，依托开放共享的物流服务网络，满足每个客户个性化的服务需求，“体验经济”创造智慧物流价值。

（五）智能升级

预计未来 5～10 年，物流机器人使用密度将达到每万人 5 台左右，“智能革命”改变智慧物流格局。

（六）绿色升级

智慧物流充分利用社会闲置资源，积极减少能源耗费，以符合全球绿色和可持续发展的要求。预计未来 5 年，绿色包装、绿色运输及绿色仓储将加快推广应用，“绿色低碳”提升智慧物流影响力。

（七）供应链升级

智慧物流将引领智慧供应链变革。凭借靠近用户的优势，智慧物流将带动用户深入产业链上下游，以用户需求倒逼产业链各环节强化联动和深化融合，助推“协同共享”生态体系加快形成。

知识延伸

持续创新，深耕AI在物流行业的应用价值

物流作为一个庞大的综合性服务产业，全业务流程中到处都存在智能优化的空间，人工智能在物流领域的应用可分为两大类：一类是以AI技术赋能的智能设备，如搬运机器人、无人配送车、无人机、智能客服机器人等；另一类是通过智能算法来提高物流效率与降低业务风险，如装载率识别、设备智能巡检、风险自动检测等。

在顺丰全网的日常运营中，"慧眼神瞳"平台共打造50多种AI应用，管控每天3 000多万快递在运输、中转、配送中的各类风险。违规检测类应用共覆盖全国近17万网点，提升44多万收派员的专业化水平，保障服务质量并提高客户体验。

虽然目前物流+AI还是以辅助管理、提升效率为主，利用计算机视觉、NLP、智能语音等技术形成降本增效的功能矩阵，但未来会通过不断的业务场景探索与实践，从客户下单→自动分配订单→仓储自动分拣系统→运输全程监控到无人车/无人机配送上门，逐渐把众多AI功能汇聚成一整套端到端的智慧营运方案，最大限度上实现物流全链路的无人化、智能化。

人工智能与边缘计算虽然已被公认为是传统行业产业升级的关键技术，但要稳步推进，仍然面临一系列的挑战。AI在物流行业的落地中，也碰到很多问题，如对数据质量要求高、落地周期长、成本高等问题，降低新技术的应用门槛是首要问题。

此外，人工智能行业一直存在一个普遍矛盾：技术成本和应用带来的价值不匹配。早期人工智能在物流上的应用，在技术不成熟的阶段经常发现还不如用人工更节约成本。在大多数技术对业务没有充分融合的情况下，纯粹的技术驱动并不等同于业务最优方案。

因此，人工智能要深入融入物流每一个具体的业务场景中，只有与业务结果保持紧密关联，才能发挥更大的价值；同时，要在规模化、低成本、易用性强、轻能耗等方面坚持长期的突破与创新，这样才能抓住未来5～10年人工智能在物流行业发展的关键趋势。

【任务分析与讨论】

请通过查阅教材、上网搜索、听课、讨论等获取表1-7中的答案/案例，并进行自我评价，确保项目顺利实施。

表1-7 相关知识和技能信息确认单

相关知识和技能	答案/案例	自我评价
智慧物流的发展动因		
智慧物流的应用场景		
智慧物流的发展趋势		

【任务实施】

思考任务要求，制订工作计划，在表 1－8 中用适当的方式予以表达。

表 1－8　计划工作单

1. 小组讨论决策

负责人：__________讨论发言人：__________

决策结论及方案变更：

____

____

____

2. 小组互换决策

优点	缺点	综合评价 （A、B、C、D、E）	签名

3. 人员分工与进度安排

内容	人员	时间安排	备注

【任务总结】

____

____

____

____

【任务拓展】

1. 阐述智慧物流在乡村振兴战略中的应用。
2. 阐述智慧物流的升级。

项目小结

基础练习

一、单项选择题

1. 2010 年开始出现“智慧物流”相关研究，（　　）年达到最热。

A. 2014　　B. 2015　　C. 2016　　D. 2017

2. 智慧物流的核心是（　　）。

A. 集成化　　B. 协同共享　　C. 智能化　　D. 无人化

3. （　　）不属于智慧物流体系。

A. 支撑层　　B. 核心层　　C. 应用层　　D. 决策层

二、多项选择题

1. 智慧物流是由（　　）组成的耦合系统。

A. 新技术　　B. 新模式　　C. 新管理　　D. 新方法

2. 智慧物流三大主场是（　　）。

A. 仓储　　B. 运输　　C. 配送　　D. 信息系统

3. 智慧物流的特征是（　　）。

A. 数据化　　B. 智能化　　C. 柔性化　　D. 协同化

三、判断题

1. “绿色低碳”将成为智慧物流的一个重点发展方向。（　　）

2. 经营全球化和系统网络化是物流科学时代物流所呈现的特点。（　　）

3. 先进物流设施之间的交错连接与业务协同共同组成智慧物流的先进物流设施网络。（　　）

四、简答题

1. 与传统物流相比，智慧物流有哪些特征？
2. 智慧物流的基本功能有哪些？
3. 智慧物流的发展动因有哪些？
4. 智慧物流的发展趋势是什么？
5. 请结合自身经历谈谈智慧物流带来的变化。

项目二
智慧物流技术

构建基于5G的应用场景和产业生态，在智能交通、智慧物流、智慧能源、智慧医疗等重点领域开展试点示范。

深入推进服务业数字化转型，培育众包设计、智慧物流、新零售等新增长点。

——《中华人民共和国国民经济和社会发展第十四个五年规划和2035年远景目标纲要》

学习目标

知识目标

- 了解智慧物流技术架构，掌握三层架构内容；
- 了解智慧物流感知与识别技术；
- 了解智慧物流通信与网络技术；
- 了解智慧物流数据处理与计算技术。

能力目标

- 了解典型的智慧物流技术，掌握不同技术的内容；
- 掌握典型智慧物流技术的应用场景。

素养目标

- 培养爱国精神、工匠精神，坚定对中国智慧物流的自信；
- 树立创新思维，将物流与互联网技术进行深度融合；
- 培养独立解决问题的能力和不断创新精神。

学习内容

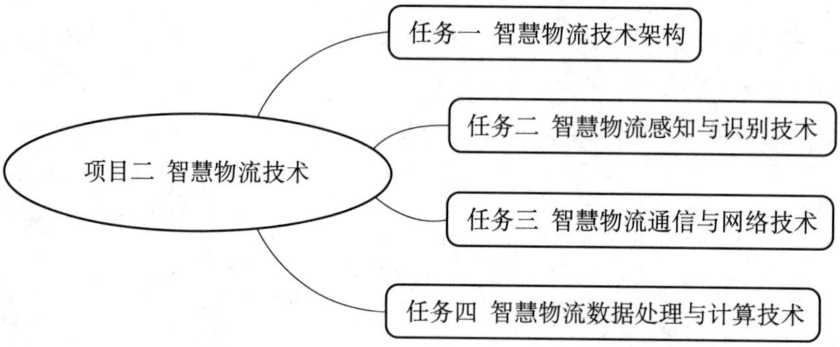

任务一

智慧物流技术架构

【任务导入】

2018 年 9 月 26 日，菜鸟宣布与快递合作伙伴一道正式上线视频云监控系统。这意味着全国各类物流场站内的百万个摄像头开启“物流天眼”，实现对场站的智能管理。德邦、中通、圆通、申通、百世、韵达等快递公司当天与菜鸟签约，正式接入这个基于物流 IoT 的智能系统。这套系统将在 2018 年“双 11”发挥作用。

德邦快递预计，接入这套系统之后，一年可节省成本近千万元。若算上物流效率提升及货损率降低，一年可产生过亿元的效益。据悉，菜鸟将陆续发布各类 IoT 平台级产品，与全行业共同推进物流 IoT 连接，加快行业数字化和智能化带动物流行业大变革，相关智慧物流公司将迎来机遇。

传化智联拥有国内领先的智能物流平台，其发布的悟流云产品新功能“悟流天眼”可以全程跟踪人、车、货、单、场的各个节点，实时查询和风险管控。优博讯成立的深圳市天眼智通科技有限公司聚集了人工智能领域高素质研发人才，积极拓展生物识别、计算机视觉和机器学习等人工智能技术在新零售、智慧金融、智慧物流等场景的应用。

思考：智慧物流可以应用到哪些技术？

【基础知识】

微课

智慧物流技术架构

一、智慧物流技术架构的内容

根据智慧物流的技术架构，智慧物流的关键技术总体可以分为感知层、网络层、应用层，如图 2－1 所示。

(一) 智慧物流感知层

1. 物流识别、追溯感知层

传统方式下，对物流信息的采集、记录、处理、传递和反馈，极易出现差错、信息滞后等问题，无法实现系统优化和实时控制，从而造成效率低下、成本高昂。

智慧物流环境下，可以借助条码、RFID、区块链等技术快速对货物进行识别和追溯。物流识别、追溯感知层主要解决货物信息的数字化管理问题。

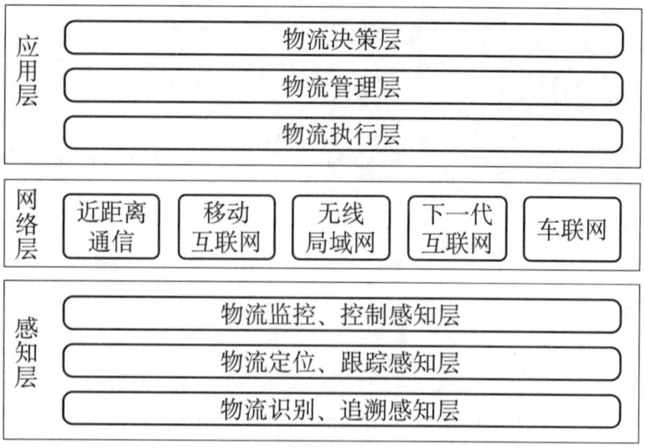

图 2-1 智慧物流的技术框架

主要技术：条码、RFID、区块链等。

2. 物流定位、跟踪感知层

现代物流对于物流产品的位置感知越来越迫切，只有知道了确切的位置才能进行有效的物流调度，集成各种运输方式，包括应用车辆识别技术、定位技术、信息技术、移动通信与网络技术等高新技术，实现交通管理、车辆控制、营运货车管理、电子收费、紧急救援等功能，降低货物运输成本，缩短货物送达时间。物流定位、跟踪感知层主要解决货物运输过程的透明化问题。

主要技术：卫星定位、Wi-Fi 室内定位、超宽带室内定位、RFID 定位等。GPS 作为最有效的室外感知技术已经在物流行业得到了有效利用，Wi-Fi 室内定位、超宽带室内定位、RFID 定位等室内定位技术已经成为目前弥补 GPS 全球定位系统功能缺陷的有效物联网手段。表 2-1 为几种定位跟踪技术的对比分析。

表 2-1 定位跟踪技术对比

项目	卫星定位	RFID 定位	Wi-Fi 室内定位	Wi-Fi-RFID	超宽带室内定位
抗干扰/阻挡能力	强	标签必须封装	强	强	强
通信频率/GHz	卫星信号	有线通信	2.4 802.11	2.4 802.15.4a	2.4 802.15.4a
定位精度/m	15	3～5	3～5 （与 AP 密度相关）	1～3	0.6
测量距离/m	无限	0.8	200	5～60	5～60
定位时长/s	3～10	<1	1	1	1
覆盖范围	室外、全球	局部	局部	局部	局部

3. 物流监控、控制感知层

物流监控、控制感知层为物流过程的安全提供有效的支撑手段，是智能物流监控信息化的重要组成部分，通过实现物流过程实时视频信息数据交换，及时有效地采集物流信息，并通过与物流视频监控、报警设备有机结合，实时掌握物流环节的运行状况，及时发现问题、解决问题，从而实现对物流过程的无缝监管。

主要技术：无线传感网、物联网等。

（二）智慧物流网络层

传输网：电信网（固网、移动通信网）、广电网、互联网、专用网。主要技术：4G移动通信网络、IPv6、车联网等。

接入网：光纤接入、无线接入、以太网接入、卫星接入。主要技术：Wi-Fi、WiMAX、蓝牙、ZigBee。

数据交换：实现数据的快速交换。主要技术：电子数据交换（EDI）。

（三）智慧物流应用层

1. 决策层

决策层主要是以物流系统为应用背景，对物流系统进行智能化整合，为物流决策者提供有力支持。

2. 管理层

管理层由物流管理信息系统组成，主要是针对具体的物流活动进行管理和控制，如仓储管理系统、分拣管理系统、运输管理系统等。管理层具有承上启下的作用。

3. 执行层

执行层由物流执行系统组成，主要通过传输层与物流感知设备进行数据接收和控制。

二、智慧物流技术格局

（一）智能运输

智能运输集成了各种运输方式，包括应用车辆识别技术、定位技术、信息技术、移动通信与网络技术等高新技术，具有交通管理、车辆控制、营运货车管理、电子收费、紧急救援等功能，能降低货物运输成本，缩短货物送达时间。

（二）智能仓储

智能仓储是在现有仓储管理作业环节中进行货品、数量、位置、载体等信息的实时自动采集，并通过在操作现场信息交互，实现快速货物入库、货物准确出库、库存盘点、货物库区转移、货物数量调整、实时信息显示、温度检测与报警。

（三）智能配送

智能配送集成全球定位系统（GPS）、配送路径优化模型、多目标决策等技术，把配送订单分配给可用的车辆，实现配送订单信息的电子化、配送决策的智能化、配送路线的实时显示、配送车辆的导航跟踪和空间配送信息的查询显示，协同仓库部门一起完成配送任务。

（四）智能包装

智能包装是指反映包装对象物品特性及内在品质和对象物品在运输、仓储、销售等流程中的包装过程，可以记录包装物品整个生命周期内物品质量的变化；借助电子技术、信息技术和通信技术等搜集和管理包装商品的生产及销售分布等信息。

（五）智能装卸

智能装卸是在一定区域内借助无人搬运车（AGV）、传送设备、智能穿梭车、通信设备、监控系统和计算机控制系统等技术，改变物品空间位置和存放状态的相关活动。智能装卸是包括装上卸下、传送移动、分拣、堆垛、出入库等作业活动的立体化、动态化过程。

（六）智能信息处理

智能信息处理包括信息感知、信息传输、信息存储和信息处理等；快速、准确地进行海量数据的自动采集和输入，实现物流信息集成和整合，通过数据库的整理、加工和分析，为物流作业的运作、相关决策的制定提供信息基础和经验借鉴，保障物流作业合理、高效运作。

图 2-2 为物流技术格局。

知识延伸

MQTT 平台技术

运输和物流行业的顺利运营、优化路线、跟踪资产和提高效率依靠高效的通信和实时数据交换。MQTT 平台提供了轻量级、可扩展和可靠的消息传递功能，是应对这些挑战的最佳解决方案。在运输和物流行业，MQTT 技术可用于简化操作、提高可见性和优化资源利用率。

一、应用场景

1. 物流运输管理

MQTT 技术可以帮助打造无人物流系统，实现对物流运输和配送过程中的城市运输车辆、无人配送机器人、配送无人机等设备的统一管理，推进物流运输逐渐向无人化、智能化和共享化演进。

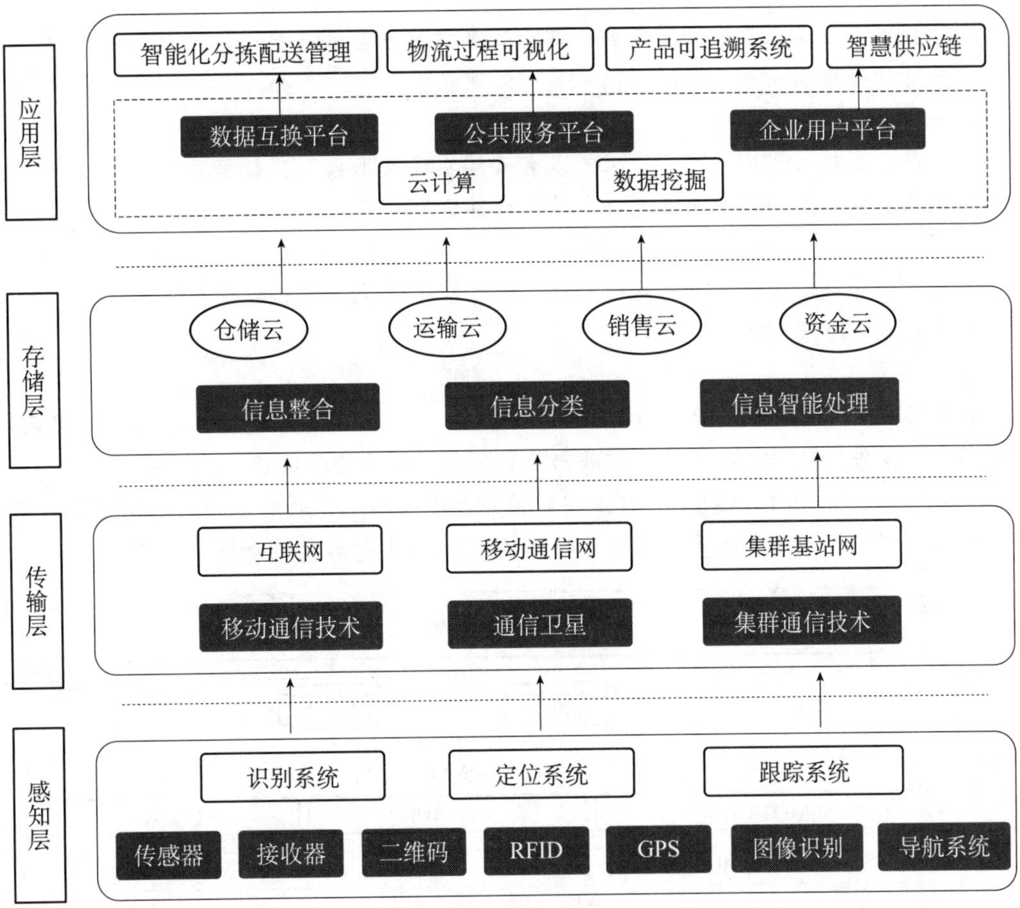

图 2-2　物流技术格局

2. 资产跟踪和管理

借助 MQTT 平台，企业可以在整个供应链中跟踪和管理资产，如运输集装箱、托盘和包裹。这可以确保更好的可见性、减少损失并实现高效的库存管理。

3. 车队实时监控

MQTT 平台可对车队车辆进行持续监控，实时更新车辆位置、状态和性能。这使物流公司能够优化路线、降低油耗并提高车队效率。

4. 库存和供应链优化

MQTT 平台可实现供应商、制造商、分销商和零售商等供应链利益相关者之间的实时数据交换，从而改善协调性、可见性和决策。这将提高供应链运营的效率和响应速度。

二、优势

1. 统一接入

除了标准 MQTT、CoAP/LwM2M 等物联网协议接入，MQTT 平台还支持 Modbus、OPC UA 等多种工业设备协议接入。

2. 安全可靠

云端提供百万级工业数据采集点，拥有高可靠的平台运行能力，为交通、物流、车队、仓储资产等提供安全稳定的数据采集与处理能力。

3. 云边协同

灵活的云边接入架构，可在边缘侧或者云端实现数据接入、数据处理，灵活应对现场设备侧与数据中心的不同网络连接条件与计算资源。

4. 实时处理

实时处理支持实时流式数据处理和转发，可在边缘执行原始数据预处理、过滤和分析，减少延迟、节省带宽。

5. 企业集成

企业集成有丰富开放的数据接口、数据储存能力，可以快速对接各类业务应用系统以及各类中间件、数据库，为应用扩展与业务创新提供快速集成能力。

企业通过在统一的 MQTT 平台上实时监控和跟踪车队、联网资产和运输基础设施，可以优化路线，提高运营效率，消除数据孤岛。MQTT 平台架构如图 2－3 所示。

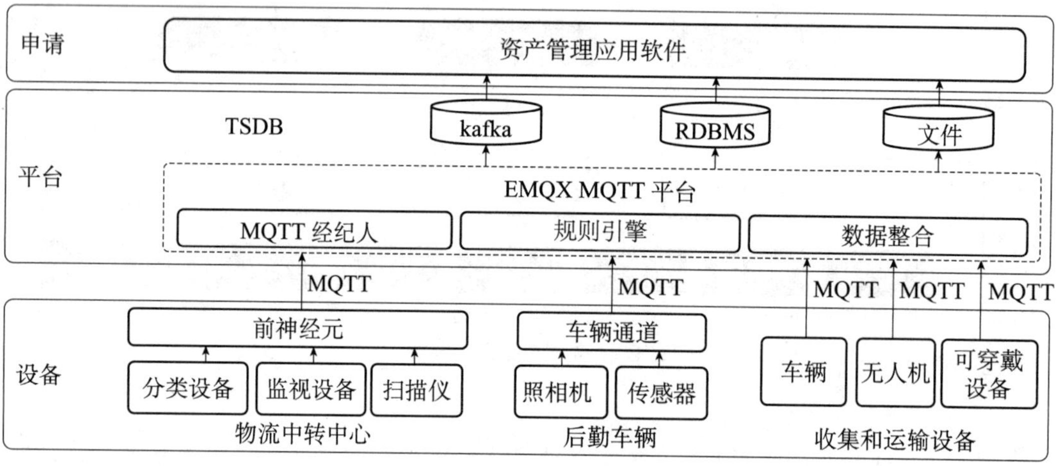

图 2－3 MQTT 平台架构

【任务分析与讨论】

请通过查阅教材、上网搜索、听课、讨论等获取表 2－2 中的答案/案例，并进行自我评价，确保项目顺利实施。

表 2－2 相关知识和技能信息确认单

相关知识和技能	答案/案例	自我评价
数据处理技术		
数据计算技术		
网络通信技术		

【任务实施】

思考任务要求，制订工作计划，在表 2-3 中用适当的方式予以表达。

表 2-3　计划工作单

1. 小组讨论决策

负责人：__________讨论发言人：______________________________

决策结论及方案变更：

____

____

____

2. 小组互换决策

优点	缺点	综合评价（A、B、C、D、E）	签名

3. 人员分工与进度安排

内容	人员	时间安排	备注

【任务总结】

____

____

____

____

【任务拓展】

1. 查找资料，探知智慧物流感知层与传统的物流层有什么区别。
2. 查阅课外资料，研究我国关于物流技术架构的政策。

任务二
智慧物流感知与识别技术

【任务导入】

快递运单中的信息作为分拣快递唯一的依据，是一种可视化的图像数据。运单图像中以两种方式记录着收、寄件人的个人信息和地理位置信息。第一种为纸质信息说明，如运单中打印的收、寄件人信息，传统的分拣快递人员正是以此为依据对快递包裹进行分拣的；第二种为电子信息说明，如条形码和三段码，快递分拣人员使用设备对电子信息进行扫描，从而完成快递包裹的入库、分拣和出库。由于快递运单在运输的途中容易被污染，因此通过识别条形码来分拣快递包裹的识别率并不高。

快递运单三段码是由数字 0～9 和 26 个大写英文字母组成的号码段，并用两段空白将号码分割成三段，代表建包的始发地、中转地、目的地以及街道快递员的编号。第一段码代表快递包裹的目的地分拣中心及包裹的类型，第二段码代表目的地分公司及分部，第三段码代表派送线路或派件员。每一家快递公司都有一套自己的代码系统，但都大同小异，各段代码代表不同的省区市网点。

快递运单条形码由不同宽度的条和空组成，并按照一定的编码规则进行排列组合，不同的排列规则都有属于自己的译码方式，通过条形码识别技术将条形码翻译成相应的数字信息。我国目前大多数快递公司采用的码制为 Code128 条形码，也称 UCC/EAN－128 码或 128 码（见图 2－4）。快递运单中的 128 码作为一种电子标签，被当作快递包裹的"身份证"，其组成包括：左侧空白区、起始符、数据字符、校验字符、终止符、右侧空白区。

起始符　数据字符　校验字符　终止符

(00)0692900010000000012

空白区　空白区

图 2－4　UCC/EAN－128 码的基本格式

人工将快递包裹（面单朝上）摆放到运转的传送带上，通过触发器对快递单图像进行采集，将获取到的数据传至中央处理器，再经过一系列的图像处理与检测分类识别的技术对快递单上的特定区域信息进行识别，再根据识别结果判断出该快递包裹所属的分拣口区域，快递包裹经过下料机以及皮带机输送到达事先规划好的各个分拣口对应的路径，包裹按相应的轨迹输送，到达分拣区域，完成分拣。

赛拓信息基于机器视觉技术的快递运单自动识别分拣解决方案解决了人工分拣包裹劳动强度大、分拣效率低、出错率高的技术问题；解决了单一通过识别条形码来分拣快递包裹分拣率不高的难题，以技术创新助力物流行业的自动化快速发展。

思考：分析机器视觉技术的快递运单自动识别分拣工作流程，快递运单自动识别分拣应用了哪些技术？给物流行业带来了什么好处？还有哪些技术可以应用在物流领域？

【基础知识】

微课

智慧物流感知与识别技术

一、识别技术

（一）条码识别技术

1. 条形码

条形码，简称条码，是由一组按特定规则排列的条、空及对应字符组成的表示一定信息的符号。不同的码制中，条码符号的组成规则也不相同。较常使用的码制有：EAN/UPC 条码、128 条码、ITF－14 条码、交叉二五条码、三九条码、库德巴条码等。以条码技术为基础的条码识别技术，是目前使用最广泛的自动识别技术，是利用光电扫描设备识读条码符号、实现信息自动录入的技术。

2. 技术应用

（1）库存管理。

条码识别技术已广泛应用于物流领域，特别是在仓库管理系统的库存管理中，条码识别技术被用在人、出库及在库管理业务环节。采用条码识别技术作为数据输入手段，实现商品、产品及原材料的到货清点、入库赋码、在库扫码盘存、出库扫码确认等，有利于管理者随时了解储存物品的出、入库情况及当前仓库中、货架的在库数量及品种，及时掌握库存的动态变化情况，以便于能够及时、定量地分析各种物品库存、销售、生产情况等信息，从而制订计划、采取措施，以保持最优库存量，加速资金周转。在进行每一项识别操作的同时，系统将对采集到的数据进行自动处理，为下一步的业务操作提供基础数据。

（2）生产管理。

条码生产管理是产品条码应用的基础，它建立产品识别码。在生产中应用产品识别码监控生产，采集生产测试数据，采集生产质量检查数据，进行产品完工检查，建立产品识别码和产品档案，有序地安排生产计划，监控生产及流向，提高产品下线合格率。

3. 推广意义

（1）条码技术与信息系统的强大接口技术。

备件物流中心信息系统在规划实施时就已经考虑到了条码的需要，条码系统与仓储管理系统实现了无缝连接，即便是以后条码与 SAP 连接，也可以借助 SAP 提供的 RFC 接口或相应的 DCOM 组件来加入条码支持。

（2）条码技术对物流管理产生独特作用。

条码除了其技术特点，在物流系统中还可以完成许多传统物流无法实现的工作。通过给每个物品设置条码，可以对该物品的流转进行完全跟踪，从而实现：

1）货物丢失后，可以在销售和客户服务环节及时发现。

2）防止销售中的地区窜货现象。

3）提高商品售后服务的质量。

4）建立起和生产相联系的质量反馈体系。

（二）射频识别技术

1. RFID

RFID 又称无线射频识别，通过无线电信号识别特定目标并读写相关数据，而不需要将识别系统与识别对象之间进行机械或光学接触，是一种无线通信技术。将 RFID 技术应用到物流行业管理中，可有效地提高物流系统的运作效率，降低行业总体运营成本，提高盈利能力和竞争力。RFID 系统组成如图 2－5 所示。

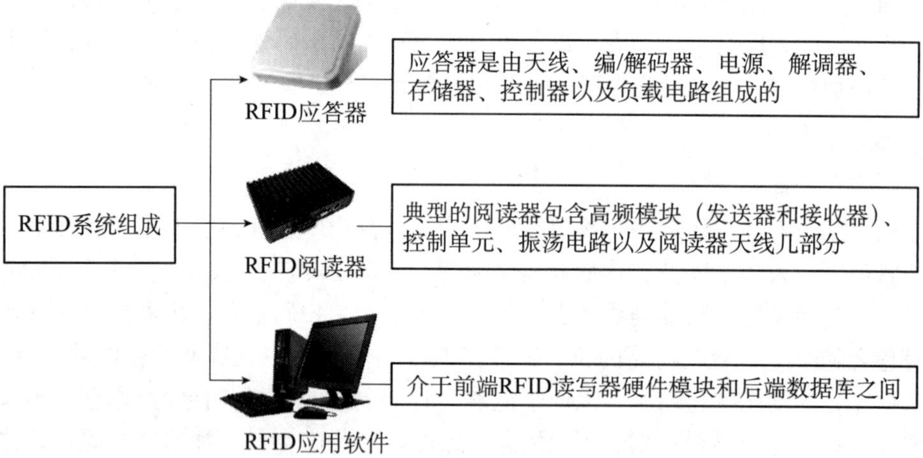

图 2－5 RFID 系统组成

RFID 是一项简单实用、易于操控的智能技术，非常适合用于物流领域，可以在各种恶劣环境下自由工作。一套完整的 RFID 系统，是由阅读器、应答器（电子标签）及应用软件系统组成的，其基本工作原理并不复杂。当电子标签进入磁场后，接收阅读器发出的射频信号，凭借感应电流获得的能量，将存储在芯片中的产品信息（无源标签或被动标签）发送出去，或者由电子标签主动发送某一频率的信号（Active Tag，有源标签或主动标签），阅读器读取信息并解码后，发送至中央信息系统进行有关数据处理。RFID 标签使用指南如表 2－4 所示。

表 2-4　RFID 标签使用指南

标签固定	将 RFID 标签使用钉子固定于周转的外围或者使用 3M 粘附于物体表面。
储位设置	将 RFID 储位标签固定在储位底部或者货架之上。
标签封装	使用高强度 PC 或者 PCB 材质对 RFID 标签进行封装，以便回收利用。
标签回收	由于 RFID 标签受撞易损，在回收时须进行筛选，将性能不好的或损坏的标签作报废处理。
标签修改	系统设有一个 RFID 标签管理员，且配有专门的写标机，负责改标签信息或清空标签信息等。

2. 技术应用

（1）仓库管理。

在仓库管理中，RFID 技术可实现商品的快速入库、出库和盘点。通过阅读器对标签的批量读取，能够实时掌握库存情况，减少人工操作失误，提高库存管理效率。同时，RFID 技术还有助于实现库存货物的可视化管理，为决策层提供准确的数据支持。

（2）运输跟踪。

在物流运输过程中，通过在货物和车辆上粘贴 RFID 标签，可以实时跟踪货物的位置和状态。这不仅有助于提高运输的透明度和安全性，还能在出现问题时迅速定位并采取措施，减少损失。

（3）供应链管理。

RFID 技术在供应链管理中的应用，可以实现从原材料采购到最终产品销售的全程跟踪。通过共享和整合供应链各环节的信息，能够加强企业间的协作与沟通，优化供应链流程，降低运营成本。

（4）智能分拣。

在物流分拣环节，利用 RFID 技术可实现自动化、智能化的分拣。系统能够根据标签中的信息自动将货物分配到正确的运输线路上，大大提高了分拣效率和准确性。

（5）信息统计。

射频识别技术的运用使信息统计变成了一件既简单又快速的工作。由档案信息化管理平台的查询软件发出统计清查信号，阅读器迅速读取馆藏档案的数据信息和相关储位信息，并智能返回所获取的信息和中心信息库内的信息进行校对。如针对无法匹配的档案，由管理者用阅读器展开现场核实，调整系统信息和现场信息，进而完成信息统计工作。

3. 推广意义

（1）标识。

RFID 标识，俗称电子标签，具有防水、防磁、耐高温等特点，可穿透通信，无屏障阅读，无任何物体覆盖。数据记忆容量大，RFID 标签是将数据存储在芯片中，从而有效避免损坏和数据丢失，可重复使用，不受形状或尺寸的限制，数据内容受密码保护，安全性强。RFID标识为供应链管理的各个环节提供通用的语言符号，这是实现物流信息收集数据库和代码的重要步骤，也是建立整个供应链的最基本条件，是实现仓储物流自动化的第一步。

（2）识别。

RFID射频识别技术可以通过无线电信号识别特定目标并读写相关数据，而无需识别系统与特定目标之间的机械或光学接触。该技术用于运输管理，只需在货物外包装上安装电子标签，在运输检查站或中转站设置阅读器即可实现物流运输的可视化管理。简而言之，条形码和射频自动识别技术的成功推广和应用代表了现代物流的发展，是智慧物流环节不可替代的物质保障。

（3）存储。

射频识别能够在减少人力、物力、财力的前提下，更便利地更新现有的资料，使工作更加便捷；射频识别技术依据电脑等对信息进行存储，最大可达数兆字节，可存储信息量大，保证工作的顺利进行；射频识别技术的使用寿命长，只要工作人员在使用时注意保护，它就可以重复使用。

（三）生物识别技术

1. 生物识别技术的内涵与外延

生物识别技术是利用人类自身生理或行为特征进行身份认定的一种技术。可用于识别的生物特征包括手形、指纹、脸形、虹膜、视网膜、脉搏、耳郭等；可用于识别的行为特征包括字、声音等。由于人体的这些特征具有不可复制性，生物识别技术的安全性较传统意义上的身份验证机制有很大提高。目前已发展了虹膜识别技术、视网膜识别技术、面部识别技术、签名识别技术、声音识别技术、指纹识别技术6种生物识别技术。

面部识别是一种依据人的面部特征（如统计或几何特征等），自动进行身份识别的生物识别技术，利用摄像装置采集含有人脸的图像或视频流，自动在其中检测和跟踪人脸，并对检测到的人脸图像进行一系列的应用操作。技术上包括图像采集、特征定位、身份确认和查找等。

2. 技术应用

（1）身份识别与门禁管理。

在物流行业中，涉及大量的文件签署和交接，通过生物识别技术可以确保签署文件的人员身份真实可靠，减少因身份造假而引起的纠纷和风险。

物流仓库、货运站点等地方可以使用生物识别技术作为门禁系统的一部分，通过人脸识别、指纹识别或虹膜识别来确认员工的身份，确保只有授权人员可以进入特定区域，从而提高安全性和防止盗窃。

（2）货物追踪与溯源。

在物流行业中，确保货物的安全性和可追溯性是一项重要任务。传统的条形码和二维码技术有一定的局限性，易被篡改或伪造。利用生物识别技术可以对货物进行追踪和管理，通过对物流车辆司机的指纹或虹膜进行识别，确保只有授权的司机可以操控货物，从而减少货物丢失和损坏的风险。这种基于生物识别的溯源系统可以提高货物管理的可信度，减少信息不对称问题，同时也能在出现问题时快速定位责任方，提高物流供应链的安全性。

（3）安全验证与智能仓储。

物流仓储环节是整个供应链中重要的一环，对安全性和效率要求较高。生物识别技术的应用可以提升仓储操作的智能化水平。生物识别技术与智能仓储系统相结合，实现对仓储设备和货物状态的实时监测和控制。通过生物识别技术的应用，物流企业可以提高仓储系统的自动化水平，提升操作效率，减少人为失误的发生。

（4）人员管理与考勤。

物流企业通常有大量的员工和临时工，传统的考勤管理方式往往存在记忆不准确、工时统计慢等问题。而应用生物识别技术，如指纹识别或面部识别，可以实现员工的自动考勤与管理。员工只需通过生物特征验证即可记录工时，减少考勤管理的烦琐步骤，提高工时统计的准确性和效率。此外，生物识别技术还可以用于员工的身份认证及权限管理，提高物流企业的人员管理水平。

（5）客户服务。

物流行业中的客户服务可以通过生物识别技术提供更便捷和安全的服务，如利用指纹识别技术来确认客户的身份，从而简化取件流程，提高客户满意度。

3. 推广意义

由于人体特征具有独一性，这一生物密钥无法复制、不会丢失或被遗忘，因此利用生物识别技术进行身份认定更加安全、可靠、准确。常见的口令、IC 卡、条纹码、磁卡或钥匙则存在丢失、遗忘、复制及被盗用等诸多不利因素。因此采用生物“钥匙”，不必携带大串的钥匙，也不用费心去记忆或更换密码。系统管理员也不必因忘记密码而束手无策。生物特征识别技术产品均借助于现代计算机技术实现，很容易配合电脑和安全、监控、管理系统整合，实现自动化管理。生物特征识别技术在智能物流系统中的应用，可以提高智能物流系统的安全性和可靠性，从而实现智能物流系统的良性发展。

二、感知技术

（一）传感器技术

1. 传感器

传感器是人类五官的延长，被称为“电五官”。传感器是获取信息的主要途径与手段。

（1）工作原理。

在传感器节点中，电源模块为节点提供能量，是整个无线传感器节点的基础模块。受节点体积限制，传感器节点的能量非常有限。因此，在整个节点设计中，以低功耗、高精度为主要要求，采取一系列有效的措施来节省能量。无线传感器节点构成如图 2 - 6 所示。

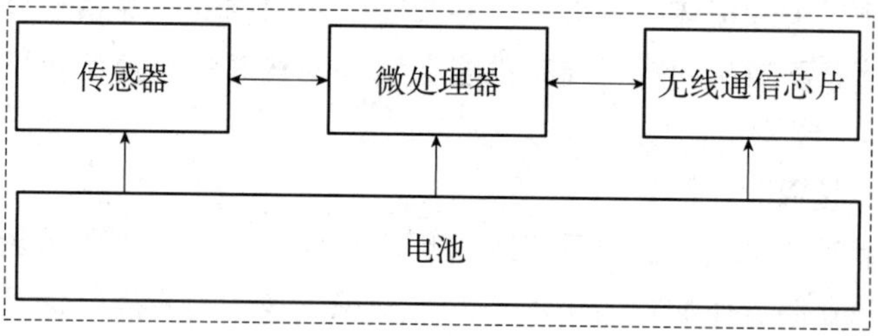

图 2-6　无线传感器节点构成

（2）分类。

根据输入量类型，传感器分为物理传感器和化学传感器两类。按传感器用途分类，传感器可分为压敏传感器、位置传感器、液位传感器、能耗传感器、速度传感器、热敏传感器、加速度传感器、辐射传感器、振动传感器、湿敏传感器、磁敏传感器、气敏传感器、真空传感器、生物传感器和视频传感器等。

2. 物流传感器技术类型

（1）温度传感器：可用于检测运输过程中货物的温度变化情况，特别适用于食品、医药等行业。

（2）湿度传感器：可用于检测货物运输过程中的湿度变化情况，在保证货物质量的同时，保护货物不受潮。

（3）光线传感器：可用于检测货物被光线照射的情况，对药品、化妆品等易被光照的货物有很好的保护作用。

（4）加速度传感器：可以检测货物运输过程中的震动情况，对易碎物品如玻璃器皿、电子产品等有很好的保护作用。

（5）压力传感器：可用于检测运输途中的压力变化情况，可以帮助监测运输工具的负载情况等。

3. 物流传感器技术应用领域

（1）食品配送：通过使用温度、湿度等传感器，可以实时监测食品的温度、湿度等情况，确保食品途中不受损坏。

（2）医药配送：借助传感器检测运输环境的温度、湿度等关键参数，确保医药品质的完好性和有效性。

（3）电子产品配送：通过使用加速度、压力等传感器，可以有效保护电子产品等易碎物品，降低运输过程中的损坏率。

（4）货运物流：运用传感器技术可以实现对货物状态的实时监测和跟踪，提高物流效率、降低成本。

（二）无线传感网

传感器网络是由大量分布在空间中的传感器节点组成的网络，这些节点能够感知和采集周围环境的信息，并将数据通过无线通信传输到目标节点或数据中心，如图 2-7 所示。在智慧物流中，传感器网络技术可以实时监测货物的位置、温度、湿度等信息，为物流企业提供精准的数据支持，从而优化物流流程、提高效率。

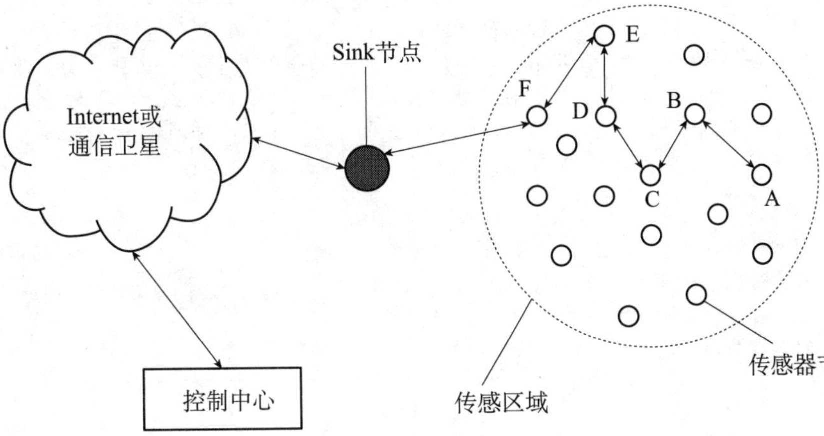

图 2-7　无线传感网工作原理

首先，面向智慧物流的传感器网络技术在实时监控方面发挥着重要作用。传感器节点可以被布置在货物包装或运输工具上，监测货物的位置和状态。通过无线通信，数据可以实时传输到物流中心，仓储和配送人员可以实时了解货物的位置和运行情况，及时做出调整和安排。这样可以避免因突发事件或延误造成的物流瓶颈，提高物流效率和顾客满意度。

其次，传感器网络技术还可以优化物流车辆的调度和路线规划。将传感器节点安装在物流车辆上，可以实时监测车辆的位置、燃油消耗、路况等信息。结合网络算法，可以实现智能的车辆调度和最优路线规划。通过动态调整车辆的路径和数量，可以减少行驶里程、降低燃油消耗，提高配送效率和成本效益。

除了实时监控和车辆调度，面向智慧物流的传感器网络技术在货物安全和防范风险方面也具有重要意义。传感器节点可以感知到货物包装内部的温度、湿度等信息，及时报警或采取措施防止货物受损。传感器还可以在货物受到撞击或震动时发出警报。这种实时的风险监测和预警机制，可以大大减少货物损坏和安全事故发生的概率，保证物流过程的安全性和可靠性。

三、跟踪定位技术

（一）技术介绍

1. 卫星定位技术

卫星定位技术特性能够与物流特性有机结合，并有效实现 4 个方面的物流功能：物流实时监控功能、双向通信功能、动态调度功能、数据存储和分析功能。

表 2-5 为 GPS、BDS、GNSS、GSNS 的全方位对比。

表 2-5 GPS、BDS、GNSS、GSNS 的全方位对比

定位系统	定位原理	定位精度	卫星数量	优势
GPS	35 颗卫星在 2 万千米高空环绕地球运行，任意时刻、任一地点都可观测到 4 颗以上的卫星。	定位精度达到 2.5～5 米水平，但民用定位精度为 10 米，测速精度为 0.2 米/秒，授时精度为 10 纳秒。	系统由 35 颗卫星组成（5 颗静止轨道卫星和 30 颗非静止轨道卫星），目前已成功发射 34 颗。	系统兼容操作便利，卫星数量多。
BDS	根据高速运动的卫星瞬间位置作为已知的起算数据，采用空间距离后方交会的方法，确定待测点的位置。	单机导航精度约为 10 米，综合定位精度可达厘米级或毫米级，但民用领域开放的精度约为 10 米。	系统由 28 颗卫星组成，其中 4 颗备用卫星，目前全部布局完成。	覆盖面积广，全球覆盖率高达 98%。
GNSS	原理与 GPS 类似，24 颗卫星分布在 3 个轨道平面上，这 3 个平面两两相隔 120°，同平面内卫星之间相隔 45°。	广域差分系统提供 5～15 米位置精度，区域差分系统提供 3～10 米精度，局域差分系统为离站 40 米内提供 10 厘米精度。	系统标准配置为 24 颗卫星，目前有 24 颗卫星正常工作。	全球覆盖，高精度、应用范围和领域广泛。
GSNS	采用中高度圆轨道卫星定位方案，共发射 30 颗卫星（27 颗工作卫星、3 颗候补卫星），还有 2 个地面控制中心。	可提供实时的米级定位精度信息，为公路、铁路、空中、海洋甚至徒步旅行者提供精度为 1 米的定位导航服务。	系统由 30 颗卫星组成，其中 27 颗工作星、3 颗备份星，目前系统布局完成。	精度高、系统先进，安全系数高。

2. 红外线室内定位技术

红外线仅能视距传播，直线视距和传输距离较短的缺点使其室内定位的效果很差，红外线只适合短距离传播，而且容易被荧光灯或者房间内的灯光干扰，在精确定位上有局限性。

3. 超声波定位技术

超声波传感器由于具有成本低廉、采集信息速度快、距离分辨率高等优点，因此长期以来被广泛地应用到移动机器人的导航定位中。而且它采集环境信息时不需要复杂的图像配备技术，因此测距速度快、实时性好。同时，超声波传感器也不易受到如天气条件、环境光照及障碍物阴影、表面粗糙度等外界环境条件的影响。超声波进行导航定位已经被广泛应用到各种移动机器人的感知系统中。

超声波传感器自身的缺陷，如镜面反射、有限的波束角等，给充分获得周边环境信息造成了困难，因此，通常采用多传感器组成的超声波传感系统，建立相应的环境模型，通过串行通信把传感器采集到的信息传递给控制系统，控制系统再根据采集的信号和建立的数学模型采取一定的算法进行对应数据处理便可以得到位置环境信息。

4. RFID 定位技术

RFID 作用距离短，一般最长为几十米，但它可在几毫秒内得到厘米级定位精度的信息，且传输范围很广，成本较低。由于其具有非接触和非视距等优点，因此成为优选的室内定位技术。RFID 标识的体积比较小，造价比较低，但是作用距离近，不具有通信能力，而且不便于整合到其他系统中。

5. 超宽带定位技术

超宽带定位技术可用于室内精确定位，如战场上士兵的位置发现、机器人的运动跟踪等。

超宽带系统与传统的窄宽带系统相比，具有穿透能力强、功耗低、抗多径效果好、安全性高、系统复杂度低、能提供精确定位等优点。因此，超宽带定位技术可以用于室内静止或者移动物体及人的定位跟踪与导航，且能提供十分精确的定位精度。

6. Wi-Fi 定位技术

利用智能手机中的多种传感设备进行定位，包括 Wi-Fi、GPS、陀螺仪、加速计和磁力计，并通过机器学习和模式识别等算法，用获得的数据绘制出准确的室内地图。采用经验测试和信号传播模型相结合的方式，易于安装，需要的基站很少，能采用相同的底层无线网络结构，系统总精度高。更精准的定位不仅有利于地图，还会让所有依赖地理位置的应用（LBS）更加精准。

7. 区块链技术

从数据的角度来看，区块链是一种几乎不可能被更改的分布式数据库。这里的“分布式”不仅体现为数据的分布式存储，也体现为数据的分布式记录（即由系统参与者共同维护）。从技术的角度来看，区块链并不是一种单一的技术，而是多种技术整合的结果。这些技术以新的结构组合在一起，形成了一种新的数据记录、存储和表达方式。

（二）技术应用

1. 物流追踪

在物流、快递等领域，跟踪定位可以有效掌握货物的位置和流向，从而提高物流效率。在物流仓储、工厂生产线等场景中，人员定位技术可以优化资源调度，提高生产效率，并确保物资的准确配送。

2. 安全监管

跟踪定位在安全监管方面也应用广泛，如监控犯罪嫌疑人、保卫重要设施等。

3. 紧急救援

在紧急救援方面，跟踪定位可以快速定位被困人员或事故地点，从而有效提高救援效率。

（三）跟踪定位的隐私问题

随着跟踪定位技术的普及，隐私问题也逐渐受到人们的关注。在使用跟踪设备时，应注意以下问题：

（1）了解设备信息，选择可靠的厂商和品牌。

（2）设置设备密码，避免信息泄露。

（3）注意个人信息安全，不要在公共场所使用跟踪设备。

（四）跟踪定位技术发展趋势

随着技术的不断发展，跟踪定位技术也在不断进步。未来，跟踪定位技术还将朝着以下方向发展：

（1）多模定位：结合 GPS、基站和 Wi-Fi 等技术，实现多模定位，提高定位精度。

（2）人工智能：利用人工智能技术，对定位设备采集的数据进行分析，并预测目标的移动轨迹，从而提高预测精度。

（3）新型定位技术：除 GPS、基站和 Wi-Fi 技术外，蓝牙、人工卫星等多种新型定位技术在未来也将得到更广泛的应用。

知识延伸

RFID 技术在仓储管理中的应用

传统的仓储管理模式下，数据采集相对比较滞后，货卡不一致情况经常发生。RFID 技术的运用使得数据采集及时性、过程精确管理提高了很多。企业可以随时随地了解到货物在库内放置的位置、数量，极大地提高了工作效率。

RFID 技术正在为仓储物流领域带来一场巨大的变革。RFID 以识别距离远、快速、不易损坏、容量大等条码无法比拟的优势应用于仓储管理的工作流程中，有效提高了仓库管理的效率和透明度。

RFID 智能仓储管理作业流程大致可分为：

流程一：入库

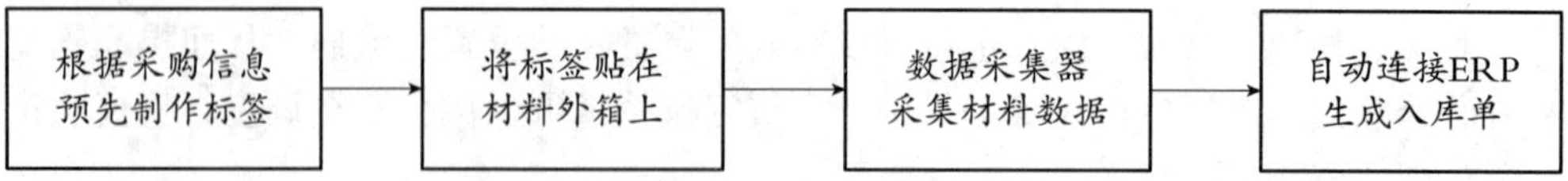

流程二：在库

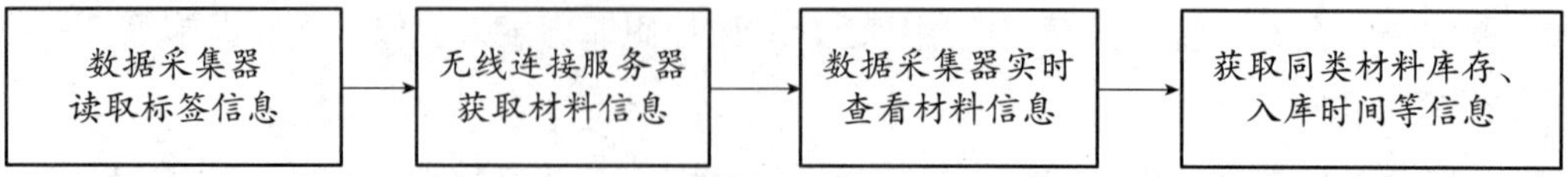

流程三：出库作业

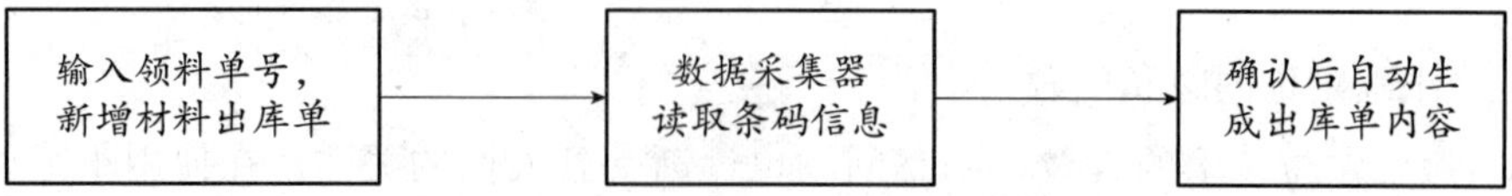

流程四：安装及退库作业

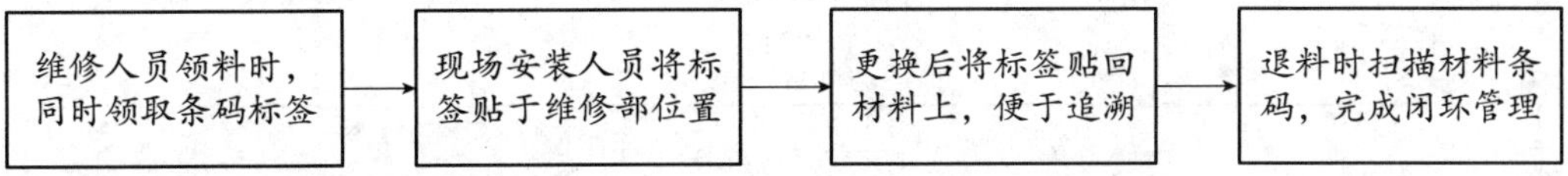

流程五：物品查找作业

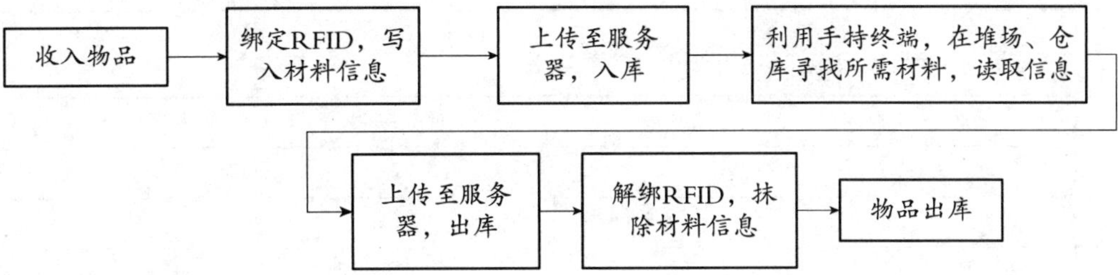

【任务分析与讨论】

请通过查阅教材、上网搜索、听课、讨论等获取表 2－6 中的答案/案例，并进行自我评价，确保项目顺利实施。

表 2－6　相关知识和技能信息确认单

相关知识和技能	答案/案例	自我评价
物联网技术在物流装备的智能追踪中的作用		
四大全球卫星导航系统应用范围		

【任务实施】

思考任务要求，制订工作计划，在表 2－7 中用适当的方式予以表达。

表 2－7　计划工作单

1. 小组讨论决策 负责人：________讨论发言人：________________ 决策结论及方案变更： ________________________ ________________________ ________________________

续表

2. 小组互换决策

优点	缺点	综合评价 （A、B、C、D、E）	签名

3. 人员分工与进度安排

内容	人员	时间安排	备注

【任务总结】

____

____

____

____

【任务拓展】

1. RFID技术是如何应用于智慧物流领域的？
2. 查阅课外资料，研究我国关于智慧物流感知和识别技术的政策。
3. 查阅课外资料，举例说明身边智慧物流感知和识别技术的应用。

任务三
智慧物流通信与网络技术

【任务导入】

5G 是第五代移动通信技术，具有传输速率高、网络容量大、延时短等特性，更具有低能耗、大连接、深度覆盖的低成本优势，相对于 4G 技术有 10 倍到 100 倍的提升。

我国 5G 技术位于世界前列，以华为为代表的大批企业在 5G 领域技术领先于西方发达国家，从 2019 年起，5G 技术在全球商用的帷幕被徐徐拉开。

5G 融合了很多关键技术，这些关键技术使得 5G 在很多方面具有得天独厚的优势。例如：通过网络切片技术可将运营商的物理网络切分为多个逻辑网络，实现一网多用。新一代物流行业使用的热点技术，包括物联网、人工智能、大数据云计算和区块链都将以 5G 为基础，这些热点技术在数据传输方面需要高带宽、低延时、可靠稳定以及海量连接的移动通信技术，5G 作为已经商业化的新一代通信技术，能够满足这些特性。

5G 技术有超低延时、高速宽带、海量接入三大特征，每个特征都有可能为物流细分领域带来跨越式的技术进步，与适合 5G 技术特点的使用场景融合，是物流行业前瞻性研究的重点。智能物流的特征包括泛连接。泛连接是指基于 5G+IoT 技术实现人和人、人和物、物和物的连接，5G 时代可以实现海量的物流装置和设备互联互通，为物流全流程数字化和实时决策管理提供了很好的基础。

从成本上说，5G 技术将在深度覆盖、低功耗和低成本等方面显露优势。同时，物联网传感器成本的迅速下降促使物联网在端到端供应链中使用普及，实现人、设备、车及货物等万物互联。

5G 技术支持不同场景化的灵活组网需求，可以解决物流行业向智能化升级进程中的技术挑战。5G 网络将通过影响场景和相关技术，间接地促进新一代物流的智慧化发展，帮助传统物流行业快速升级重构，实现从 1 到 N 的进化。5G 技术与仓储作业、监控和运维等全流程业务场景紧密结合，实现高密度智能存储、大规模智能搬运、高可靠智能分拣、高柔性智能拣选以及低成本智能监控与跨地域智能运维。

5G 技术解决了连接稳定性低、抗干扰能力弱、网络安全性弱等痛点，正在成为技术和商业应用的最佳契合点，更是引领物流行业智能化转型升级的重要驱动力。工信部提出加强 5G 在仓库、园区等场所的应用创新，推动相关场景应用落地，以及推进端边云协同的物流自动化智能装备和基础设施建设。

思考：5G 技术的优势特征有哪些？应用 5G 技术解决了物流行业的哪些痛点？

【基础知识】

一、通信与网络技术概述

微课

智慧物流通信与网络技术

（一）定义与特点

1. 定义

通信与网络技术是实现信息传输和数据交换的重要手段，通过各种通信设备和网络协议，可以实现信息的传递和交流。

2. 特点

通信与网络技术具有高效性、实时性、交互性和广泛性等特点，能够满足不同领域和场景的信息传输需求。

（二）发展历程

1. 初始有线通信

通信技术的发展可以追溯到远古时代，人们通过烟火、鼓声等方式传递简单的信息。然而，真正的有线通信技术的起点可以追溯到19世纪中叶。在这一时期，电报的发明和使用标志着有线通信的开始。随着电缆的不断铺设和完善，有线通信技术逐渐成为一种重要的信息传递方式，为世界各地的信息传递和沟通提供了极大的便利。

2. 无线电报与广播

19世纪末，无线通信技术的出现为通信领域带来了巨大的变革。无线电报的发明使得信息可以在不依赖有线连接的情况下进行远距离传输。随后，无线电广播技术的出现进一步推动了无线通信技术的发展，使得信息可以更快速地传播到更广的地区。

3. 早期电话与电报

电话的发明是通信技术发展史上的又一座重要里程碑。电话的出现使得人们可以进行实时语音通信，极大地提高了通信的效率和便捷性。与此同时，电报作为一种重要的文字通信方式，也在这一时期得到了广泛的应用。

4. 模拟信号传输

在20世纪的大部分时间里，模拟信号传输是通信领域的主导技术。模拟信号传输可以连续地表示声音、图像等信息，使得通信更加真实、生动。然而，随着通信需求的不断增加和技术的不断发展，模拟信号传输的局限性逐渐显现出来。

5. 数字技术崛起

20世纪后半叶，随着数字技术的崛起，通信技术迎来了又一次革命性的变革。数字技术具有抗干扰能力强、信号传输稳定、信息容量大等优点，逐渐取代了模拟信号传输在通信领域的主导地位。数字技术的广泛应用推动了通信技术的发展，使得通信更加高效、准确、便捷。

6. 互联网的诞生

20 世纪 60 年代末，互联网的诞生为通信领域带来了前所未有的变革。互联网的出现使得世界各地的计算机可以相互连接、交换信息，推动了信息的快速传播和共享。随着互联网的不断发展和完善，人们的生活和工作方式发生了深刻的变化。

7. 移动通信发展

20 世纪末至 21 世纪初，移动通信技术的快速发展使得人们可以随时随地通信。从第一代模拟移动通信技术到第二代数字移动通信技术，再到第三代和第四代移动通信技术（3G 和 4G），移动通信技术的每一次更新换代都为人们带来了更加快速、稳定、便捷的通信体验。表 2－8 清晰地展示了从第一代移动通信技术到第五代移动通信技术的发展变化。

表 2－8　从第一代移动通信技术到第五代移动通信技术的发展变化

项目	1G	2G	3G	4G	5G
下载速度（每秒）	无法上网	15～20KB	120～600KB	1.5～10MB	1GB 甚至更高
应用范围	语音通话	语音通话、短信、彩信	视频通话、移动网络访问、听音乐、看电影（含 2G 可实现的所有功能）	游戏服务、移动电视、视频会议、3D 电视（含 3G 的所有功能）	智能手表、智能家居、物联网、无人驾驶等
代表机型	大哥大	按键蓝屏手机、滑盖手机	触摸手机	各种智能手机	功能越来越强大的手机
					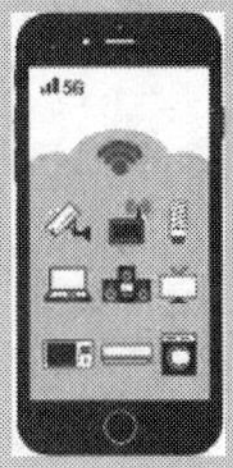

8. 云计算与大数据

近年来，云计算和大数据技术的快速发展为通信领域带来了新的机遇和挑战。云计算技术使得数据可以在云端进行存储和处理，大大提高了数据处理的效率和可扩展性。而大数据技术则可以对海量数据进行挖掘和分析，为人们提供更加深入、全面的信息。云计算和大数据技术的结合为通信领域带来了新的发展方向和应用场景，推动了通信技术的不断创新和发展。

综上所述，通信与网络技术的发展历程充满了变革和创新。从初始的有线通信到现代的云计算与大数据技术应用，通信技术的每一次发展都为人类社会的进步和发展做出了巨大的贡献。未来，随着技术的不断进步和创新，通信技术将继续为人类社会的发展带来更多的机遇和挑战。

二、技术类型

（一）近距离通信

1. ZigBee 通信技术

ZigBee 是一种应用于短距离和低速率下的无线通信技术，ZigBee 过去又被称为“HomeRFLite”和“FireFly”技术，现在统一称为 ZigBee 技术。它是一种低功耗、低成本、低速度的网络技术，可以在家庭、商业、工业和其他领域中实现自动化和智能化控制。它基于 IEEE 802.15.4 标准，可以支持非常低的数据速率，从而实现更高的功耗效率和更长的距离传输，主要用于距离短、功耗低且传输速率不高的各种电子设备之间的数据传输。典型的应用有周期性数据、间歇性数据和低反应时间数据传输。图 2-8 为 ZigBee 组网模式。

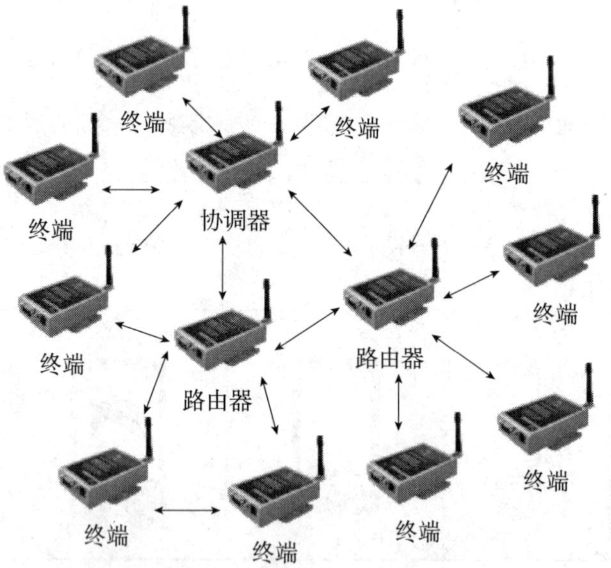

图 2-8 ZigBee 组网模式

2. 超宽带无线通信技术

超宽带（Ultra Wide Band，UWB）技术是一种无线载波通信技术，它不采用正弦载波，而是利用纳秒级的非正弦波窄脉冲传输数据，因此其所占的频谱范围很宽。UWB 技术具有系统复杂度低、发射信号功率谱密度低、对信道衰落不敏感、截获能力低、定位精度高等优点，尤其适用于室内等密集多径场所的高速无线接入。

当前，UWB 技术已成为短距离、高速无线连接最具竞争力的物理层技术。IEEE 已经将 UWB 技术纳入 IEEE 802 系列无线标准，正在加紧制定基于 UWB 技术的高速无线个域网（WPAN）标准 IEEE 802.15.3a 和低速无线个域网标准 IEEE 802.15.4a。

（二）移动互联网

移动互联网是 PC 互联网发展的必然产物，将移动通信和互联网二者结合起来，成为一体。它是互联网的技术、平台、商业模式和应用与移动通信技术结合并实践的活动的总称，依托手机、平板电脑等移动通信设备实现互联网接入，提供包括话音、传真、数据、图像、多媒体等多种高品质电信服务。

移动互联网的核心特点在于其“移动性”，用户可以随时随地通过移动设备接入网络，享受信息服务，这极大地改变了人们的沟通方式、消费习惯和工作模式。其技术基础包括移动通信技术如 4G、5G 等，这些技术提供了高速的数据传输能力；同时，互联网技术也保证了信息的广泛传播和交换。这些技术的发展使得移动互联网的应用场景不断扩展，从最初的短信、彩信服务，到现在的视频通话、在线支付、移动办公等多元化应用。移动互联网对移动性的支持非常符合物流中“物”的移动性的特点，对于推动物流信息化发挥着重要作用。

（三）无线局域网

无线局域网是一种数据传输系统，它利用射频技术，使用电磁波，取代旧式双绞铜线所构成的局域网络，在空中进行通信连接，使得无线局域网能利用简单的存取架构让用户更方便地进行通信。

无线局域网使用的是无线传输介质，按所采用的传输技术，可以分为三类：红外线局域网、扩频局域网和 OFDM（正交频分多路复用）局域网。

红外线局域网的数据传输有三种基本技术：定向光束红外传输、全方位红外传输与漫反射红外传输。红外线波长在 850～950nm，数据传输速率为 1Mbps 或 2Mbps。红外线传输的优点是不能进行重复攻击，缺点是传输距离小且不能绕过障碍物。

扩频局域网的数据传输有两种基本技术：跳频扩频 FHSS 与直接序列扩频 DSSS。

OFDM 局域网是将无线信号分成多路正交的信号，合在一起传输。由于采用多路复用技术，提高了数据率，可以达到 54Mbps 以上，采用域扩展技术可以达到 108Mbps，配合使用多天线（MIMO），可以达到 300Mbps 以上。

与有线网络相比，无线局域网具有更强的灵活性和移动性，安装便捷，易于进行网络规划和调整，易于扩展，同时故障定位容易。

无线局域网在智慧物流领域的应用场景主要包括仓储管理、货柜集散场、监控系统等。

（四）全 IP 方式（IPv6）

1. IPv6 地址

IPv4 的网络地址资源局限，已经严重制约了互联网的应用和发展。目前常用的 NAT（网络地址转换）技术只能缓解公网 IP 数量不足的燃眉之急，而真正能从根本解决 IP 地址数量问题和推进互联网发展的技术方案还得依靠 IPv6（Internet Protocol Version 6，互联网协议第 6 版）。

IPv4 地址数量：$2^{32}=4\ 294\ 967\ 296$。

IPv6 地址数量：$2^{128}=3.4\times10^{38}$。

2. IPv6 地址类型

IPv6 地址根据使用范围和功能分为三种类型：单播（Unicast）、任意播（Anycast）、组播（Multicast）。对比 IPv4，IPv6 地址中没有广播地址，但是有一个包含全部节点的组播地址，跟 IPv4 中的广播地址功能相同。其中单播地址又细分为全球单播地址、唯一本地地址和链路本地地址等。

3. IPv6 的优点

（1）IPv6 具有更庞大的网络地址数量，几乎是无限的。

（2）IPv6 使用更小的路由表，提高了路由器转发数据包的速度。

（3）IPv6 的分段处理，采用简化的报头定长结构和更合理的分段方法，加快了报文转发，提高了网络的整体吞吐量。

（4）IPv6 支持即插即用，简化了网络管理，易于支持移动节点。

（5）IPv6 具有更高的传输安全性。

（五）车联网

车联网是以车内网、车际网和车载移动互联网为基础，按照约定的通信协议和数据交互标准，在车和 X（X 代表车、路、行人及互联网等）之间进行无线通信和信息交换的网络，是能够实现智能化交通管理、智能动态信息服务和车辆智能化控制的一体化网络。

车联网技术是一种将车辆与互联网、移动通信、传感器等技术相结合的技术。它通过车载智能终端等设备，实现车辆与互联网之间的连接，使车载信息系统、娱乐系统、导航系统等实现智能化。车联网技术可以实现车辆之间、车辆与道路基础设施之间、车辆与用户之间的信息交互和数据共享，从而提高车辆的安全性、便利性、舒适性和智能化水平。

车联网技术的应用包括实时监测、远程控制、智能导航、车辆诊断、车辆保养等。通过车载摄像头、雷达、超声波传感器等设备，车联网技术可以实现对沿途车辆和行人的安全预警和自动驾驶。同时，车联网技术还可以实现车辆的远程监控和控制，辅助车主进行远程安防管理和车辆查找、维修等服务。此外，车联网技术还可以实时监测和感知车辆的尾气排放、能耗等参数，为减少能源消耗、降低汽车的排放量提供参照性的数据信息和控制功能。

三、技术应用

（一）货物追踪与监控

通过利用无线通信技术，如 RFID（无线射频识别）技术、GPS（全球定位系统）

和物联网技术等，物流企业可以实时追踪货物的位置、数量和状态。这大大提高了库存管理的精确性和效率，减少了人工成本和错误率。例如：通过在货物上贴上 RFID 标签，物流企业可以在任何时候、任何地点快速准确地获取货物的信息，从而做出正确的决策。

（二）实时监控与调度

无线通信技术可以帮助物流企业实时监控车辆的位置、行驶速度以及运输货物的情况，从而进行合理的调度安排。这种实时监控和调度不仅可以提高运输效率，降低物流成本，还可以为客户提供更加可靠和便利的服务。同时，通过无线通信技术，物流企业还可以实时传输这些数据给客户，让客户随时了解货物的运输状态。

（三）仓储管理

在仓储管理中，无线通信技术同样发挥着重要作用。利用无线通信技术，物流企业可以实时监控仓库的库存情况，及时了解货物的存放位置和数量，避免库存过剩或不足。此外，物流企业还可以利用无线通信技术在仓库中设置传感器和定位设备，实现货物的自动化分拣、智能存储和高效配送，提高仓储管理的整体水平。

（四）快递配送

在快递配送领域，无线通信技术也有着广泛的应用。例如：利用无线通信技术和移动设备，配送员可以实时接收配送任务，查询详细的配送地址和路线信息，提高配送效率。同时，客户也可以通过无线通信技术与物流企业进行实时沟通，了解配送进度和货物状态。

总的来说，无线通信技术在物流行业中的应用大大提高了物流管理的效率、准确性和便利性。随着它的不断发展和创新，无线通信技术在物流行业中的应用将会更加广泛和深入。

知识延伸

“公交物流平台”项目

浙江某县依托捷码低代码开发平台，搭建“公交物流平台”项目，重点打造基础信息数字化、方便快捷、佣金结算自动化的物流服务平台系统，优化运输、仓储、配送管理，从而实现农村物流的自动化、信息化、智能化。

1. 项目痛点

该县经济发展逐年稳步增长，综合实力稳步提升，农村经济也在平稳增长。但是农村物流发展缓慢，偏远农村的物流时效性低、成本高、丢件概率大、信息不对称、物流基础设施落后、物流技术装备落后、物流运作成本高等问题，与该县农村经济平稳增长形成矛盾。

该项目开发系统与应用落地时，需要根据农村居民、司机、中转站管理员等不同对象划分使用需求，并适配其具体需求，建设多端功能不同的各项应用。

2. 项目实现方案

项目依托捷码低代码开发平台丰富的业务组件库及行业模板，利用“拖拉拽”操作，快速便捷地搭建平台，仅用3周就完成了管理后台、司机端/站点端App、小程序等多端子系统的开发与实时部署，实现对司机、站点、包裹等业务的高效管理，打通各偏远地区与市区物流交通堵点、盲点，促进农村物流服务体系的健全完善，更好地服务乡村振兴战略。

基于捷码数据工具的强大接入与数据开发能力，该公交物流平台可对快递、公交司机信息、农村物流站点、公交线路信息进行数字化管理，订单系统自适应快递所属线路，并指派给对应的公交司机，公交司机App接单。运输完成后，财务系统自动结算司机和站点的佣金。

农村智慧物流服务系统，基于捷码低代码开发平台完成快速构建，以捷码数据工具接入用户信息、司机信息、订单等数据，并通过捷码流程表单、前端搭建、移动端搭建等开发功能，在同一技术框架下，集成物流管理后台、司机端/站点端App、小程序等子系统，用完整的公交线路运输体系去弥补农村物流体系的不足，健全完善的农村物流体系，解决农村“最后一公里”物流配送的民生问题。

根据使用者的不同，农村物流服务系统平台主要分为指挥中心、司机端、站点端、用户小程序。农村物流服务系统的总体架构如图2-9所示。

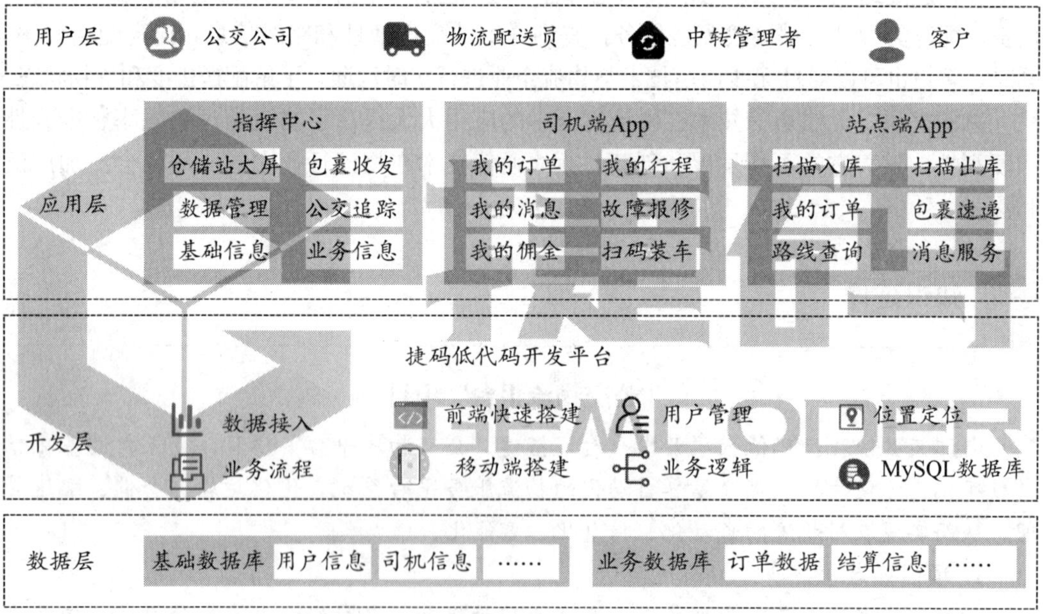

图2-9 农村物流服务系统的总体架构

【任务分析与讨论】

请通过查阅教材、上网搜索、听课、讨论等获取表2-9中的答案/案例，并进行自我评价，确保项目顺利实施。

表 2-9　相关知识和技能信息确认单

相关知识和技能	答案/案例	自我评价
5G 的应用落地		
移动互联网和互联网的区别		
智慧物流通信与网络技术如何保障信息安全		

【任务实施】

思考任务要求，制订工作计划，在表 2-10 中用适当的方式予以表达。

表 2-10　计划工作单

1. 小组讨论决策

负责人：__________讨论发言人：__________

决策结论及方案变更：

2. 小组互换决策

优点	缺点	综合评价（A、B、C、D、E）	签名

3. 人员分工与进度安排

内容	人员	时间安排	备注

【任务总结】

【任务拓展】

1. 查阅课外资料，研究我国关于智慧物流通信与网络技术的政策。
2. 查阅课外资料，举例说明身边智慧物流通信与网络技术的应用。

任务四

智慧物流数据处理与计算技术

【任务导入】

如今，各行业的智能应用和数据量激增，终端设备对海量数据的实时处理需求高速增长，传统云端处理的方案存在网络带宽与业务响应不及时的瓶颈，这就驱动边缘计算成为大数据时代技术的重要落地方案。为满足全网 2 万多个自营网点、15 万多个合作网点的日常业务运营与服务质量管控的要求，顺丰急需一套基于边缘计算模式的云边端一体化架构解决方案，采集覆盖全网的数十万感知设备的数据，实时对各场景的影响要素进行分析，形成可决策的数字化能力，助力顺丰集团的数智化管理与精细运营战略目标达成。

“慧眼神瞳”综合运用计算机视觉与边缘计算技术，通过构建覆盖全网的 AIoT 感知平台，以数十万感知触点实时解析各场景的关键生产要素，形成覆盖全网的实时业务动态数据，为行业客户提供数智化管理与运营精细化升级的解决方案。目前业务场景覆盖安全管理、质量管理、经营管理、风险管控等几个方面（见图 2-10、图 2-11）。

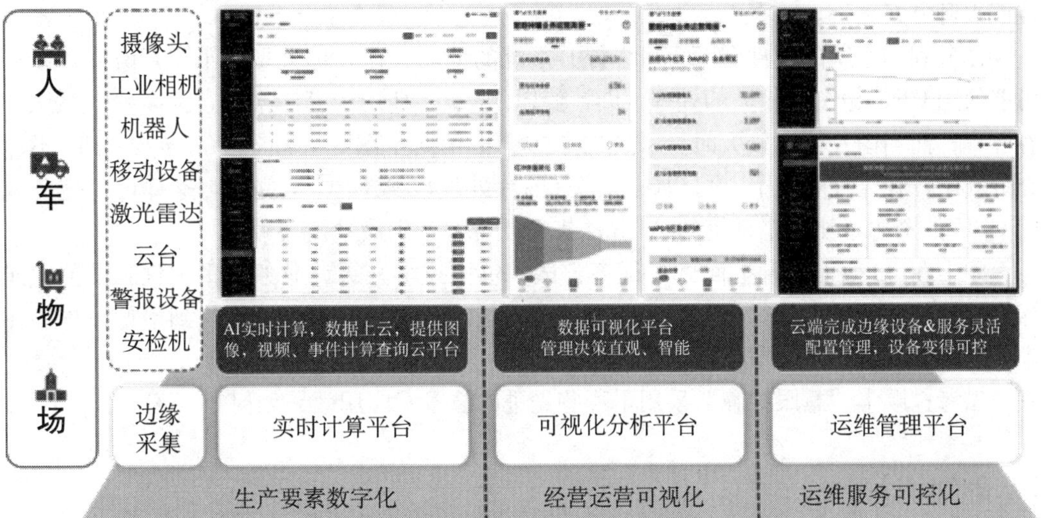

图 2-10　数据驱动的边缘计算平台

在顺丰场景中，进行图像 AI 算法推理时需要处理大量高清相机生成的图片，内存不足成为显著瓶颈。为解决内存瓶颈的问题，经调研，某些场景并不需要彩色图片，只

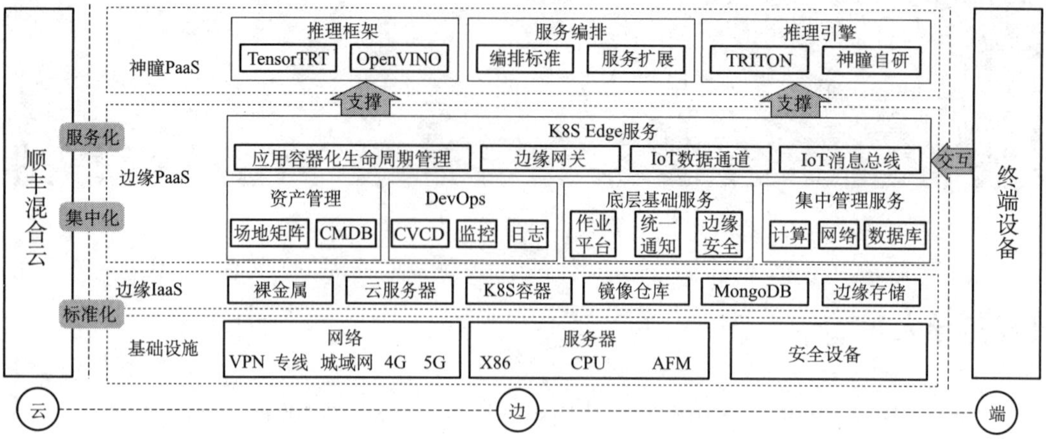

图 2-11 统一的云边端一体化架构优势

要黑白图片即可，因此顺丰把三通道的彩色图片直接解码成单通道的灰度图，这样不仅可以节省 2/3 的内存空间，还可以大幅减少解码所需时长和后续图片副本的复制时间。经测试，性能相比于解码成彩色图片提升了 200%左右。为避免频繁向系统申请和释放内存的额外开销，顺丰使用内存池来进行优化，以空间换时间，消除内存切换导致的性能瓶颈，经过测试，速度有效提升了 330%。

在 AI 算法推理效率优化方面，顺丰使用 TensorRT 技术进行推理加速。TensorRT 是英伟达针对自家平台开发的一个神经网络前向推理加速的 C++库，是可以极致优化 GPU 资源使用的深度学习推理计算框架，可以为深度学习应用提供低延迟、高吞吐率的部署推理。除此之外，TensorRT 在异构架构中的兼容性较强，已经成为行业最成熟的性能提升方案之一。

充分利用系统的硬件资源也可以提升系统的性能。在处理大量较小图片时，可以尽可能使用 CPU 做图片相关的处理，即让 GPU 尽量多地用于算法推理，提高整个系统的吞吐率；而当图片都比较大时，系统的瓶颈会更偏向于图片处理本身，导致 GPU 不能充分利用，在这种场景下，可以把一部分图片处理放到 CPU 上完成，这样可以充分利用 CPU 的资源，让整个系统的 AI 算法推理吐吞率达到最平衡与最优。

顺丰在 AI 效能提升上面做了很多尝试，包括技术升级、业务逻辑优化、设备性能探索、降精度升速度等优化方案，使得云端与边缘及计算的设备成本达到最低。顺丰在未来也将尝试基于此方案来推动云计算、元宇宙等创新方向的优化提升。

思考：顺丰“慧眼神瞳”采用了哪些先进的技术？应用效果如何？

【基础知识】

一、智慧物流数据处理与计算技术概述

在当今信息爆炸的时代，数据已经成为我们生活和工作中不可或缺的一部分。大量

的数据被产生、收集和存储。如果不能被有效利用，这些数据就只是一堆无意义的数字。

微课

智慧物流数据处理与计算技术

（一）基本原理和计算模式

1. 基本原理

数据处理与计算是指通过运用计算机科学和数学的理论和方法，对数据进行处理、分析和推理的过程。数据计算的基本原理和方法包括数据预处理、数据挖掘、数据分析和数据可视化等。

数据处理技术：（1）大数据存储技术，包括数据记录、数据存储、数据验证、数据共享等；（2）大数据处理技术，包括数据统计（SPSS）、数据可视化、数据挖掘等；（3）机器学习技术，包括经验归纳、分析学习、类比学习、遗传算法、增强学习等。区块链技术目前发展很快，也将被纳入智慧物流数据链技术。

数据计算技术：数据计算技术主要以云计算为核心，结合实际的应用场景，在智慧物流系统的层级常常应用雾计算技术，在智慧物流独立硬件应用场景常采用边缘计算技术。之所以出现新的云计算创新模式，主要是为了适应智慧物流不同的场景，实现更快速的反应和智能物联实时操作，达到统筹资源、快速响应的目的。

2. 主要计算模式

（1）批处理模式。批处理计算主要针对大规模数据的批量处理，也是我们日常数据分析工作中非常常见的一类数据处理需求。MapReduce是最具有代表性和影响力的大数据批处理技术，可以并行执行大规模数据处理任务，用于大规模数据集（大于1TB）的并行运算。

（2）图计算模式（BSP）。图计算模式主要针对大规模图结构数据的处理。许多大数据都是以大规模图或网络的形式呈现的，如社交网络、传染病传播途径、交通事故对路网的影响。许多非图结构的大数据也常常会被转换为图模型后进行分析，图数据结构很好地表达了数据之间的关联性。关联性计算是大数据计算的核心，通过获得数据的关联性，可以从噪声很多的海量数据中提取有用的信息。例如：通过为购物者间的关系建模，就能很快找到口味相似的用户，并为之推荐商品或者在社交网络中通过传播关系发现意见领袖。

（3）流计算模式。流数据也是大数据分析中的重要数据类型。流数据（或数据流）是指在时间分布和数量上无限的一系列动态数据集合体，数据的价值随着时间的流逝而降低，因此必须采用实时计算的方式给出秒级响应。流计算可以实时处理来自不同数据源的、连续到达的流数据，经过实时分析处理，给出有价值的分析结果。

（4）内存计算模式（大内存计算）。内存计算相比传统方法的优势是：充分发挥多核的能力，可以对数据进行并行处理，并且内存读取的速度成倍数加快，数据按优化的列存储方式存放在内存里。内存计算可对大规模海量的数据做实时分析和运算，不需要事先的数据预处理和数据建模。例如：想要以任何维度去分析数据，实时建立模型，实时完成分析处理，上亿条数据可能从几天缩短为几秒就处理完。

（5）大规模并行处理模式（NUMA）。NUMA（Non-Uniform Memory Access Architecture）技术可以使众多服务器像单一系统那样运转，同时保留小系统便于管理和编程的优点。自然界中的万事万物都是并发的，按照其内在时间序列运行着。和串行计算相比，并行计算更适用于对现实世界中的复杂现象进行建模、模拟和理解。其优势在于：1）节约时间和成本；2）解决更大规模、更复杂的问题；3）提供并发性；4）利用非局部的资源；5）更好地利用并行硬件。

（二）方法

1. 数据预处理

数据预处理是指对原始数据进行清洗和转换，以提高数据质量和可用性。预处理的步骤包括数据清洗、数据集成、数据变换和数据规约等。数据预处理可以消除数据中的噪声、缺失值和异常值，使得数据更加准确和完整。

2. 数据挖掘

数据挖掘是指从大量的数据中发现隐藏在其中的模式和知识。数据挖掘的方法包括聚类分析、分类分析、关联规则挖掘和异常检测等。数据挖掘可以发现数据中的规律和趋势，为决策和创新提供依据。

3. 数据分析

数据分析是指对数据进行统计和推理的过程。数据分析的方法包括描述统计、推断统计和预测分析等。数据分析可以对数据进行统计描述、推断和预测，为决策和创新提供支持。

4. 数据可视化

数据可视化是指将数据以图形、图表和动画等形式展示出来，以便更好地理解和分析数据。数据可视化的方法包括统计图表、地图和交互式可视化等。数据可视化可以将复杂的数据以直观的方式展示出来，帮助人们更好地理解和分析数据。

二、技术类型

（一）大数据技术

1. 定义与特点

大数据是指无法在一定时间范围内用常规软件工具进行捕捉、管理和处理的数据集合，是具有更强的决策力、洞察发现力和流程优化能力的新模式才能处理的海量、高增长率和多样化的信息资产。大数据的 5V 特点（IBM 提出）是：Volume（大量）、Velocity（高速）、Variety（多样）、Value（低价值密度）、Veracity（真实性）。

大数据的价值体现在以下几个方面：（1）对大量消费者提供产品或服务的企业可以利用大数据进行精准营销；（2）小而美模式的中小微企业可以利用大数据做服务转型；

（3）面临互联网压力必须转型的传统企业需要与时俱进，充分利用大数据的价值。

2. 大数据技术和工具

（1）分布式计算框架：Hadoop 和 Spark 是两个流行的分布式计算框架，它们提供了高效的数据处理和分析能力。Hadoop 基于 MapReduce 思想，而 Spark 则引入了内存计算和数据流处理的概念，以提高计算速度。

（2）数据库和存储系统：关系型数据库（如 MySQL、Oracle）和 NoSQL 数据库（如 MongoDB、Cassandra）可以用于存储和管理大规模数据。此外，分布式文件系统（如 HDFS）和对象存储（如 Amazon S3）也常用于大数据存储。

（3）编程语言和工具：Java、Python 和 Scala 是常用的大数据编程语言。它们具有丰富的库和框架，如 Apache Kafka 用于数据流处理、Apache HBase 用于分布式存储等。

（4）数据挖掘和机器学习：数据挖掘和机器学习算法可以从大数据中发现隐藏的模式和规律。常用的工具包括 Scikit-learn、TensorFlow 和 PyTorch 等。

（5）可视化工具：大数据可视化工具（如 Tableau、Power BI）可以将复杂的数据可视化为直观的图表和报告，使用户更容易理解和分析数据。

3. 技术应用

在物流决策中，大数据技术应用涉及竞争环境的分析与决策、物流供给与需求匹配、物流资源优化与配置等。

在网络优化布局方面，利用历史数据的覆盖范围和时效性构建网络分析模型，对仓储、运输、配送环节的网络进行优化布局。例如：通过对消费者数据分析，提前在离消费者最近的仓库进行备货；通过实时路线优化，指导运输车辆采用最佳线路进行同城配送和跨城运输等。

在竞争环境分析中，可以对竞争对手进行全面的分析，预测其行为和动向，从而了解在某个区域或是在某个特殊时期，应该选择某个合作伙伴。

在物流的供给与需求匹配方面，利用先进算法对商家历史销售、用户消费特征等历史数据进行收集和分析，提前预测用户需求，前置仓储和运输环节。可以分析特定时期、特定区域的物流供给与需求情况，从而进行合理的配送管理。

在物流资源的配置与优化方面，通过实时分析市场变化情况，对已配置和将要配置的资源进行优化，从而实现对物流资源的合理利用。同时，通过对供应链上异常数据的收集与分析，对不可抗因素造成的货物损坏、贸易风险等情况进行预测和规避。

在人力资源方面，在招聘人才时，通过大数据技术对人才进行个性分析、行为分析、岗位匹配度分析，从而选择合适的人才；对在职人员同样也可通过大数据技术进行忠诚度、工作满意度等的分析。

（二）云计算技术

1. 定义与特点

云计算是分布式计算的一种，指的是通过网络“云”将巨大的数据计算处理程序分解成无数个小程序，然后通过多部服务器组成的系统进行处理和分析，得到结果并返回给用户。

云计算与传统的网络应用模式相比，具有以下优势与特点：虚拟化技术、动态可扩展、按需部署、灵活性高、可靠性高、性价比高、可扩展性。图 2－12 为云计算技术体系结构。

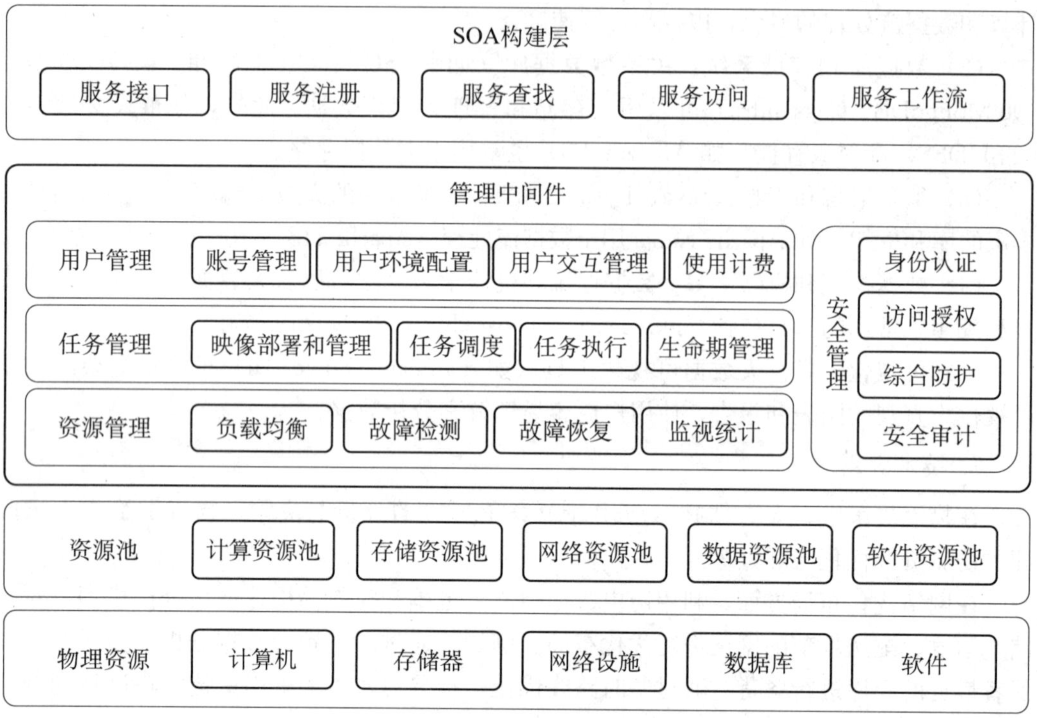

图 2－12　云计算技术体系结构

2. 关键技术

(1) 分布式数据存储技术。

传统存储采用集中式，将数据放在一个数据库当中，容易产生瓶颈，不能满足大规模的存储应用需求。分布式数据存储采用并行可扩展，利用多台服务器，分担存储负担。分布式数据存储技术示意如图 2－13 所示。

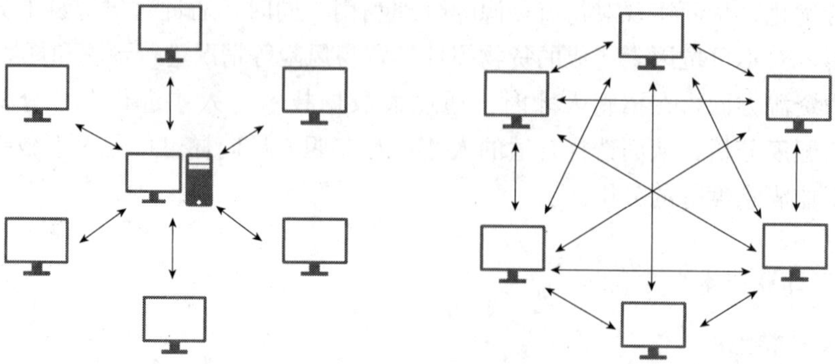

图 2－13　分布式数据存储技术示意

分布式数据存储技术将数据存储在不同的物理设备中。这种模式不仅摆脱了硬件设备的限制，同时扩展性更好，能够快速响应用户需求的变化，整合存储资源，提供动态可伸缩资源池。

（2）虚拟化技术。

虚拟化是一种能够更有效地利用物理计算机硬件的过程，是云计算的基础。虚拟化技术示意如图 2-14 所示。

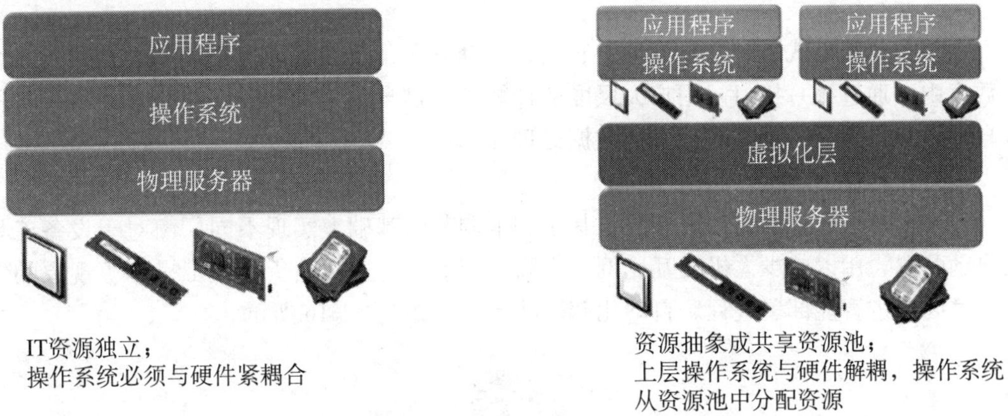

图 2-14　虚拟化技术示意

虚拟化是将各种 IT 实体资源抽象，转换成另一种形式的技术。虚拟化是资源的逻辑表示，其不受物理限制的约束。

（3）数据中心联网技术。

东西向流量增长并行计算业务（如搜索）需要服务器集群协调运算，产生大量横向交互流量虚拟机的自由部署和动态迁移，虚拟机间需要实时同步大量的数据。

在传统数据中心，每台服务器是独立的，我们需要对外提供服务，大部分的流量都是通过数据中心的外面进来又从里面出去，都是通过一台服务器产生信息交互，产生了大量的南北流向（见图 2-15）。

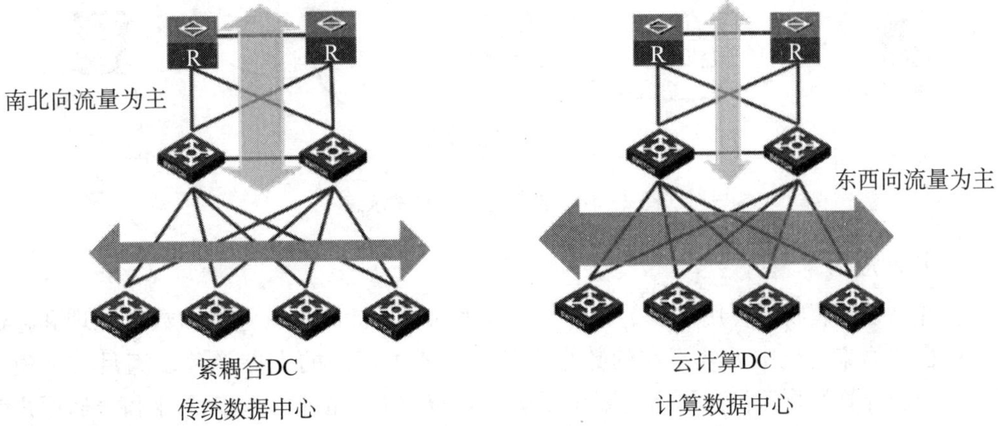

注：DC（数据中心），R（服务器）

图 2-15　数据中心联网技术示意

在云计算数据中心，以东西流量为主，南北流量变少，服务器除了对外提供服务，有分布式存储的存在，虚拟机不一定在那一台物理主机上，虚拟机之间不停迁移，产生动态迁移，同步大量数据时产生了东西流量大于南北流量的情况。

云计算数据中心相比传统数据中心的优势在于：云计算数据中心更加强调与 IT 系统协同优化，在满足需求的前提下，实现整个数据中心的最高效率和最低成本。而传统数据中心通常片面强调机房的安全。

（4）并行编程技术。

在并行编程模式下，并发处理、容错、数据分布、负载均衡等细节都被抽象到一个函数库中，通过统一接口，用户大尺度的计算任务被自动并发和分布执行，即将一个任务自动分成多个任务，并进行海量数据处理。

（5）自动化部署。

对云资源进行自动化部署指的是基于脚本调节的基础上实现不同厂商对于设备工具的自动配置，用以减少人机交互比例、提高应变效率，避免超负荷人工操作等现象的发生，最终推进智能部署进程。自动化部署技术示意如图 2－16 所示。

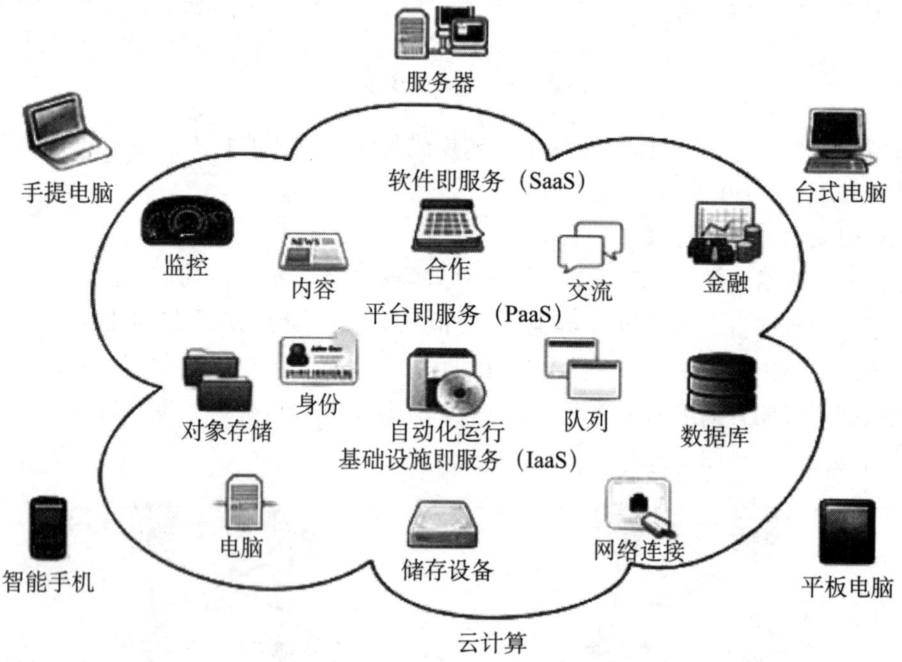

图 2－16 自动化部署技术示意

3. 技术应用

云计算是智慧物流应用发展的基石。这是因为：云计算具有超强的数据处理和存储能力；智慧物流系统中无处不在的数据采集，需要大范围的支撑平台以满足其规模需要。基于云计算的物流信息平台主要用于满足政府、工商企业、物流企业和普通用户对物流信息的需求。

（三）智能控制技术

1. 定义与特点

智能控制技术是一种先进的控制技术，是自动控制发展的最高阶段。它运用人工智能、自动化控制、数据处理等多种技术，实现控制系统的智能化。这种技术能够根据系统的实际运行情况，对控制系统进行自动调节，以实现最优控制。此外，它还可以对系统故障进行诊断和排除，并对系统进行自动修复，提高系统的可靠性。

智能控制与传统控制的主要区别在于传统的控制方法必须依赖于被控制对象的模型，而智能控制可以解决非模型化系统的控制问题。与传统控制相比，智能控制具有以下特点：

（1）智能控制的核心是高层控制，能对复杂系统（如非线性、快时变、复杂多变量、环境扰动等）进行有效的全局控制，实现广义问题求解，并具有较强的容错能力。

（2）智能控制系统是以知识表示的非数学广义模型和以数学表示的混合控制过程，采用开闭环控制和定性决策及定量控制结合的多模态控制方式。

（3）智能控制的基本目的是从系统的功能和整体优化的角度来分析和综合系统，以实现预定的目标。智能控制系统具有变结构特点，能总体自寻优，具有自适应、自组织、自学习和自协调能力。

（4）智能控制系统具有足够的关于人的控制策略、被控对象及环境的有关知识以及运用这些知识的能力。

（5）智能控制系统具有补偿及自修复能力和判断决策能力。

2. 关键技术

智能控制以控制论、计算机科学、人工智能、运筹学等学科为基础，扩展了相关的理论和技术，其中应用较多的有模糊逻辑、神经网络、专家系统、遗传算法等理论，以及自适应控制、自组织控制和自学习控制等技术。

（1）专家系统是利用专家知识对专门的或困难的问题进行描述的控制系统。专家系统是早期人工智能的活跃领域，在某一特定领域，建立以知识为基础，通过推理机制在特定领域对复杂问题进行求解的系统。一般来说，专家系统基本上由知识库和推理机构成。

专家系统的全部行为能被自适应地支配。为此，该控制系统必须能够重复解释当前状况，预测未来行为，诊断出现问题的原因，制定补救（校正）规划，并监控规划的执行，确保成功。

（2）模糊逻辑控制是以模糊集合论、模糊语言变量和模糊逻辑推理为基础的一种计算机数字控制技术，既可以描述应用系统的定量模型，也可以描述其定性模型。模糊逻辑控制可适用于任意复杂的对象控制。

模糊逻辑控制的价值可从两个方面来考虑：一方面，模糊逻辑控制提出一种新的机制用于实现基于知识（规则）甚至语义描述的控制规律；另一方面，模糊逻辑控制为非线性控制器提出一个比较容易的设计方法，尤其是当受控装置（对象或过程）含有不确定性而且很难用常规非线性控制理论处理时，更是有效。

（3）遗传算法起源于对生物系统所进行的计算机模拟研究。它是模仿自然界生物进化机制发展起来的随机全局搜索和优化方法，借鉴了达尔文的进化论和孟德尔的遗传学说。其本质是一种高效、并行、全局搜索的方法，能在搜索过程中自动获取和积累有关搜索空间的知识，并自适应地控制搜索过程以求得最佳解。

遗传算法作为一种非确定的拟自然随机优化工具，具有并行计算、快速寻找全局最优解等特点，它可以和其他技术混合使用，作为智能控制的参数、结构或环境的最优控制。

（4）神经网络是利用大量的神经元，按一定的拓扑结构进行学习和调整的自适应控制方法。人工神经网络是模拟人脑思维方式的数学模型，反映了人脑功能的若干基本特征，如并行信息处理、学习、联想、模式分类和记忆等。它能表示出丰富的特性，具体包括并行计算、分布存储、可变结构、高度容错、非线性运算、自我组织、学习或自学习。这些特性是人们长期追求和期望的系统特性。神经网络在智能控制的参数、结构或环境的自适应、自组织、自学习等控制方面具有独特的能力。

智能控制的相关技术与控制方式结合，构成风格和功能各异的智能控制系统和智能控制器，这也是智能控制技术方法的一个主要特点。

3. 技术应用

（1）智能仓储管理系统。智能仓储管理系统是物流管理中智能控制技术的一项重要应用。该系统利用传感器、自动化设备和信息技术，对仓库内的货物进行监控、管理和调配。通过实时数据的采集和分析，系统可以智能地优化仓库存储空间，提高货物存储的效率和准确性。此外，智能仓储管理系统还可以自动化地完成货物的入库、出库和库存盘点等任务，大大提高了仓库的运作效率和准确性。

（2）智能配送系统。智能配送系统是利用智能控制技术进行货物配送的一种方式。该系统可以通过物联网技术与车辆、仓库以及配送中心进行实时的数据交互和信息共享。基于这些数据和信息，系统可以智能地规划最优的配送路线，提高配送的效率和准确性。此外，智能配送系统还可以根据交通状况和天气预报等信息进行动态调度，以避免交通堵塞和不可控因素对配送的影响。

（3）智能物流跟踪系统。智能物流跟踪系统是一种利用智能控制技术来追踪货物流动和状态的系统。该系统通过将传感器和标识技术应用在物流环节中，可以实时监控货物的位置、温度、湿度和运输状态等信息。同时，利用信息技术和云计算技术，该系统可以将这些数据整合并传输到物流管理中心，从而实现对货物流动的全程可视化和监控。这样一来，物流管理人员可以实时了解货物的位置和状态，及时做出相应调度和决策，提高物流运作的效率和可靠性。

（四）数据挖掘技术

1. 定义与特点

数据挖掘是指从大量的数据中，通过算法搜索隐藏于其中的信息的过程。这些信息是事先未知但潜在有用的。数据挖掘通常与计算机科学相关，并借助统计、在线分析处理、情报检索、机器学习、专家系统（依靠过去的经验法则）和模式识别等多种方法来实现目标。

数据挖掘的优势在于：自动预测趋势和行为；可在新系统以及现有平台上实施，可在几分钟内分析庞大的数据库；自动发现隐藏模式；有很多模型可用于快速理解复杂数据；较快的速度能够让用户在更短的时间内轻松分析大量数据；产生改进的预测。

2. 关键技术

（1）关联分析。

关联分析主要用于发现不同事件之间的关联性，即一个事件发生的同时，另一个事件也经常发生。关联分析的重点在于快速发现那些有实用价值的关联发生的事件。其主要依据是事件发生的概率和条件概率应该符合一定的统计意义。对于结构化的数据，以客户的购买习惯数据为例，利用关联分析，可以发现客户的关联购买需要。例如：一个开设储蓄账户的客户很可能同时进行债券交易和股票交易，购买纸尿裤的男顾客经常同时购买啤酒等。利用这种信息可以采取积极的营销策略，扩展客户购买的产品范围，吸引更多的客户。通过调整商品的布局便于顾客买到经常同时购买的商品，或者通过降低一种商品的价格来促进另一种商品的销售等。

对于非结构化的数据，以空间数据为例，利用关联分析，可以发现地理位置的关联性。例如：85%靠近高速公路的大城镇与水相邻。

（2）序列分析。

序列分析技术主要用于发现一定时间间隔内接连发生的事件。这些事件构成一个序列，发现的序列应该具有普遍意义，其依据除了统计上的概率，还要加上时间的约束。

（3）分类分析。

分类分析通过分析具有类别的样本的特点，得到决定样本属于各种类别的规则或方法。利用这些规则和方法对未知类别的样本分类时应该具有一定的准确度。其主要方法有基于统计学的贝叶斯方法、神经网络方法、决策树方法及支持向量机等。利用分类技术，可以根据顾客的消费水平和基本特征对顾客进行分类，找出对商家有较大利益贡献的重要客户的特征，通过对其进行个性化服务，提高他们的忠诚度。

利用分类技术，可以将大量的半结构化的文本数据，如Web页面、电子邮件等进行分类；可以将图片进行分类，如根据已有图片的特点和类别，判定一幅图片属于何种类型的规则。对于空间数据，也可以进行分类分析，如可以根据房屋的地理位置决定房屋的档次。

（4）聚类分析。

聚类分析是根据物以类聚的原理，将本身没有类别的样本聚集成不同的组，并且对每个这样的组进行描述的过程。其主要依据是聚到同一个组中的样本应该彼此相似，而属于不同组的样本应该足够不相似。仍以客户关系管理为例，利用聚类技术，根据客户的个人特征及消费数据，可以对客户群体进行细分。例如，可以得到这样一个消费群体：女性占91%，全部无子女、年龄在31岁到40岁占70%，高消费级别的占64%，买过针织品的占91%，买过厨房用品的占89%，买过园艺用品的占79%。针对不同的客户群，可以实施不同的营销策略和服务方式，从而提高客户的满意度。对于空间数据，根据地理位置及障碍物的存在情况可以自动进行区域划分。例如：根据分布在不同地理位置的 ATM 的情况对居民进行区域划分，可以有效地进行 ATM 的设置规划，避免浪费，同时也避免失掉每一个商机。对于文本数据，利用聚类技术可以根据文档的内容自动划分类别，从而便于文本的检索。

（5）预测。

预测与分类类似，但预测是根据样本的已知特征估算某个连续类型的变量的取值的过程，而分类则只是用于判别样本所属的离散类别而已。预测常用的技术是回归分析。

回归分析方法反映的是事务数据库中属性值在时间上的特征，产生一个将数据项映射到一个实值预测变量的函数，发现变量或属性间的依赖关系，其主要研究问题包括数据序列的趋势特征、数据序列的预测以及数据间的相关关系等。它可以应用到市场营销的各个方面，如客户寻求、保持和预防客户流失活动、产品生命周期分析、销售趋势预测及有针对性的促销活动。

（6）时间序列。

时间序列分析的是随时间而变化的事件序列，目的是预测未来发展趋势、寻找相似发展模式或者是发现周期性发展规律。

（7）可视化。

可视化是用于发现数据模式的最有用的技术。此技术在数据挖掘过程的开始阶段使用。许多类型的研究都在进行，以产生一种有趣的数据库投影，称为投影寻踪。有很多数据挖掘技术，它们将为好的数据提供有用的模式。但可视化是一种将不良数据转化为有用数据的技术，可以使用不同的数据挖掘方法来发现隐藏的模式。

3. 技术应用

一般来讲，数据挖掘在物流企业中可以应用在以下几个方面：

（1）市场预测。

产品在进入市场后，并不会永远保持最高销量。一般来讲，随着时间的推移，产品会遵守销量变化的模式，经历四个阶段：导入期、成长期、成熟期和衰退期。在各个阶段，产品的生产要求和实物分拨策略是不同的。如在导入期，产品逐步得到市场的认可，销售量可能会快速增长，这时需要提前的生产计划、生产作业安排以及适合的库存和运输策略，指导企业的生产，合理地控制库存和安排运输。数据挖掘可以作为市场预测的手段，通过聚类和预测工具，达到上述目的。

（2）物流中心选址。

物流中心（流通中心、配送中心）选址问题即求解运输成本、变动处理成本和固定成本等之和最小的问题。

物流中心选址需要考虑到中心点数量和中心点如何分布等情况。针对这一问题，可以用数据挖掘中的分类树方法来加以解决。分类树的目标是连续的划分数据，使依赖变量的差别最大。分类树的真正目的是将数据分到不同组或分支中，在依赖变量的值上建立最强划分。用分类树的方法解决这个问题时，通常需要以下四个方面的数据：1）中心点的位置；2）每个中心点的业务需求量；3）备选点的位置；4）中心点和备选点之间的距离。

分类树的方法不仅确定了中心点的位置，还确定了每年各个地址间物品的运输量，使整个企业必要的销售量得到保证。企业长期折现的总成本也会达到最小值。

（3）优化配送路径。

配送路径是一个典型的非线性问题，它一直影响物流企业配送效率的提高。在许多配送体系中，管理人员需要采取有效的配送策略以提高服务水平、降低货运费用。其中首先要考虑车辆的路径问题，车辆路径问题是为一些车辆确定一些客户的路径，每一个客户只能被访问一次，且每条路径上的客户需求量之和不能超过车辆的承载能力。其次还应考虑到车辆的利用能力，如果车辆在运输过程中的空载率过高或整车的承载力未完全利用，无疑会增加企业的运输成本；另外涉及车辆的运输能力，就必须考虑到货品的规格大小和利润价值的大小。

数据挖掘中的遗传算法为配送路径的优化提供了新的工具，它可以把在局部优化时的最优路线继承下来，应用于整体，而其他剩余的部分则结合区域周围的剩余部分（即非遗传的部分）进行优化。如此下去，逐渐把其他区域并入优化的范畴，最后扩展到整体，模型得出的信息即可用来决策输出，即根据每次配送顾客数量、位置、相应订货量的不同，输出本次送货线路车辆调度的动态优化方案。

（4）合理安排商品的仓储。

商品的合理储位对于仓容利用率、储存搬运分拣效率的提高具有重要的意义。对于商品量大、出货频率快的物流中心来讲，商品储位就意味着工作效率和效益。要真正解决好这个问题，数据挖掘是必不可少的。

如何合理安排货品的存储、压缩货品的存储成本成为现代物流管理者不断思考的问题。哪些货品放在一起可以提高拣货效率？哪些货品放在一起却达不到这样的效果呢？这些问题可以利用以往的商品流动数据，采取数据挖掘中的关联模式来分析解决。

关联模式分析的目的就是挖掘出隐藏在数据间的相互关系，即通过量化的数字，描述A类产品的出现对B类产品的出现有多大影响，可以用四个属性来描述关联规则：

1）可信度：在产品集A出现的前提下，B出现的概率。

2）支持度：产品集A、B同时出现的概率。

3）期望可信度：产品集B出现的概率。

4）作用度：可信度与期望可信度的比值。

通过上述关联分析可以得出一个关于同时购买商品的简单规则，从而来决定这两种货品在货架上的配置，可以战略性地布置货品在仓库中的位置，以促进交叉销售和某类交易模式。

（5）顾客价值分析。

根据市场营销的原则，对待不同类型的顾客所提供的服务水平也应该有所不同。通过分析客户对物流服务的应用频率、持续性等指标来判别客户的忠诚度，通过对交易数据的详细分析来鉴别哪些是物流企业希望保持的客户，通过挖掘找到流失客户的共同特征，就可以在那些具有相似特征的客户还未流失之前进行针对性的弥补。

（6）物流需求预测。

物流企业规划和控制物流活动需要准确估计供应链中所处理的产品和服务的数量，这些估计主要采用预测和推算的方式。数据挖掘可以对物流活动中的产品和服务类型随时间变化的规律和趋势进行建模描述。时间趋势分析可以对现有商品在时间上的变化找出趋势，然后确定需要注意和开发商品的类型。空间趋势分析可以根据地理位置的变化找到趋势，然后确定以往重点发展的区域，这对于物流企业的长远发展至关重要。

（五）视频分析技术

1. 定义

视频分析技术就是使用计算机图像视觉分析技术，通过将场景中的背景和目标分离进而分析并追踪在摄像机场景内出现的目标。用户可以根据视频内容分析功能，通过在不同摄像机的场景中预设不同的报警规则，一旦目标在场景中出现了违反预定义规则的行为，系统会自动发出报警，监控工作站自动弹出报警信息并发出警示音，用户可以通过点击报警信息实现报警的场景重组并采取相关措施。

2. 分析方法

视频分析方法主要有两类：一类是背景减除法；一类是时间差分法（见表 2-11）。

（1）背景减除法。背景减除法是利用当前图像和背景图像的差分（SAD）来检测运动区域的一种方法。这种方法可以提供比较完整的运动目标特征数据，精确度和灵敏度比较高，具有良好的性能表现。

（2）时间差分法。时间差分法又称相邻帧差法，就是利用视频图像特征，从连续得到的视频流中提取所需要的动态目标信息。时间差分法实质上是利用相邻帧图像相减来提取前景目标移动的信息。此方法不能完全提取所有相关特征像素点，在运动实体内部可能产生空洞。

表 2-11 背景减除法和时间差分法优缺点

类别	优点	缺点
背景减除法	精确度高、灵敏、性能表现好	芯片资源占用多，对光线等变化敏感
时间差分法	环境适应性强，芯片资源占用少，对光线等变化不敏感	不是太精确，应用条件有限

3. 视频分析过程

视频分析是利用计算机视觉技术，对画面进行分析、处理、应用的过程，主要包含以下过程：

（1）背景学习过程：自动学习监视场景的背景情况。

（2）加载预处理过程：加载用户的预定义规则。

(3) 目标提取跟踪过程：提取跟踪前景变化目标，检测并分析目标的活动。

(4) 视频分析判断过程：根据规则追踪目标的活动判断是否违反预定义规则。

(5) 触发报警过程：确定目标活动违反规则，根据预定义传输报警的指定用户。

一般视频分析系统通过设置视频分析原则来过滤掉体积过大或过小的物体，而高级视频分析系统内设“对象分析引擎”，能够根据活动目标的大小、运动速度及运动规律准确识别出人员、动物、车辆或其他对象，成功地将不需要跟踪的信息分离出来，不只对目标物体进行跟踪。

4. 关键技术

视频内容分析技术不仅可以对可视的监视摄像机视频图像进行分析，还具备对风、雨、雪、落叶、飞鸟、飘动的旗帜等多种背景的过滤能力，通过建立人类活动的模型，借助计算机的高速计算能力使用各种过滤器，排除监视场景中非人类的干扰因素，准确判断人类在视频监视图像中的各种活动。其采用的关键技术如下：

(1) 物体检测。物体检测是一种计算机视觉形式，可以识别图像或视频中的对象并找到它们。物体识别可以使用这种识别和定位的方法计算场景中的物品，并确定和标注它们的确切位置。

(2) 物体识别。物体识别是一种计算机视觉形式，用于识别图片或视频中的物体。深度学习和机器学习算法的主要结果是物体识别，类似于当人类看图像或看电影时，我们可以快速发现和甄别人物、事物、场景等信息。

(3) 目标跟踪。目标跟踪是机器视觉领域的重要课题，被广泛应用于智能监控、动作与行为分析、自动驾驶等领域。如在足球比赛中，目标不仅仅是人，也可能是除人之外的其他生物、汽车或其他重要物体，如足球比赛中的足球。

(4) 实时视频分析。摄像机会产生大量视频数据，人工有时无法手动查看存储的图像以进行相关事件的处理，因此需要借助智能识别分析来发现监控图像中的重要信息，如周界入侵、危险行为、烟火、可疑人脸等。

(5) 触发实时警报。AI 在视频图像中检测到异常行为时便会发出响应，如向管理员发出告警信息。视频识别技术提高了态势感知的能力。一些应用示例包括：

1) 基于相似外观的告警：视频监控可根据实体外观相似的需求定制告警，如危险物检测、烟火检测等。

2) 基于计数的告警：当在给定时间段内在预定位置检测到一定数量的物体（车辆或人）时，可以触发警报。

3) 人脸识别告警：相关部门可以根据从视频图像中提取的信息快速识别罪犯并实时发出告警。

5. 技术应用

(1) 智慧交通。

1) 自动识别车牌：ANPR（Automatic Number Plate Recognition）系统无须人工干预即可实时检测和读取车牌号。基于 OCR 技术来识别车牌字符，将图像转换为数字文本，这使得视频分析技术可以检测和记录车牌号，可应用在交通监控场景中如识别闯红灯、交通事故中的车辆。

2）交通监控：视频分析有助于分析交通路况和监控交通拥堵。除检测危险事故外，交通监控还可以定量了解特定时间和交通模式区域内的车辆数量。

3）车流量统计：视频分析的这一方面涉及区分汽车、卡车、公共汽车、出租车等车型以及数量统计，以便生成有价值的统计数据，用于获取交通信息。

（2）智慧零售。

视频分析技术基于人脸与人体识别、大数据分析能力，在出入口、室内安装摄像头，实时检测人体、监测客流、自动统计人流量等。

1）人数统计：可以使用视频分析进行门店内的人流量统计，有助于商店了解门店运营情况，并以此优化营销策略和改善顾客体验。

2）自动结账：通过面部识别软件扫描人脸，在结账终端自动开始付款。

3）库存补货：在商店的整个货架上安装智能摄像头，通过训练好的机器视觉算法，可以自动检测顾客何时从货架上取走商品，以此提醒工作人员向货架上重新补货。

（3）货物追踪。

视频分析技术可以用于追踪货物的移动和位置。通过在仓库或运输工具（如卡车、船舶或飞机）上安装摄像头，并利用视频分析软件对这些摄像头的录像进行实时或离线分析，可以确定货物的位置、移动路径和运输速度等信息。这对于优化物流运作、提高运输效率和减少货物丢失等具有重要意义。

（4）仓库安防。

视频分析技术在仓库安防方面的应用主要体现在两个方面。第一，它可以用于监控仓库的安全状况，及时发现和预防盗窃、火灾等事件。第二，它还可以用于对仓库内的员工行为进行分析，以识别和预防潜在的内部安全风险。如通过分析员工的操作行为，可以预测和防止因操作不当导致的货物损坏或设备故障等问题。

（5）智能停车管理。

高位视频技术是智能停车管理中的重要应用之一。通过在停车场安装高位摄像头，可以实现对停车位的实时监控和管理。视频分析软件可以对摄像头的录像进行分析，识别出停车位的占用情况、车辆类型、车牌号码等信息，从而实现自动计费、空位查询、车辆追踪等目的。这不仅提高了停车管理的效率和准确性，还为用户提供了更好的停车体验。

知识延伸

科学化、信息化技术手段的应用

如何运用科学化、信息化技术手段履行监管职责，切实保障快递服务业有序健康发展、不断提高快递服务质量、全方位提升快递网点的运营效率，已经成为当前邮政快递面临的巨大挑战。

针对快递物流行业智能化升级以及降本增效的需求，TSINGSEE 青犀 AI 智能分析网关+EasyCVR 视频融合平台构建了快递物流可视化智能视频远程监控平台。

1. 方案架构

整套方案的架构（见图 2－17）涉及前端设备［摄像机（IPC）、硬盘录像机（NVR）、编码器等］、安防监控系统（EasyCVR 视频融合平台）、边缘侧 AI 智能检测分析（智能分析网关）、客户端终端设备（PC、浏览器、Android、iOS、微信等）。

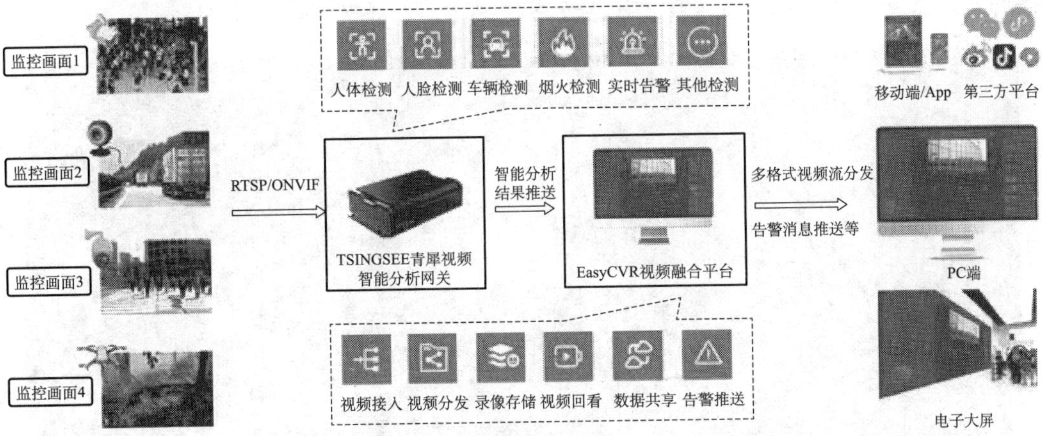

图 2－17　TSINGSEE 青犀 AI 智能分析网关+EasyCVR 技术架构图

2. 方案特点

（1）以现有的监管系统数据为基础，通过个性化设计，增强统计、汇总、分析、查询等监督管理的功能，整合形成“一个平台、多项内容、远程管控、实时更新”的监管平台，实现对全市邮政快递网点的市场监管、综合分析和信息查询服务。

（2）在快递网点部署高清硬盘录像机和监控枪机。监控枪机用于收寄台视频监控，并接入门店巡检终端硬盘录像机，再通过原有路由器接入公网，并传输音视频至后台监控中心。监控中心部署物流监控可视化 EasyCVR 平台（见图 2－18）通过国标 GB 28181 协议对接第三方数据平台。

图 2－18　物流监控可视化 EasyCVR 平台

(3) 物流监控可视化 EasyCVR 平台还可结合 TSINGSEE 青犀 AI 智能分析网关，配备区域入侵、睡岗离岗、烟火识别等算法，实时监管分析物流与员工状态。

(4) 该方案还可采集网点内部关键区域的视频图像信息，结合邮政速递管理相关规定，对暴力分拣、不按规定安全验视等行为进行记录（见图 2-19）。事后通过抓拍图片进行违法信息人工审核，在审核确认后发布违规信息，并做相应处罚。

图 2-19　平台违规行为记录

【任务分析与讨论】

请通过查阅教材、上网搜索、听课、讨论等获取表 2-12 中的答案/案例，并进行自我评价，确保项目顺利实施。

表 2-12　相关知识和技能信息确认单

相关知识和技能	答案/案例	自我评价
目前智慧物流数据处理与计算技术的发展情况		
未来的智慧物流还可以融入哪些技术		
如何对物流的不同要素及场景进行精细化的经营管理		

【任务实施】

思考任务要求，制订工作计划，在表 2-13 中用适当的方式予以表达。

表 2-13 计划工作单

1. 小组讨论决策

负责人：__________讨论发言人：__________

决策结论及方案变更：

____

____

____

2. 小组互换决策

优点	缺点	综合评价 （A、B、C、D、E）	签名

3. 人员分工与进度安排

内容	人员	时间安排	备注

【任务总结】

____

____

____

____

【任务拓展】

1. 查阅课外资料，研究我国关于智慧物流数据处理与计算技术的政策。
2. 查阅课外资料，举例说明身边智慧物流数据处理与计算技术的应用。

项目小结

基础练习

一、单项选择题

1. 物联网技术架构一般分为（　　）个层次。

A. 2　　B. 3　　C. 4　　D. 5

2. 智慧物流可以通过（　　）技术实现物资从仓储到使用者的全程管理。

A. RFID　　B. 条码　　C. EPC　　D. 传感器

3. 数据挖掘过程可以分为（　　）个主要阶段。

A. 2　　B. 3　　C. 4　　D. 5

二、多项选择题

1. 基于云计算的物流信息平台主要用于满足（　　）对物流信息的需求。

A. 政府　　B. 工商企业　　C. 物流企业　　D. 普通用户

2. 感知层主要负责（　　）。

A. 信息的采集　　B. 初步处理　　C. 信息传输　　D. 数据统计

3. 根据物流作业层次，应用层可以划分为（　　）三个层次。

A. 决策层　　B. 数据层　　C. 管理层　　D. 执行层

三、判断题

1. 在智慧物流领域应用的数据处理与计算技术主要包括大数据、云计算等。（　　）

2. 云计算是实时计算方式的一种。（　　）

3. 菜鸟物流云是一个云平台。（　　）

四、简答题

1. 如何理解智慧物流技术架构?

2. 请列举两例简要描述物联网技术在智慧物流领域的应用。

3. 智慧物流感知与识别技术主要有哪些?

4. 智慧物流通信与网络技术主要有哪些?

5. 请简要说明人工智能与机器学习的关系。

项目三
智慧物流运输

要大力发展智慧交通和智慧物流，推动大数据、互联网、人工智能、区块链等新技术与交通行业深度融合，使人享其行、物畅其流。

——习近平主席在第二届联合国全球可持续交通大会开幕式上的主旨讲话

学习目标

知识目标

- 掌握智慧物流运输的概念、作用、特点；
- 了解智慧物流运输体系的框架、层次架构；
- 了解先进物流运输技术与设施设备，掌握运输技术及管理方面的知识。

能力目标

- 运用现代技术进行合理组织，提高物流运作效率；
- 了解先进物流运输发展趋势，掌握未来发展方向。

素养目标

- 树立团结、合作、互助理念；
- 立德树人，培养“交通人”素养和爱国情怀；
- 具有终身学习、创业的精神和创新能力。

学习内容

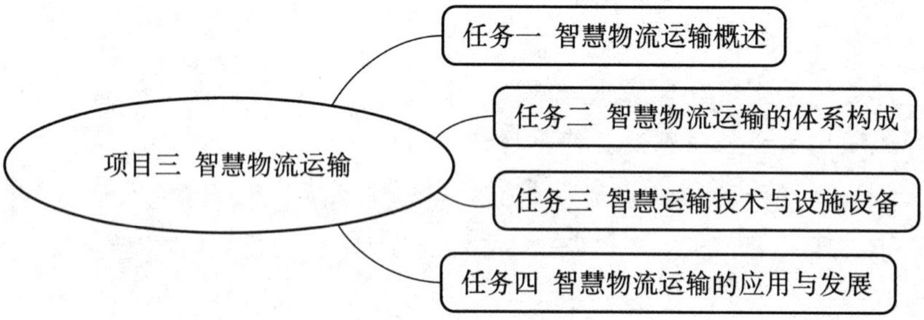

任务一
智慧物流运输概述

【任务导入】

新一代人工智能高科技高歌猛进，日益成为推动生产力发展的驱动力量。国务院发布《“十四五”数字经济发展规划》提出，“以数字技术与实体经济深度融合为主线”，“不断做强做优做大我国数字经济，为构建数字中国提供有力支撑”。中集集团全球港航人工智能AI独角兽——中集飞瞳深入贯彻国家交通强国战略，利用全球顶尖港航AI核心技术打造世界超一流港口航运方案，推动国家港口航运产业朝数字化、智能化、自动化方向发展。

思考：智慧物流运输的内涵是什么？智慧物流运输与传统物流运输有哪些区别？

【基础知识】

一、物流运输概述

（一）物流运输的概念

物流运输是指用特定的设备和工具，将物品从一个地点向另一个地点运送的活动。它是在不同地域范围内，以改变物的空间位置为目的对物进行的空间位移。

（二）　物流运输的地位作用

（1）运输是物流的主要功能要素之一。

（2）运输可以创造“场所效用”。

（3）运输是“第三利润源”的主要源泉。

（4）运输是社会物质生产的必要条件之一。

二、智慧物流运输的发展进程、概念和作用

（一）智慧物流运输的发展进程

智慧物流运输源于智慧交通，智慧交通是在智能交通（Intelligent Transportation System，ITS）的基础上发展而来的，智能交通源于计算机与通信技术的发展。智慧物流运输的发展进程如图 3－1 所示。

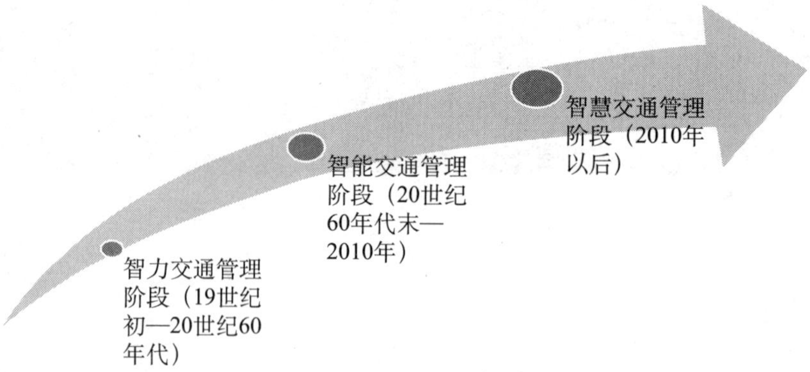

图 3-1　智慧物流运输的发展进程

1. 智力交通管理阶段

交通灯目前已经有一百多年的历史了。1858 年，英国伦敦主要街头安装了以燃煤气为光源的红、蓝两色的机械扳手式信号灯，用以指挥马车通行，这是世界上最早的交通信号灯。1868 年，英国机械工程师纳伊特在伦敦威斯敏斯特区的议会大厦前的广场上安装了世界上最早的煤气红绿灯。它由红、绿两种旋转式方形玻璃提灯组成，红色表示“停止”，绿色表示“注意”。

1914 年，电气启动的红绿灯出现在美国。这种红绿灯由红、绿、黄三色圆形的投光器组成，安装在纽约市 5 号大街的一座高塔上。红灯亮表示“停止”，绿灯亮表示“通行”。

1918 年，带控制的红绿灯和红外线红绿灯出现了。一种是把压力探测器安在地下；另一种是用扩音器来启动红绿灯，司机遇红灯时按一下喇叭，就使红灯变为绿灯。当行人踏上对压力敏感的路面时，红外线红绿灯就能察觉到有人要过马路。红外光束能把信号灯的红灯延长一段时间，推迟汽车放行，以免发生交通事故。

2. 智能交通管理阶段

随着人类步入汽车社会，交通压力越来越大，这种头脑简单的非智能交通灯已无法满足要求。最理想的交通控制系统应该是根据交通流量的变化情况实时做出调整，以便达到最优控制。自从采用交通控制系统对交通路口实行自动控制以来，交通专家就一直在寻找最优的控制方案，以期可以对单个交通路口、整条线路以及整个区域的交通流的控制达到最合理，使交通畅通。

因此人们开发出了智能交通灯。1930 年，美国盐湖市开始使用联动式信号系统，该系统把相邻的几个交叉路口作为一个整体，以人工方式集中控制，这种控制系统也就是当今协调控制系统的雏形。随着计算机技术发展，1963 年，加拿大多伦多市建立了一套由 IBM 650 型计算机控制的交通信号协调系统。该系统第一次把计算机技术用于交通控制，大大提高了控制系统的性能和水平。

最新一代智能化交通信号控制系统是将人工智能等先进的前沿科学应用于交通信号控制系统，其研究已取得了一系列重要成果。智能控制主要是指基于专家系统的控制、模糊控制、遗传算法等的控制等。智能控制方法的最大特点是其控制算法不依赖于精确的数学模型，这对于难以建立较好数学模型的复杂的交通系统是一个有效方法。

智能交通系统是指将先进的信息技术、数据通信传输技术、电子传感技术、控制技术及计算机技术等有效地集成运用于整个地面交通管理系统而建立的一种在大范围内、全方位发挥作用的，实时、准确、高效的综合交通运输管理系统。

3. 智慧交通管理阶段

智慧交通 1.0 阶段：着重于信息技术的应用，包括数据采集、处理、分析和应用，以信息化和智能化融合为重要支撑，实现智能化的管理和服务。

智慧交通 2.0 阶段：着重于信息技术的深度融合，在智慧交通 1.0 的基础上跨界融合新的模式和服务，实现车路协同、综合交通系统协同服务，实现 AI 化的管理、服务和决策。

智慧交通 3.0 阶段：交通基本设施智能化、交通工具智能化、驾驶系统智能化、交通网络智能化的实现将共同形成“交通大脑”或者“城市大脑”，人、车、路、环境将处于一个自动化调节、彼此独立而又协同共生的状态，最终实现智慧交通甚至智慧城市。从发展趋势来看，交通系统将实现网联化、协同化、智慧化。

第四代计算机网络、人工智能、大数据、云计算等技术以极快的速度发展，并获得广泛应用，智慧交通也开始迈入新时代。5G 时代、车联网、车路协同也将用于日常交通治理，各国都建立了自己的智慧交通体系框架。研究的范围不再限于城市交通，而是扩展到了公路、水运、物流、综合运输等行业。

（二）智慧物流运输的概念

微课

智慧物流运输概述

智慧物流运输是指在智能交通的基础上，在物流运输领域充分利用物联网、空间感知、云计算、移动互联网等新一代信息技术，综合运用交通科学、系统方法、人工智能、知识挖掘等理论与工具，以全面感知、深度融合、主动服务、科学决策为目标，通过建设实时的动态信息服务体系，深度挖掘物流运输相关数据，形成问题分析模型，实现行业资源配置优化能力、公共决策能力、行业管理能力、公众服务能力的提升，推动物流运输更安全、更高效、更便捷、更经济、更环保、更舒适的运行和发展，带动物流运输相关产业转型、升级。

（三）智慧物流运输的作用

1. 提高运输效率

智慧物流运输追求优化运输组织管理，不断创新运输组织方式，能够全面提升物流运输效率。

2. 降低运输成本

智慧物流运输推动产生了新的物流业态模式，如车货匹配、众包运力、多式联运等，降低了运输成本。

三、智慧物流运输与其相关概念的区别与联系

（一）传统物流运输与智慧物流运输的主要差异

智慧物流运输是拥有系统化的管理体系以及完善的规章制度的新型物流运输方式，相较于传统物流运输方式，能够实现更加智能的服务。表 3-1 主要从硬件、软件以及组织方面对智慧物流运输与传统物流运输进行比较，从而帮助我们进一步了解智慧物流运输的特点以及实用价值。

表 3-1 智慧物流运输与传统运输的比较

比较项	智慧物流运输	传统物流运输
硬件方面	具备自主决策的运输设备，运输设备的能源更加清洁高效。	运输设备的运行主要依靠人为控制，运输设备主要为燃油驱动。
软件方面	全面接入互联网，实现彼此互联互通。同时，通过信息系统建设、数据对接协同和手持终端普及，可实现运输过程数字化。	更加关注运输设备本身运行信息的数字化，缺少对人员与货物信息的数字化。
组织方面	更加强调运输主体间的协同共享，通过分享使用权而不占有所有权，深化企业分工协作，实现运输资源的社会化转变与闲置运输资源的最大化利用。	运输活动的规划仍是以单一企业为主，运输设备的共享与互联不够明显。

（二）智能交通与智慧物流运输的联系与区别

智慧物流运输和智能交通均是传感、信息和通信等多种先进技术在道路交通方面运用的产物，两者在关键技术、建设内容和应用目标等方面有较多共同点。

智慧交通是在智能交通的基础上，融入物联网、云计算、大数据、移动互联等高新 IT 技术，通过高新技术汇集交通信息，提供实时交通数据下的交通信息服务，为运输管理部门和相关企业提供及时、准确、全面和充分的信息支持和信息化决策支持。智慧物流运输则是智能交通的升华，智慧物流运输系统以国家智能交通系统体系框架为指导，重点针对运输产业领域建成“高效、安全、环保、舒适、文明”的智慧运输体系，大幅度提高物流运输系统的管理水平和运行效率，为物流运输提供全方位的交通信息服务和便利、高效、快捷、经济、安全、人性、智能的交通运输服务。

区别在于，智慧物流运输系统以数据为支撑进行全面控制，采集各种终端设备产生的 RFID 射频数据、GPS 定位数据、各种非结构化的视频和图片数据，经过智能算法处理后输出结构化信息数据，再整合园区、车辆、货主等信息，实现全链路信息透明。而智能交通系统的应用更侧重于解决大规模数据计算问题，使人、车和路能够紧密配合，改善交通运输环境、保障交通安全以及提高资源利用率。

综上所述，智能交通与智慧物流运输的联系在于它们都是先进技术在交通运输领域的应用，旨在提高效率和安全性；区别则在于智慧物流运输更侧重于物流行业的智能化和自动化，而智能交通则更侧重于整个交通运输系统的优化和改进。

（三）智能交通、智慧交通与智慧物流运输的关系

智慧物流运输必然会利用智慧交通的一些便利条件和基础设施；智慧交通是在智能交通的基础上，融入更加先进的信息技术和管理方法的概念；智慧物流运输则是侧重于货运的智慧化发展趋势。

四、智慧物流运输的特点

（一）有效联结运输供应链的各个要素

智慧物流运输系统提高了订单的响应处理能力，提高了调度的配载效率，并通过网络和云平台实现各方信息的准确传递，实现了全链路信息透明。

（二）集成先进技术的智能系统

智慧物流运输系统实质上就是将先进的信息技术、计算机技术、数据通信技术、传感器技术、电子控制技术、自动控制技术、运筹学、人工智能等学科成果综合运用于交通运输、服务控制和车辆调度，加强了车辆、道路和使用者之间的联系，从而形成一种准时、高效的新型综合运输系统。

（三）以数据为支撑进行全面控制

智慧物流运输系统中的数据采集层，包括卡口终端设备、RFID 射频数据、GPS 定位数据、手机信息等。采集层是整个系统的核心组成部分，它负责收集和处理各种物流相关的数据，以确保物流过程的智能化和自动化。它们采集非结构化的视频和图片数据，经过前置智能算法处理后输出结构化信息数据，针对结构化基础信息，通过大数据挖掘系统进行情报化信息分析，全面调控物流运输过程，为智慧物流运输系统提供了坚实的基础，使得物流过程更加透明、高效。

知识延伸

百度智慧运输解决方案

百度智慧运输解决方案基于云智一体的产品和技术，面向物流、港口、航空、城轨、道路等领域，打造全面互联互通的智慧大交通引擎，助力运输企业打造智慧化服务能力，并从运输效率、安全性、旅客/货主体验等方面，帮助运输企业提升自身竞争力。图 3-2 为百度智慧运输解决方案架构。

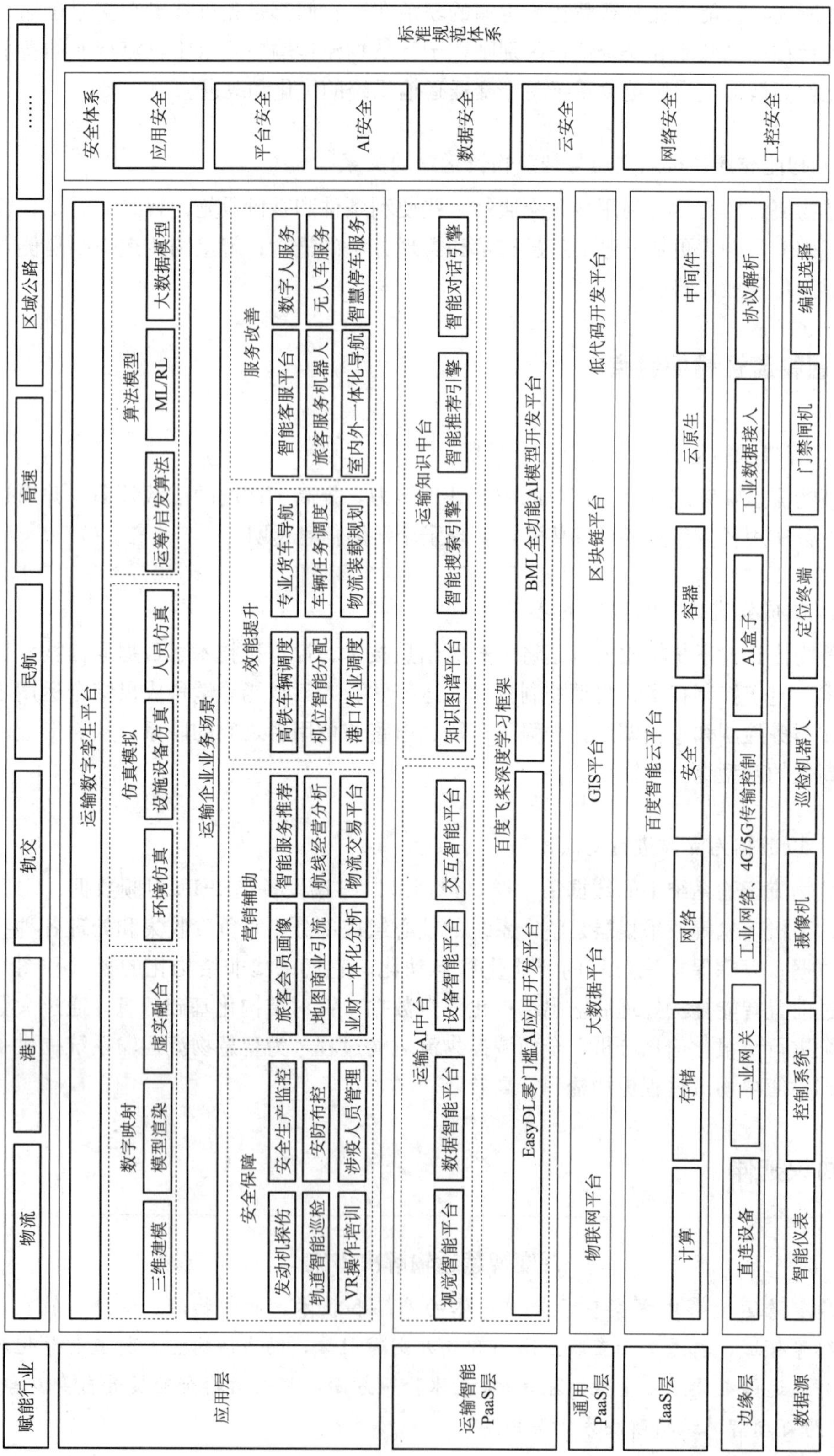

图3-2 百度智慧运输解决方案架构

【任务分析与讨论】

请通过查阅教材、上网搜索、听课、讨论等获取表 3-2 中的答案/案例，并进行自我评价，确保项目顺利实施。

表 3-2　相关知识和技能信息确认单

相关知识和技能	答案/案例	自我评价
智慧物流运输适用场景		
智慧物流运输解决方案		
智慧物流运输解决方案价值		

【任务实施】

思考任务要求，制订工作计划，在表 3-3 中用适当的方式予以表达。

表 3-3　计划工作单

1. 小组讨论决策

负责人：________讨论发言人：________________

决策结论及方案变更：

____

____

____

2. 小组互换决策

优点	缺点	综合评价 （A、B、C、D、E）	签名

3. 人员分工与进度安排

内容	人员	时间安排	备注

【任务总结】

____

____

____

____

【任务拓展】

1. 城市交通信号控制系统的发展大致经历了哪几个阶段？
2. 通过相关资源途径查找国内外智慧物流运输的优秀实践案例。

任务二
智慧物流运输的体系构成

【任务导入】

2021年3月的汕头港广澳港区一片繁忙，满载货物的集装箱班轮正在忙碌地装卸货物。数日前，广澳港区二期工程通过竣工验收，标志着总投资28.75亿元，建设规模为2个10万吨级及1个1万吨级集装箱泊位，岸线长1 016米，年设计通过能力为125万标准箱的码头正式运营，结束了汕头港没有10万吨级码头的历史。

近年来，汕头招商局港口集团有限公司智慧港口建设加速“跑”起来，基础设施不断完善，智慧化水平不断提升，管理效能日益加强。数据统计，2017年以来，广澳港区集装箱吞吐量连续4年实现增长，2020年逆势大幅增长39%，进入百万标箱港口企业行列。

汕头招商局港口集团有限公司以招商港口数字化工作战略框架为前提，通过招商港口“三大平台”——“招商芯（CMCore）”“招商 ePort”和“智慧管理平台（SMP）”的建设，稳步提升港口数字化能力，建设智慧港口。在三大平台中，招商芯（CMCore）平台就像是港口大脑，负责处理码头所有集装箱业务操作以及与客户之间的信息化对接、费用结算、账务核对、管理维修等；招商 ePort 平台是与对外门户对接的端口，实现与所有客户间的无纸化作业流程；智慧管理平台（SMP）负责财物、办公、人力等信息的储存分析及管理。

智慧化最直观的体现就是无人闸口。以前进出闸口需要有专人对接，现在仅需要使用 ePort 平台，就可实现线上提前办理码头提货手续和费用结算等，既节约资源、节省时间，又极大地提高了通行效率，降低了出错率。依托 ePort 平台，系统会给司机自动推送排队信息以及等候通行时间，司机还可以预约到港时间，从而自行安排前往时间，充分体现了智能化与人性化。

招商芯（CMCore）是招商港口结合中国自有知识产权的5G、北斗、大数据、人工智能、区块链等新技术以及全国产定制化装备，自主研发打造的港口核心操作系统。其中，汕头招商局港口集团有限公司CTOS（集装箱操作管理）系统和EAM（企业资产管理）系统是招商芯（CMCore）平台的重中之重。2020年的数据佐证了招商芯（CMcore）平台对提升效率的作用——电子EIR办单效率提升11倍，从2分钟缩短至10秒，办单员缩减了1/3；智能无人闸口效率提升12倍，从6分钟缩短至30秒。以前拖车从进闸、完成卸货作业到出闸，花几个小时是常有的事，时间主要花在排队、单证处理等操作流程上，现在每辆车从进闸到出闸平均只需24.29分钟，全程不需要与人对接，所有流程都可以在系统中完成。

思考： 招商芯（CMCore）平台实现了哪些功能？汕头港应用该平台取得了什么效果？

【基础知识】

一、智慧物流运输体系

微课

智慧物流运输的体系框架

（一）国家ITS体系框架

我国政府高度重视ITS体系框架的相关工作，将ITS体系框架作为ITS发展的纲领性和宏观指导性技术文件。自1999年以来，我国组织国内ITS领域的权威科研机构和专家不懈地开展中国ITS体系框架的编制、修改完善、方法研究、工具开发和应用推广工作。

1. 我国与交通相关的政府部门职能

我国与交通相关的政府部门职能如表3-4所示。

表3-4 我国与交通相关的政府部门职能

政府部门	主要职能
国家铁路局	铁路运输的规划、建设与管理
交通运输部	航空、公路、水路运输的规划、建设与管理
住建部	城市交通的规划、建设
公安部	城市交通的管理

2. 国家ITS体系框架内容

国家ITS体系框架按照服务领域划分为交通管理、电子收费、交通信息服务、智能公路与安全辅助驾驶、交通运输安全、运营管理、综合运输、交通基础设施管理、ITS数据管理。

中国ITS体系框架（第二版）用户服务列表如表3-5所示。

表3-5 中国ITS体系框架（第二版）用户服务列表

用户服务领域	用户服务
1. 交通管理	1.1 交通动态信息监测 1.2 交通执法 1.3 交通控制 1.4 需求管理 1.5 交通事件管理 1.6 交通环境状况监测与控制 1.7 勤务管理 1.8 停车管理 1.9 非机动车、行人通行管理

续表

用户服务领域	用户服务
2. 电子收费	2.1 电子收费
3. 交通信息服务	3.1 出行前信息服务 3.2 行驶中驾驶员信息服务 3.3 途中公共交通信息服务 3.4 途中出行者其他信息服务 3.5 路径引导及导航 3.6 个性化信息服务
4. 智能公路与安全辅助驾驶	4.1 智能公路与车辆信息收集 4.2 安全辅助驾驶 4.3 自动驾驶 4.4 车队自动运行
5. 交通运输安全	5.1 紧急事件救援管理 5.2 运输安全管理 5.3 非机动车及行人安全管理 5.4 交叉口安全管理
6. 运营管理	6.1 运政管理 6.2 公交规划 6.3 公交运营管理 6.4 长途客运运营管理 6.5 轨道交通运营管理 6.6 出租车运营管理 6.7 一般货物运输管理 6.8 特种运输管理
7. 综合运输	7.1 客货运联运管理 7.2 旅客联运服务 7.3 货物联运服务
8. 交通基础设施管理	8.1 交通基础设施维护 8.2 路政管理 8.3 施工区管理
9. ITS 数据管理	9.1 数据接入与存储 9.2 数据融合与处理 9.3 数据交换与共享 9.4 数据应用支持 9.5 数据安全

3. ITS 的所有子系统

（1）智能化交通信息服务系统，即面向公众的智能交通信息服务系统。

（2）智能化车辆控制系统，包括车载通信设备、电子地图、全球定位系统、紧急制动、危险防护警告系统、防盗报警系统等。

（3）智能交通管理系统，包括智能交通管制系统、动态路径引导系统、智能信号系统、公共交通优先系统、智能车辆管理等。

（4）智能收费系统，包括自动识别、不停车自动收费。

（5）智能应急管理系统，即紧急情况处理系统。

（6）智能公共交通运营系统，包括高速公路、城市轨道交通、铁路、航运、空运的中央管理控制、指挥调度、信号信息系统。

（7）智能商用车辆运营系统，包括货运及车队的调度、管理 ITS 涵盖领域及其子系统。

（二）智慧物流运输体系框架

1. 运营管理

运营管理主要是通过建设智慧物流运输运营管理平台实现运输业务的信息化、智能化管理，主要服务于物流运输企业。

（1）智慧运输运营管理平台。

智慧运输运营管理平台主要包括订单管理、配载作业、调度分配、行车管理、车辆定位系统、车辆管理、人员管理、数据报表、基本信息维护、系统管理等功能模块。目的是建立标准化的数据通道，将所有与业务有关的信息连接，实现货主、收/发货方、中小型第三方物流企业、车主、司机信息互联互通，确保供应链全线物流资源高效协同。

（2）车货供需匹配。

车货供需匹配是智慧物流运输运营管理的核心内容。车货供需匹配是指基于信息平台将车源方信息库与货源方信息库进行对比分析，按照“供需呼应”的原则为车主或货主从数据库中选出符合的信息并输出给用户，从而实现车与货的良好匹配。

车货供需匹配的实现基于互联网技术、云计算技术、物联网技术及大数据技术。互联网技术是物流信息服务平台的运作基础条件。人们通过物联网技术实现了对车辆、货物等物流资源状态的全程定位和跟踪。随着车货信息及交易信息爆炸性增长，平台需要整合并分析海量信息，云计算技术则可以实现对车货源信息有效整合。利用大数据分析技术能实现需求与能力的最佳匹配，并通过分析交易信息，促进信息共享、协同工作，实现物流资源的柔性重组和服务流程优化与重构。

面对大量、繁杂的货运信息，人们通过平台进行整合分类，按照供需匹配指标体系，遵循供需匹配机制，通过车货供需匹配模型筛选信息并计算车货双方的匹配度，输出匹配度由高到低的匹配信息，为需求方提供配载推荐方案，最终实现基于信息与应用服务的物流一体化发展，设计良好的车货供需匹配协作体系。

2. 智能驾驶

智能驾驶以道路（航道）智能化为基础，遵循交通基础设施与车（船）载系统协调配合的理念，实现车辆（船只）辅助驾驶及特定条件下的自动驾驶，从根源上减少由于人的误操作而引发的交通问题，提高交通运输的安全性和运行效率。

（1）基于视觉的环境感知。

其主要应用于对驾驶员状态进行监测，通过对驾驶员驾驶期间面部状态的智能识别，判断驾驶员是否存在不安全驾驶行为。如果驾驶员存在频繁打哈欠、频繁合眼、频繁点头或长时间表情夸张等状态，系统将智能判别出驾驶员处于疲劳驾驶、酒后驾驶或兴奋驾驶等不安全状态，从而判断出汽车处于不安全驾驶状态，并及时给出相应的报警提示。

（2）多传感器融合技术。

德国大众利用多传感器融合技术研发了多项汽车安全辅助驾驶系统，主要应用于汽车安全辅助驾驶系统。例如，主动安全制动系统，通过不断监控和搜集传感器数据，跟踪驾驶员和车辆的驾驶状态，包含驾驶员目前的操纵策略、车辆的速度和加速度、前后车辆的距离和速度、行驶道路的几何形状等，以便做出对车辆安全最优的主动控制；综合横向辅助系统，使用各种传感器扫描汽车前面的空间，再由系统将所有传感器的信息融合成一个整体画面，系统分析处理完画面后，会发出一个横向的导向控制信号，传递给动力转向系统，若车辆偏离，该系统会施加轻微的力使车辆回到原本的车道；行人和非机动车辆安全系统，通过遥感技术能够提前检测可能发生的意外，从而避免碰撞，或减轻事故后果的严重性。

（3）自动驾驶技术。

自动驾驶技术又称无人驾驶技术、电脑驾驶技术或轮式移动机器人技术，是一种通过电脑系统实现无人驾驶的技术。美国机动车工程师协会（SAE）的自动驾驶分级如图 3-3 所示。

目前，无人驾驶汽车成为研究热点，不管是传统汽车企业还是 IT 行业巨头均竞相加入，不少研发车型已接近量产。谷歌和奥迪等开发的无人驾驶汽车已获得美国加利福尼亚州、内华达州、密歇根州及佛罗里达州发放的公路试验牌照，谷歌无人驾驶汽车已经实现零事故行驶超过 80 万千米。从汽车制造商到科技巨头，再到各国政府、组织，越来越多的人将无人驾驶汽车看作整个汽车行业的未来。但是，科技成果与产业化间的差距、研发生产成本、安全（信息化程度极高）以及法律法规（保险及责任认定）等成为无人驾驶汽车产业化的瓶颈问题。无人驾驶货船也正在研究实验过程中。

3. 交通管理

在城市的交通发展史上，我国的交通管理发展历程比较缓慢。随着城市规模的不断扩大，我国城市交通业发展也非常迅速，各种车辆的数量和车流量迅速增加。目前，全国许多大城市深入开展了道路交通畅通工程。这使得城市的交通状况得到了进一步的改善，一系列高端交通管理设备投入使用，一些先进的管理模式被借鉴和采用。交通管理系统主要服务于交通管理者，包括交通动态信息监测、需求管理、交通控制、交通事件管理、勤务管理、交通执法和停车管理等。

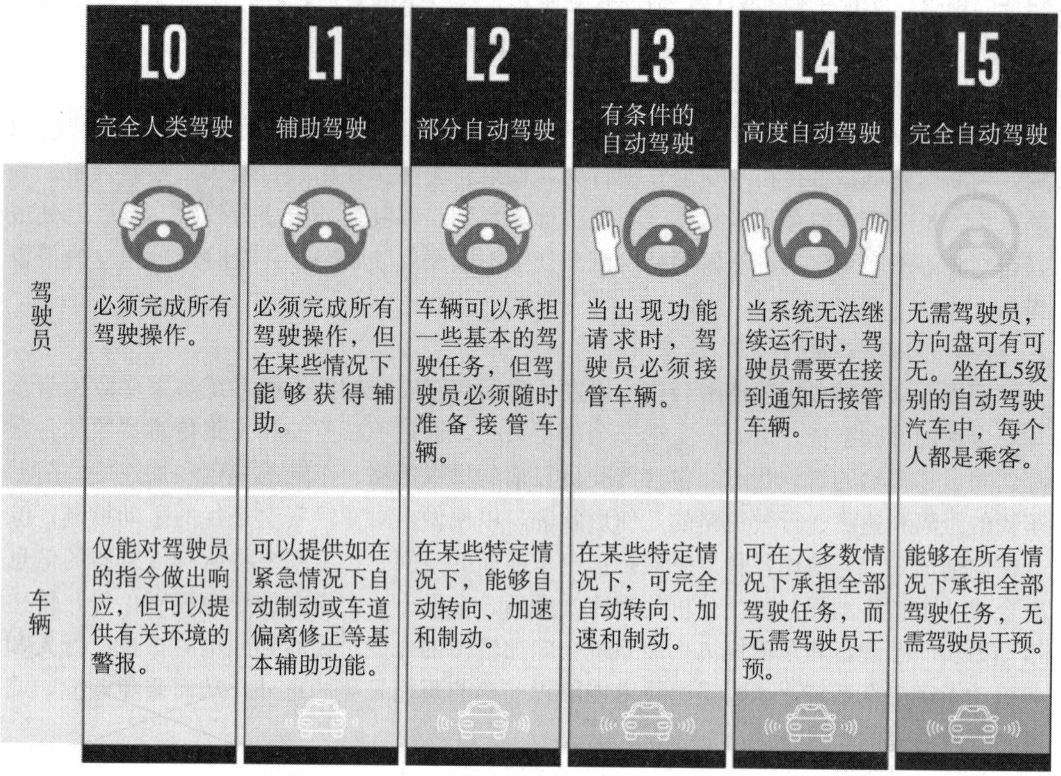

图 3-3 美国机动车工程师协会（SAE）自动驾驶分级

4. 电子收费

电子收费系统（即 ETC 系统）主要应用于高速公路不停车收费。ETC 系统在 20 世纪 80 年代开始兴起，20 世纪 90 年代在世界各地得到广泛使用，受到各国政府和企业的重视。ETC 系统主要涉及车辆自动识别、车型自动分类和视频稽查技术。

首先，ETC 系统自动化和高效的收费方式可以大大减少车辆停车等待的时间，提高路段过货率。此外，使用 ETC 卡还可以享受优惠折扣，对经常出行的人非常有吸引力。其次，ETC 系统大大提高了道路收费的管理效率。以前，道路收费需要人工收费员现场收费，难以统计，而 ETC 系统可以很好地记录每一位司机的出行情况，以便进行准确的收费和统计管理。最后，ETC 系统的实施为大众提供了安全、可靠和高效的出行方式。电子收费系统有效改善了现金收费和 IC 卡支付的弊端，严格控制了恶意逃费，保障了道路和交通的安全和畅通。

随着时间的推移，ETC 系统在道路的实施中将越来越完善，将会给人们带来更多的优惠和便利。

5. 交通信息服务

交通信息服务主要是指向驾驶员传递有用的交通服务信息，包含出行前信息服务、行驶中驾驶员信息服务、途中公共交通信息服务、途中出行者其他信息服务、路径引导与导航以及个性化信息服务等。

交通信息服务领域的发展主要体现为信息类型和发布手段的不断丰富和多样化。目前，驾驶员可通过手机短信接收目的地天气或休闲娱乐信息，可通过手机导航软件准确到达目的地，可在途中通过广播、电视、微信和微博等多种手段接收各类交通信息，根据自身需求选择恰当的行驶路线及时间。随着云计算和大数据技术的应用，交通信息服务也越来越准确、智能和及时，让运输行驶变得更科学、更高效。

6. 交通运输安全

交通运输安全主要是指各种道路的安全管理和紧急救援。道路安全管理包括道路安全工程和道路安全审查。道路安全工程应确保道路具备较完善的安全设施，除路面标识、标线和视线引导设施清晰醒目外，在必要的地段和路侧须设置防撞栏杆，这样能使失控车辆平滑地改变方向，防止危及其他车辆，保障人身安全。道路安全审查旨在确定道路潜在的安全隐患，确保考虑合适的安全对策，使安全隐患得以消除或以较低代价降低其负面影响，保障道路在规划、设计、施工和运营各阶段均考虑安全需求。

当道路发生紧急事件时，在事件的发现、处置和交通恢复正常等过程中，信息的采集、处理和运用非常重要，各种信息的快速与精确获取及各部门间信息流动渠道的畅通是完成快速、高效救援的保障。图 3－4 为道路紧急救援系统逻辑结构，该图清晰地阐述了紧急救援的责任部门、救援任务及交互关系。道路紧急救援系统应具备紧急事件自动探测、救援资源优化配置、救援资源联动调度、紧急救援决策支持和紧急事件交通管制等功能。

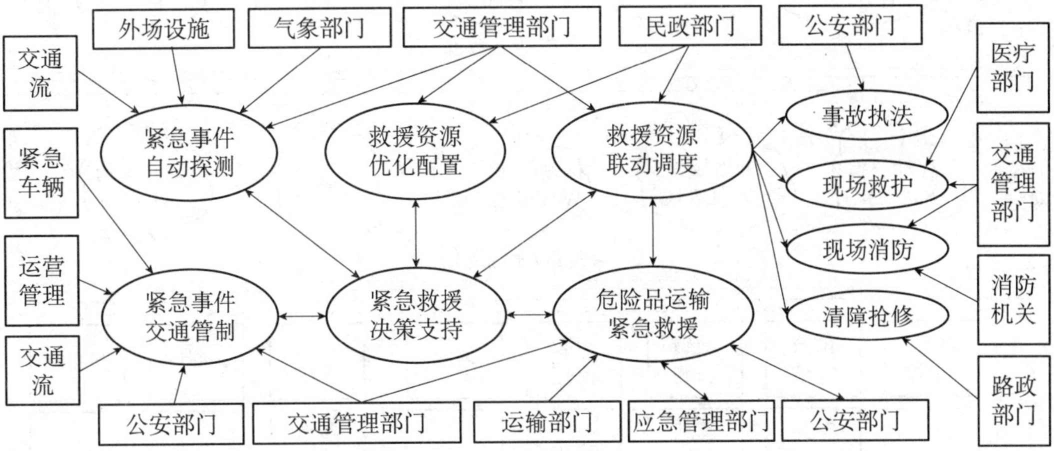

图 3－4　道路紧急救援系统逻辑结构

二、层次架构

智慧物流运输的层次架构（见图 3－5）立足于交通运输行业中与智慧物流相关的标准，针对运输配送环节，突出智慧特征，按照需求导向、创新引领、场景驱动、动态调整的总体思路进行编制。其主要包括：全面的动态感知网络；安全高效的数据体系；综合服务能力；交通指挥服务中心。

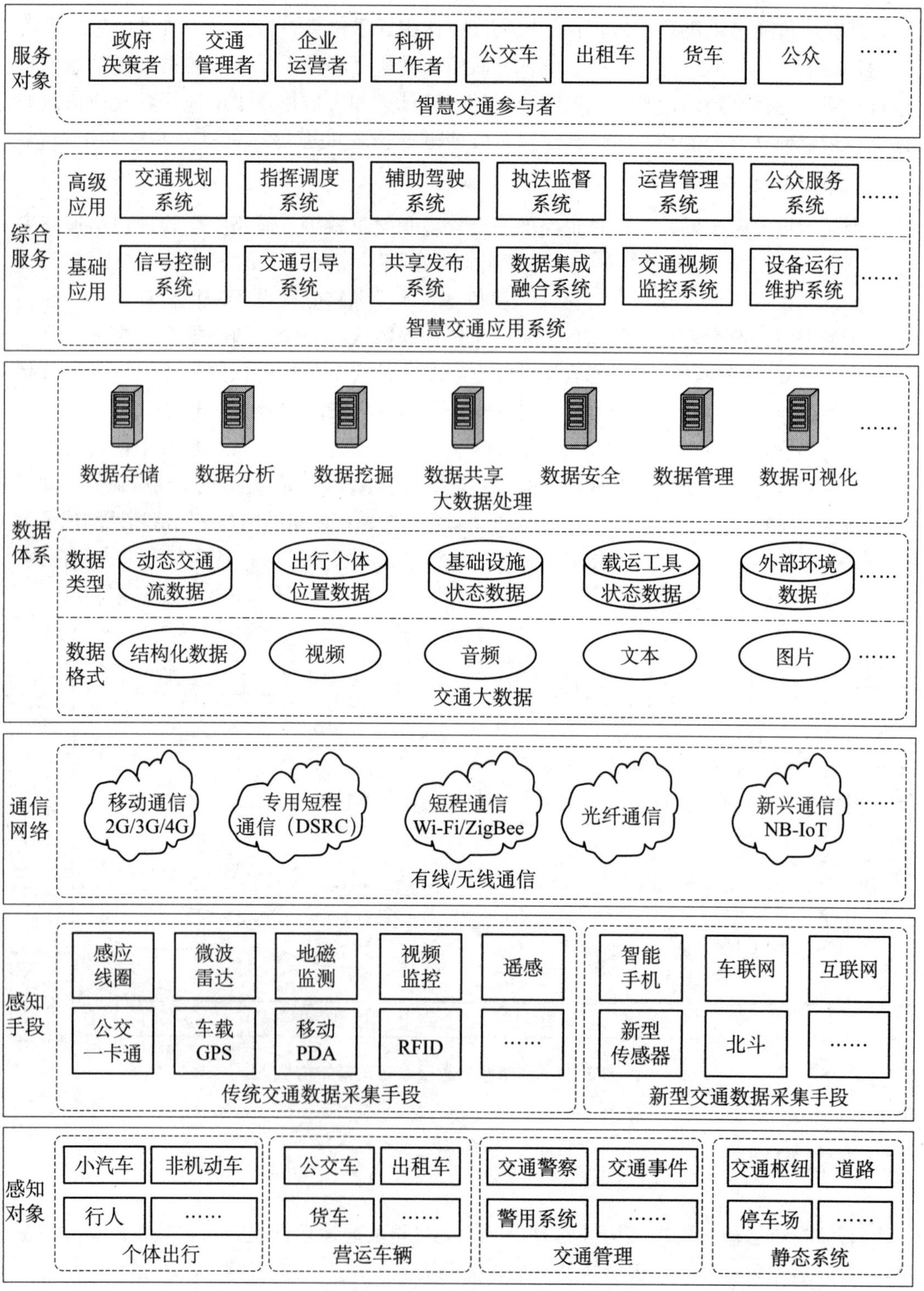

图 3-5 智慧物流运输的层次架构

三、智慧物流运输决策

运输成本要占到物流总成本的40%左右，占商品价格的8%左右，因此，好的运输决策会提高物流运输效率、降低运输成本，使物流运输的各项指标达到最佳的组合需求。智能化技术的出现使物流运输决策成为具有智慧的“大脑”，将物流运输的思维系统和执行系统连接在一起，代替人脑对物流运输相关因素进行全面、细致、深入的分析，进而得出优于人工决策的运输方案，将物流运输推向高精度、高效率的智慧时代。

物流运输决策中主要考虑的内容包括运输方式、运输服务商、运输路线的选择，以及运输计划编制及运输能力配备等。

（一）工作流程

1. 接收订单及预处理

调度员接收订单，获取订单信息（包括寄件地址、收件地址、货物重量、货物体积、下单时间和服务时效），审核归类，及时将错误订单或不清楚订单返回给客户。

2. 整合订单，确定运输方式

调度员将客户订单进行重新组合或拆分，根据客户要求选择合适的运输方式。

3. 组合货物，保证装载率

调度员选定运输方式后，根据车辆装载要求重新组合货物，确保装载率最大化。

4. 选择运输路线

调度员根据车辆运输出发地与目的地选择合适的线路。

5. 发送货物

调度员按照选定路线发送货物，处理异常情况。

6. 在途跟踪

调度员对外埠运输的车辆进行在途跟踪，以确保货物能够安全准确地到达目的地。

（二）运输方式

智慧运输决策在运输方式选择的问题上主要应用于多式联运问题的解决。

（三）决定因素

（1）节点运营方寻求最大化吞吐量。

（2）多式联运承运人寻求利润最大化。

（3）托运人寻求最大限度地降低物流成本。

（四）运输能力配置

运输能力配置可划分为运载工具的路线规划和交通流量优化，运载工具的内部空间配置和运载工具在不同地点的配置。

（1）基于最短路径算法及其不同变型。这些方法包括最短路径过程、k 条最短路径算法、时间依赖的联合最优路径算法，以及基于传输网络的分解计算全局最短路径解决方案的并行算法。

（2）3D 模拟装载、自动优化功能系统。在智慧运输中，设计有效的内部空间配置方案对于不同类型的运输工具至关重要。卡车、火车和货轮这三种主要运输工具各自有不同的装载要求和限制。通过平台进行 3D 模拟和自动优化，可以直观地显示货物的最佳摆放方案，帮助装载人员制订高效的装箱计划。

（3）基于动态编程的方法。根据动态需求和动态交通状况，建立动态运输规划模型，解决内陆货物运输中深海码头与内陆码头之间的联运集装箱流量分配问题。

（五）实时路径优化与调度

（1）传统车辆路径问题（VRP）的调度算法：VRP 问题中常见的算法有遗传算法、粒子群算法、禁忌搜索算法、神经网络算法、蚁群算法等。

（2）动态车辆路径问题的调度算法：目前相关研究多采用插入新需求点和调整部分线路的局部优化方法，尽量减少原有配送线路的变动程度。

（3）实时路径优化与调度算法：对于可能的动态事件，要实现实时路径优化，目前主流方法是采用启发式算法进行路径选择和优化，其中遗传算法是最常用的启发式算法。

知识延伸

配送方案制定

已知配送中心 P 向 5 个用户配送货物，其配送路线网络、配送中心与用户的距离以及用户之间的距离如图 3-6 所示［图中括号内的数字表示客户的需求量（单位：吨）］，路线上的数字表示两节点之间的距离，配送中心有 3 台 2 吨卡车和 2 台 4 吨卡车两种车辆可供使用。

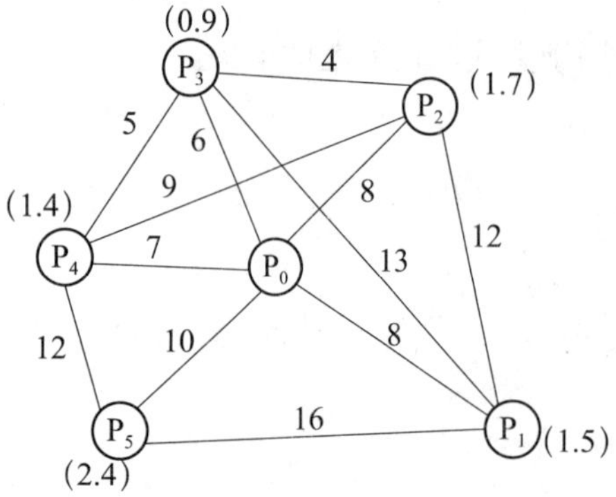

需要量	P_0					
1.5	8	P_1				
1.7	8	12	P_2			
0.9	6	13	4	P_3		
1.4	7	15	9	5	P_4	
2.4	10	16	18	16	12	P_5

图 3-6　各节点距离

(1) 试利用节约里程法制定最优的配送方案。

(2) 设卡车行驶速度为40千米/小时，试比较优化后的方案比单独向各用户分送可节省多少时间。

【任务分析与讨论】

请通过查阅教材、上网搜索、听课、讨论等获取表3-6中的答案/案例，并进行自我评价，确保项目顺利实施。

表3-6　相关知识和技能信息确认单

相关知识和技能	答案/案例	自我评价
建设智慧交通需要的条件		
我国ITS建设思考		
常见的最优运输路线决策方法		

【任务实施】

思考任务要求，制订工作计划，在表3-7中用适当的方式予以表达。

表3-7　计划工作单

1. 小组讨论决策

负责人：__________讨论发言人：____________________

决策结论及方案变更：

____

____

____

2. 小组互换决策

优点	缺点	综合评价（A、B、C、D、E）	签名

3. 人员分工与进度安排

内容	人员	时间安排	备注

【任务总结】

【任务拓展】

选择一种智慧物流运输决策算法并了解其运行原理。

任务三
智慧运输技术与设施设备

【任务导入】

2021 年 7 月 21 日晚，长时间通信中断的米河镇居民收到了一条关键信息："米河镇的乡亲们，因暴雨致通信中断，应急管理部紧急调派翼龙无人机抵达你镇上空。"（见图 3 - 7）这是军民两用无人机首次在自然灾害中实战应用。

国家应急管理部数据显示，截至 7 月 22 日 23:20，翼龙- 2H（见图 3 - 8）上的空中基站累计接通用户 3 572 人，产生流量 2 089.89M，单次最大接入用户 648 人，滞空超过 5 小时，共在任务区内作业 8 小时 8 分钟，为打通应急通信撑过了关键 5 小时。

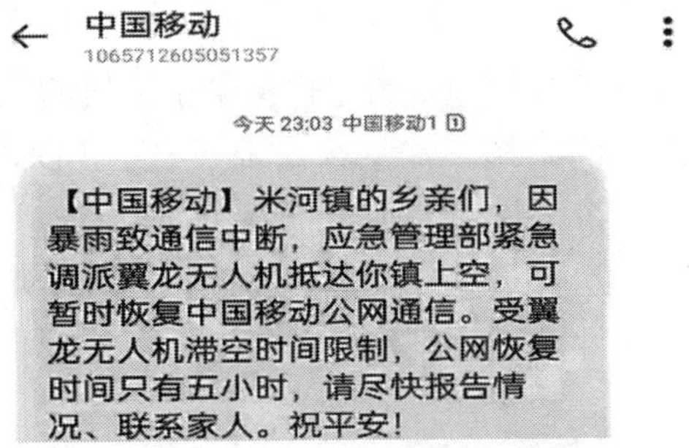

图 3 - 7　移动通信恢复短信通知

图 3 - 8　翼龙- 2H 应急救灾型无人机

据了解，此次飞赴河南省巩义市米河镇的无人机属于翼龙应急救援无人机系列之一——翼龙- 2H 应急救灾型无人机。中航（成都）无人机系统股份有限公司的翼龙应急救援无人机系列还包括翼龙- 2H 气象型无人机和翼龙- 10H 近海救援型无人机。翼龙应急救援无人机具有高可靠性和复杂环境适应能力，尤其是作为空中无人通信平台在极端情况下支撑通信保障任务的能力极佳。

翼龙- 2H 应急救灾型无人机系统由无人机、地面控制站、保障系统组成。无人机本身搭载了光电吊舱、合成孔径雷达、航拍 CCD 相机、应急通信保障吊舱、应急投送吊舱等设备。这次飞赴河南不光使用机载通信基站，还应用 CCD 航测相机、EOC 广电设备和 SAR 合成孔径雷达，对受灾区域进行拍照和监测，实时将有关信息回传至指挥中心，为应急管理指挥部第一时间确定救援救灾重点方向以及部署抗震救灾工作提供决策依据。

思考：无人机技术除了可以应用于运输，还可以应用于哪些行业？

【基础知识】

一、智慧物流运输技术

微课

智慧物流运输技术

现有智慧物流运输技术有物联网技术、全球卫星导航系统、地理信息系统、汽车自动驾驶系统。

（一）物联网技术

汽车移动物联网技术是指装载在车辆上的电子标签通过无线射频等识别技术，实现在信息网络平台上对所有车辆的属性信息和静、动态信息的提取和有效利用，并根据不同的功能需求对所有车辆的运行状态进行有效的监管和提供综合服务。

物联网技术应用：在物流领域，主要应用于车辆安全、事故管理、车辆监控、车辆调度、ETC等。

（二）全球卫星导航系统

全球卫星导航系统是指能在地球表面或近地空间的任何地点为用户提供全天候的三维坐标和速度以及时间信息的空基无线电导航定位系统。常见系统有GPS、BDS、GLONASS和GALILEO四大卫星导航系统。

定位与导航技术在物流领域使用范围很广泛，如公路巡检、贵重货物追踪、汽车防盗、电动车摩托车防盗、银行押运、危险品运输、企业车辆管理等。

（三）地理信息系统

地理信息系统（GIS）有时又称为“地学信息系统”。GIS是处理地理数据的输入、输出、管理、查询、分析和辅助决策的计算机系统。

地理信息系统的应用：选择恰当的物流运输中心；方便物流系统进行资源分配；妥善解决突发状况；构建宏观物流系统调控。

（四）汽车自动驾驶系统

汽车自动驾驶系统又称自动驾驶汽车，也称无人驾驶汽车、电脑驾驶汽车、轮式移动机器人，是一种通过车载电脑系统实现无人驾驶的智能汽车系统（见图3-9、图3-10）。

自动驾驶技术在物流运输的应用：智能驾驶货运车，无人港口运输车，无人物流配送车，无人矿山运输车（见图3-11、图3-12）。

图 3-9　无人驾驶汽车

图 3-10　5G+智慧无人驾驶公交

图 3-11　无人物流配送车

图 3-12　无人矿山运输车

二、智慧运输设施设备

(一) 无人机

无人机是一种由动力驱动、机上无人驾驶、可重复使用的航空器的简称，英文常用 Unmanned Aerial Vehicle 表示，缩写为 UAV。

军用无人机研究主要集中于长航时无人机、作战无人机以及微型无人机，主要关注固定翼无人机（见图 3-13）在干线运输中的应用。

民用无人机多数是多用途无人机装载民用任务载荷的变型机，按用途可分为民用通信中继无人机、气象探测无人机、灾害监测无人机、农药喷洒无人机、地质勘测无人机、地图测绘无人机、交通管制无人机、边境控制无人机及配送无人机（见图 3-14）等。

(二) 无人货车

无人货车是指利用无人驾驶技术进行长途运输和配送的物流车辆。

无人货车的技术优势有：减少事故发生，降低交通风险；不间断运输，降本增效。

图 3-13　固定翼无人机

图 3-14　配送无人机

（三）传感器

传感器是指能感受到规定的被测量物体并根据一定的规律将之转换成可用于输出信号的器件或装置。现代传感器不仅有模数转换功能，还具有处理功能，集成化程度正在逐步提高。

按传感原理分类，运输中常用的传感器有磁性传感器、图像传感器、雷达传感器、超声波传感器、红外传感器等。

在车辆运输中，传感器被用于检测车轴数量、轴距、车速监控、车型分类、动态称重、收费站地磅、闯红灯拍照、停车区域监控以及交通信息采集（如道路监控）和机场滑行道等方面。此外，车辆内部的应用除了对行驶速度、行驶距离和发动机转速的简单监控，还扩展到了安全监控领域。例如：汽车安全气囊系统、防盗装置、防滑控制系统、防抱死制动系统、电子变速控制装置、排气循环装置、电子燃料喷射装置以及汽车“黑匣子”等安全相关技术均已得到广泛应用。

知识延伸

基于5G技术的智慧港口

在福建厦门远海集装箱码头，自动驾驶的集装箱卡车依次在两座岸桥下自动完成交箱装船、卸箱接船操作，随后又自动行驶到堆场，与轮胎吊精准对位，进行堆场落箱，顺利完成装卸船作业流程。这样的场景今后将经常见到。

据了解，无人集卡采用了“无驾驶舱”设计，车辆构成仅为“底盘+传感器”。通过激光雷达、摄像头、GPS等多传感器融合方案，无须人为控制，集卡可以自主分析周边的复杂环境、高度动态变化的场景，并对此做出相应反应。同时，集卡拥有高精度定位与多重安全冗余技术，可实现灵敏避障、智能跟车、智能停车等功能，实现无人集卡的安全、顺畅运行。

在上海洋山深水港，5G智能重卡与港区其他智能化设备一起，在复杂的作业环境下完美协作，十几秒内就完成了货物装卸，并迅速开启自动驾驶，自主规划最优路线，将货物精准运输到指定地点。

5G智能重卡综合应用了激光雷达、机器视觉、高精地图等先进技术，打通了从电控底盘、发动机到智能驾驶系统的完整控制闭环。这离不开基于5G技术的“低时延控制、大带宽监控、高可靠连接”优势，通过实时监控、高精度定位、编组队列行驶等应用，提升港口码头在物流运输、安全监控等方面的运营效率，增强上海港集装箱吞吐能力，对巩固提升上海港国际枢纽港地位发挥了重要的作用。

基于5G技术的智慧港口应用可以降低安全风险和码头人工成本，实现港口由劳动密集型向自动化、智能化、无人化方向全面升级转型。

【任务分析与讨论】

请通过查阅教材、上网搜索、听课、讨论等获取表3-8中的答案/案例，并进行自我评价，确保项目顺利实施。

表3-8 相关知识和技能信息确认单

相关知识和技能	答案/案例	自我评价
比较GPS、BDS、GLONASS和GALILEO四大卫星导航系统		
5G的含义		
5G在智慧运输中的使用场景		

【任务实施】

思考任务要求，制订工作计划，在表3-9中用适当的方式予以表达。

表3-9 计划工作单

1. 小组讨论决策

负责人：________讨论发言人：________________

决策结论及方案变更：

____

____

____

2. 小组互换决策

优点	缺点	综合评价 （A、B、C、D、E）	签名

续表

3. 人员分工与进度安排

内容	人员	时间安排	备注

【任务总结】

____

____

____

____

【任务拓展】

1. 查找资料，收集无人机、无人货车在国内外智慧运输中的实践。
2. 查找资料，了解我国港口智慧化的进程。

任务四
智慧物流运输的应用与发展

【任务导入】

2019年12月4日，全球首艘无人货船“筋斗云号”自主航行技术成果在上海海事展上首次公开。在中国船级社智能船舶论坛上，云航智能以“自主航行实践”为题，发布了“筋斗云号”自主航行的最新成果。12月15日，“筋斗云号”在珠海举行下水首航仪式。经过测试，该船已实现远程遥控、自主循迹、会遇避碰和遥控靠离泊，基本实现了IMO自主等级L4的功能性要求。

船舶自主航行有着重要的战略意义，通过减少驾驶员直至实现无人自主航行，可实现船舶设计建造的革命性突破，同样载重能力下节约超过20%的建造成本、20%的运营成本，减少15%的燃油消耗并大幅度降低排放。对于万亿美元的船舶、航运市场而言，空间巨大。

为了支持小型无人货船研发测试的需要，项目组在珠海市政府支持下，将打造以船舶无人驾驶为基础的产业生态平台，其中包括无人船海上测试场、自动系泊码头、海上通信和网络安全等方面的基础设施，满足不同型号无人船艇在多场景、多维度的试验和检测需求，为未来无人航运提供数据和运营支持。继挪威全球首个无人船海上测试场后，在珠海万山群岛打造的无人船海上测试场将是世界第二、亚洲首个无人船海上测试场。

在“筋斗云号”发布前，云洲智能无人航运尤为关键的远程控制技术已经成熟，无人航运控制中心将会先期布局完成。云洲在珠海唐家湾畔建设的无人船科技港，是中国第一个无人船研发测试基地，也是提供无人船研发、海洋智能装备测试及创新孵化的“产学研用”综合服务平台。

基于无人船科技港，云洲目前已建设覆盖珠三角珠江口海域的无线宽带专网网络，结合公网，搭建起了连接多地的“远程联动平台”，实现对无人船艇的远程操控。未来，随着小型无人货船项目的推进，来自粤港澳大湾区的船老大们无须辛苦地待在船上，只需要坐在位于无人船科技港内的无人航运控制中心，看看屏幕、动动键盘，就可以对来往珠江口的货船进行远程操控，轻松做成海上运输生意。云航智能无人货船自主航行技术成果的发布，展示了其自主航行技术的先进性与成熟度，将给自主航行技术发展起到示范作用，并促进产业端的落地发展，在我国现阶段的智能船舶和智能航运领域，是一次标志性事件，具有非常重要的意义。

思考：什么是无人货船？无人货船的优势有哪些？其在我国的应用前景如何？

【基础知识】

一、智慧物流运输的发展现状

微课

智慧物流装卸搬运的应用与发展

（一）基础设施智能化水平提升，运输服务新业态不断涌现

近些年来，我国政府和企业对于基础设施建设以及固定资产的投资力度持续增长，智慧物流配套基础设施建设得到了高速发展。

2020 年我国铁路货车、航空货机拥有量分别为 91.2 万辆和 187 架，同比增长 3.99 个百分点和 8.09 个百分点。而近年来多数企业为提升物流运货速度，逐渐将运输方式由公路运输转向铁路或航空运输。2020 年我国公路货车拥有量为 1 110.3 万辆，同比下跌 18.1 个百分点。从整体来看，物流基础设施逐渐完善，多式联运转运设施建设逐渐加强。

1. 基础设施智能化与共享

2017 年 5 月，青岛港全自动化集装箱码头正式投入运营。几年来，这座智能自动化码头屡次刷新作业效率。不久前，该码头自主研发的智能管控系统——单台桥吊昼夜在港装卸集装箱量突破 1 100 标准箱，达到 1 192 标准箱，比全球同类码头高出 19%（见图 3-15）。

图 3-15　自动化港口的智能设施

2. 智慧公路逐渐建成

交通运输部指导各地布局建设智慧公路，应用新技术、引入新装备、打造新场景、构建新模式、强化数字赋能，各地已建成了一批智慧公路试点工程、样板工程，已经具备一定的实践基础、人才储备、市场环境。公路业作为资金密集型、智力密集型行业，在全面数字化方面具有先发优势。我国第一条，也是世界第一条支持车联网技术的智能高速公路——杭绍甬高速公路全长 161 千米，是全国首条“智能、快速、绿色、安全”的智慧高速公路。杭绍甬高速公路采用智慧云控平台，通过智能系统管控车辆，提升高

速公路运行速度；全面支持自动驾驶，并结合无线充电技术实现边行车边充电；配备物联感知预警系统，车主可以了解前面的情况，一定程度上避免发生车祸（见图 3－16）。

图 3－16　我国第一条智能高速公路——杭绍甬高速公路

3. 运输装备智能化技术创新正加速推进

随着众多新一代技术加速迭代，新交通工具、新运输方式和新基础设施不断涌现，技术创新正支撑全球交通运输迈向数字化、智能化和绿色化时代。

国家智能网联汽车（武汉）测试示范区（见图 3－17）于 2019 年 9 月 22 日在武汉经开区正式揭牌，这是国内第六、中部首个国家级智能网联汽车测试示范区，也是全球最早颁发自动驾驶商用牌照的示范区，发布了全国首个城市级智能网联道路建设标准，是已建成全国规模最大、场景最多、首个全 5G 通信接入的开放道路自动驾驶示范区。

神 24 电力机车火车（见图 3－18）是一列智慧型机车，具有无人驾驶自动操纵功能，在装满货物或清货完毕的情况下，能够实现自动唤醒、自行启动、灵活调速、到站停车等多项智能化无人操作，还可进行自行检测，如系统能对重要部位进行健康排查，存在故障将发出预警提醒，提高了整车维护效率，保障了机车安全，降低了机车全生命周期的成本。

图 3－17　国家智能网联汽车（武汉）测试示范区

图 3－18　神 24 电力机车火车

4. 客货运输服务创新应用取得显著成效

客货运输服务创新应用的显著成效有：构建现代化铁路运输服务体系，持续提升客货运输供给质量和保障能力，全力满足人民群众出行和物流服务需求。客货运输平台能够统一数据链路源，使多种数据交互传递通路，保障货主、收货人、司机、车队老板、运输公司等不同用户角色高效协同。良好的运输保障可以保证货物的完整性和质量，提高供应链的效率，赢得客户的信任。优质的客户服务可以提高客户满意度和忠诚度，增强企业声誉。各类客货运输服务平台如图 3-19 所示。

图 3-19　各类客货运输服务平台

（二）推动基础设施数字化，生产组织自动化

（1）基本建立开放共享的数据资源体系。

（2）建立高精度、全要素的三维交通地理信息系统，实现对铁路、公路等基础设施、设备、标志、标线等的数字化与动态跟踪。

（3）对重大交通基础设施工程实现全生命周期健康性能监测，及时发现和精准处置隐患，节约养护成本，延长生命周期。

（4）“互联网+”物流组织新模式，构建覆盖物流链各环节的服务体系，提供国内、国际物流“一站式”“一单式”服务。

（5）推动运输服务一体化、便捷化。

（6）全面增强综合交通运输协调调度和应急联动能力。

（三）强化顶层设计，加强跨界协同

（1）通过推动新一代交通控制网和智慧公路等试点，加快先进信息技术与交通运输融合应用。

（2）深化北斗系统行业应用。

二、智慧物流运输的发展趋势

（一）绿色交通成为交通发展新理念

绿色环保是物流行业可持续发展的目标，在物流行业的发展中占据着重要地位。在未来 5 年的智慧物流发展中，快递的包装、仓储以及运输的绿色环保水平都会得到大幅

度的提升与推广应用，如对社会闲置资源进行再利用，从而减少物流行业的能源耗费。在人们环保理念的提升下，绿色低碳的智慧物流运输成为未来发展的必然趋势，符合全球绿色可持续发展的要求与使命。

（二）互联网思维将极大提升服务能力

智慧物流可以更灵活地满足消费者的需求。未来物流的发展趋势是信息化、智能化、集约化、小批量，以客户需求为导向，灵活实施物料调配，满足下游需求。互联网拓展了营销渠道，通过互联网可以及时反馈消费者的需求信息，信息可以快速到达生产企业的指挥中心，而智慧物流运输可以促进资源优化和高效运作，实现订单管理，降低企业库存和上游经营风险。

（三）与新兴技术结合将更加深入

智慧物流概念的提出顺应历史潮流，也符合现代物流业自动化、网络化、可视化、实时化、跟踪与智能控制的发展新趋势，符合物联网发展的趋势，有利于增效降本、控制风险、节能环保、改善服务。在智慧物流运输快速发展的背后是各项新兴技术提供的助力和支持。随着技术的不断发展，传统的人为经验决策正逐步被机器替代。通过技术与技术融合、技术与业务融合建立起新模型，将实现物流核心业务的精准预测、优化控制、持续创新。

（四）车联网将迎来爆发式增长

大力发展智慧交通、智慧物流等，必将加强智能网联汽车研发，形成自主、可控、完整的产业链。未来，我国将继续以数据驱动为核心，推动交通数字化，构建车—路—云—网—图基础设施，打造更优秀的智慧交通云控平台，为自动驾驶赋能，让车更聪明，让交通更智慧。

（五）参与主体趋向多元化

由于智慧物流运输涉及领域多元化，涉及的主体类型也具备多元化角色。智慧物流运输的参与主体不仅包括传统的政府机构、核心企业、物流企业，还有公众和互联网企业，它们也在智慧物流运输中发挥着重要的作用。

知识延伸

智慧物流运输的应用模式

智慧物流的基础框架分为前台、中台、后台三部分。前台主要是应用层：车货匹配多式联运、仓配端资源共享、无车承运人、供应链金融、路径优化等。中台主要是决策层：物流云技术决策、运行规则及标准的逻辑，物流市场的决策。后台主要是数据感知层：货/车/仓的物流要素数据化、地理信息数据化、消费者画像。

当前智慧物流运输的应用模式主要有：

1. 互联网+车货匹配

互联网物流企业在建立之初往往侧重于平台化的运作模式，这能够实现物流服务相关信息的匹配。平台通过互联网手段将货主的货源信息集中在一起，让有找货需求的人在平台上按需获取信息，最后达成货物运输交易。

互联网+车货匹配主要有以下四种模式：（1）基于互联网的C2C信息撮合；（2）基于移动互联网的C2C信息撮合；（3）基于移动互联网的B2B模式；（4）基于专线物流解决方案的运营整合。

2. 互联网+多式联运

多式联运核心在“运”，关键在“联”，各方资源的互联互通是发展多式联运的重要前提。通过“互联网+”技术，多式联运的信息交互变得更加流畅，整个运输过程变得透明化。无论是托运人还是承运人，无论客户是何种类型、何种规模，都能够随时了解全程运输情况和货物状态。对于服务提供者而言，利用“互联网+”还能将服务标准化，这不仅极大地提升了沟通效率，还优化了服务体验。

3. 无车承运人

2016年，无车承运人政策正式出台，它是“互联网+”高效物流的最佳实践，其特征主要包括天然的平台经济特征、典型的轻资产运作模式、与经营业务相适应的赔付能力、较强的资源整合能力以及属于技术密集型和管理密集型企业。无车承运人的价值在于压缩供应链以及整个运输链条，使整个供应链条更加扁平化。

4. 云仓资源共享模式

云仓资源共享模式是指通过构建云仓系统，实现仓库设施网络的互联互通。在此基础上，向用户开放云仓资源，从而实现仓储资源的共享。云仓系统是一个基于实体仓库设施网络系统的在线互联网平台，它通过互联网连接全国各地的仓库，实现仓库数据与云仓平台的互联互通；借助云计算和大数据分析技术，整合并运筹管理实体仓库系统，优化仓库资源配置，并实时进行全国仓库系统的网络化运营与共享管理。

【任务分析与讨论】

请通过查阅教材、上网搜索、听课、讨论等获取表3-10中的答案/案例，并进行自我评价，确保项目顺利实施。

表3-10　相关知识和技能信息确认单

相关知识和技能	答案/案例	自我评价
当前物流运输中存在的问题		
助力智慧物流的新兴技术有哪些		
我国大力发展物流的相关政策		

【任务实施】

思考任务要求，制订工作计划，在表 3－11 中用适当的方式予以表达。

表 3－11　计划工作单

1. 小组讨论决策

负责人：＿＿＿＿＿讨论发言人：＿＿＿＿＿＿＿＿＿＿＿＿＿＿＿＿＿＿＿＿

决策结论及方案变更：

＿＿＿＿＿＿＿＿＿＿＿＿＿＿＿＿＿＿＿＿＿＿＿＿＿＿＿＿＿＿＿＿＿＿＿＿＿＿

＿＿＿＿＿＿＿＿＿＿＿＿＿＿＿＿＿＿＿＿＿＿＿＿＿＿＿＿＿＿＿＿＿＿＿＿＿＿

＿＿＿＿＿＿＿＿＿＿＿＿＿＿＿＿＿＿＿＿＿＿＿＿＿＿＿＿＿＿＿＿＿＿＿＿＿＿

2. 小组互换决策

优点	缺点	综合评价 （A、B、C、D、E）	签名

3. 人员分工与进度安排

内容	人员	时间安排	备注

【任务总结】

＿＿＿＿＿＿＿＿＿＿＿＿＿＿＿＿＿＿＿＿＿＿＿＿＿＿＿＿＿＿＿＿＿＿＿＿＿＿

＿＿＿＿＿＿＿＿＿＿＿＿＿＿＿＿＿＿＿＿＿＿＿＿＿＿＿＿＿＿＿＿＿＿＿＿＿＿

＿＿＿＿＿＿＿＿＿＿＿＿＿＿＿＿＿＿＿＿＿＿＿＿＿＿＿＿＿＿＿＿＿＿＿＿＿＿

＿＿＿＿＿＿＿＿＿＿＿＿＿＿＿＿＿＿＿＿＿＿＿＿＿＿＿＿＿＿＿＿＿＿＿＿＿＿

【任务拓展】

1. 查找资料，说说智慧交通体系的框架与发展重点。
2. 收集资料，分析智慧物流运输发展趋势。

项目小结

基础练习

一、单项选择题

1. 美国机动车工程师协会（SAE）将智能驾驶分为（　　）个等级。

A. 3　　B. 4　　C. 5　　D. 6

2. 交通管理主要服务于（　　）。

A. 交通使用者　　B. 交通管理者

C. 交通被管理者　　D. 交通组织者

3. 交通需求管理是对（　　）的管理。

A. 交通　　B. 交通量　　C. 交通源　　D. 交通流

二、多项选择题

1. 智慧物流运输常用的信息技术包括（　　）。

A. 物联网　　B. 空间感知　　C. 云计算　　D. 移动互联网

2. 以下属于智慧物流运输运用的理论与工具有（　　）。

A. 交通科学　　B. 系统方法　　C. 人工智能　　D. 知识挖掘

3. 智慧物流运输的目标是（　　）。

A. 全面感知　　B. 深度融合　　C. 主动服务　　D. 科学决策

三、判断题

1. 智慧物流运输系统提高了订单的响应处理能力，提高了调度的配载效率，并通过网络和云平台实现了各方信息的准确传递，实现了全链路信息透明。（　　）

2. 智能驾驶能够从根源上减少由于人的误操作而引发的交通问题，提高交通运输的安全性和运行效率。（　　）

3. ETC 系统主要涉及车辆自动识别、车型自动分类和视频稽查技术。（　　）

四、简答题

1. 与传统物流运输相比，智慧物流运输有哪些特征？

2. 简要概括智慧物流运输的发展趋势。

3. 简述智慧物流运输流程。

4. 列出两个以上智慧物流运输相关技术，并选择一个简要介绍其在智慧物流运输中的应用。

5. 列出两项实时路径优化与调度所需的相关技术，并简述实时路径优化与调度流程。

项目四 智慧物流仓储

鼓励智慧物流技术与模式创新，促进创新成果转化，拓展智慧物流商业化应用场景，促进自动化、无人化、智慧化物流技术装备以及自动感知、自动控制、智慧决策等智慧管理技术应用。加快高端标准仓库、智慧立体仓储设施建设，研发推广面向中小微企业的低成本、模块化、易使用、易维护智慧装备。

——《“十四五”现代物流发展规划》

学习目标

知识目标

- 掌握智慧物流仓储的含义与特点；
- 掌握智慧物流仓储业务流程；
- 理解无人仓在智慧物流仓储中的应用；
- 了解智慧物流仓储的发展现状及相关设施设备。

能力目标

- 掌握文献检索、资料查询的基本方法，具备独立获取智慧物流仓储相关知识的学习能力，初步具备智慧物流仓储实际问题的认知与分析能力。

素养目标

- 树立团结、合作、互助理念；
- 树立物流职业理想，培养社会责任感，宣扬科学创新的时代精神。

学习内容

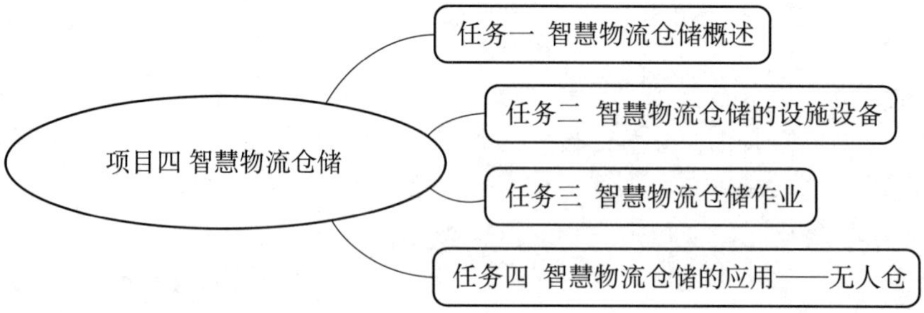

任务一
智慧物流仓储概述

【任务导入】

随着中国智造、“互联网+”的发展，智能化和信息化技术在生产与物流中被快速普及应用，为生产与物流注入“智慧”的基因，所有核心环节都将变得更加“智能”，智慧物流仓储迎来了发展的黄金阶段。智慧物流仓储是工业 4.0 的核心组成部分，是连接制造端和客户端的核心环节，即通过先进的物联网、互联网技术，通过信息处理和网络通信技术平台，广泛用于物品的运输、仓储、配送、包装、装卸等活动环节，实现货物出入库、运输过程自动化和高效化的管理。

思考：什么是智慧物流仓储？智慧物流仓储具有什么特点？

【基础知识】

微课

智慧物流仓储概述

一、智慧物流仓储的含义、特点及优势

（一）智慧物流仓储的含义

智慧物流仓储是指在仓储管理业务流程再造的基础上，利用 RFID、网络通信、信息系统等智能技术及先进的管理方法，实现货物入库、出库、盘库、移库管理的信息自动抓取、自动识别、自动预警及智能管理功能，以降低仓储成本、提高仓储效率、提升仓储智慧管理能力的智慧物流活动。

（二）智慧物流仓储的特点

1. 仓储管理信息化

智慧物流仓储高度依赖信息技术，是通过物联网、RFID、网络通信、管理信息系统、大数据以及人工智能等技术，实现对货物的实时监控和管理以及对仓储信息的自动抓取、识别、预警，以此实现物流仓储环节的智能化管理，提高货物出入库作业效率。

2. 仓储运行自动化

智慧物流仓储采用自动化设备，如 AGV（自动导引车）、智能货架、自动分拣系统等，显著减少了人力需求，提高了作业效率和准确性。同时，这些设备还能根据指令自

主完成货物的存取、搬运和分拣等作业任务，实现了仓储作业的无人化或少人化。

3. 仓储决策智慧化

利用大数据分析和人工智能技术，智慧物流仓储系统能够为仓储管理者提供决策依据。例如，系统可以根据货物的进销存信息和市场需求趋势，精准预测货物需求量和库存周转情况，帮助企业进行精准库存管理，降低库存成本，避免因库存积压导致的滞销和资金占用。

（三）智慧物流仓储的优势

（1）智慧物流仓储能够有效利用仓储信息，提高仓储任务分配和执行的效率，优化仓储作业的流程，节约人力和物力，为管理者提供辅助决策依据。

（2）智慧物流仓储设备的应用使人与仓储设备之间的交互更加便捷，减少了人为操作失误，提高了工作人员的操作准确率。

（3）智能优化算法和智能控制技术的使用在保证仓储作业效率的基础上，通过对仓储设备和人力、物力的合理调配，能够有效降低能耗，节约成本，合理保持和控制企业库存。

（4）仓储信息的流通性加强，与供应链上、下游的衔接更加畅通。

二、国内外智慧物流仓储的发展

智慧物流仓储目前在国内外得到广泛的应用。

（一）国外智慧物流仓储的发展

智慧物流仓储在国外的发展呈现出蓬勃的态势，尤其在发达国家，其仓储业发展相对成熟，智慧物流仓储技术的应用也更加广泛和深入。如美国和德国较早地开始了自动化立体仓库的建设，并在此基础上不断发展智能化技术。

此外，一些国际知名的大型企业也在智慧物流仓储方面取得了显著成果。英国的特易购、德国的麦德龙、美国的沃尔玛等大型零售企业都宣布了自己的智慧物流仓储计划，准备进行巨额投资，同时相应带动它们的供应商在智慧物流仓储市场的投入。

在发达国家，智慧物流仓储技术还与其他领域形成了深度融合，如与无人驾驶技术、机器人技术等的结合，进一步提升了仓储业务的智能化水平。这种跨行业的融合与创新为智慧物流仓储技术的发展注入了新的活力。

随着全球电子商务的快速发展，智慧物流仓储的需求也在不断增长。越来越多的企业开始意识到智慧物流仓储的重要性，并加大在这方面的投入。预计未来几年，智慧物流仓储技术将在全球范围内得到更广泛的应用和推广。

（二）国内智慧物流仓储的发展

国内智慧物流仓储的应用也取得了显著的成果。随着物联网、人工智能、大数据等新技术的广泛应用，仓储管理逐渐实现智能化升级，成为现代物流体系中的重要一环。

在市场规模方面，我国智慧物流仓储市场一直保持着快速增长的态势。中商产业研究院发布的《2023—2028年中国智能仓储系统行业市场前景预测与发展趋势研究报告》显示，我国智能仓储行业市场规模（含集成业务及软件业业务）由2018年的772.7亿元增至2022年的1 356.9亿元，年均复合增长率为15.1%。预计在未来几年内，随着下游市场需求的增长和新技术的不断应用，智能物流仓储市场规模有望继续保持快速增长。

在政策支持方面，国家多个部委陆续出台政策，鼓励仓储环节智能化、自动化建设，促进物流行业降本增效。例如：交通运输部与科学技术部联合印发的《交通领域科技创新中长期发展规划纲要（2021—2035年）》中，明确提出了要加快智慧物流技术包括智能仓储的研发应用。这些政策的出台为智慧仓储的发展提供了有力的支持。

在技术应用方面，智慧物流仓储依托物联网、传感器和智能制造等技术，实现了仓库物流和供应链管理的提升，提高了仓储物流效率和企业运营效率。

在基础设施建设方面，智慧物流仓储也得到了快速发展。很多地区都在鼓励建立“智慧物流仓储”，提升仓储物流系统的管理效率和服务水平。

在国内，众多大型企业成功应用了智慧物流仓储技术，提升了物流效率，降低了运营成本。典型企业有以下几个。

（1）京东物流。京东物流通过引入智慧仓储系统，实现了对仓库的智能化管理。通过自动化机器人、智能货架等先进设备，京东物流能够更高效地处理订单、减少错误率，并提高了整体物流效率。

（2）顺丰速运。顺丰速运通过引入智能仓储系统，实现了对货物的自动化分拣、打包和配送，大大提高了处理效率和配送速度。

（3）安踏物流。安踏物流通过引入先进的自动化与智能化技术，实现了从订单处理到产品配送的高效、精准管理，展现了物流智慧化的企业实力。

（4）美的集团。美的集团与联通、华为合作开发的智能仓储业务正式上线，基于5G融合定位技术的仓储定位可达亚米级精度，满足工厂对成品出入库的精细化管理需求，有效提升仓库周转效率。

总的来说，智慧物流仓储在国内的发展前景广阔。未来，随着技术的不断进步和政策的持续支持，智慧物流仓储将进一步发展壮大，为物流行业带来更大的效益和便利。

知识延伸

美的集团、中国联通和华为联合发布5G融合定位解决方案

2021年7月20日，由美的、联通和华为联合打造的广东省首个5G+全联接智能制造示范工厂在美的集团厨热事业部广东顺德工厂正式发布，这也是5G融合定位解决方案在全球智能工厂业务中首次上线。

美的集团、中国联通和华为三方携手，积极响应国家工信部等十部门联合发布的《5G应用“扬帆”行动计划（2021—2023年）》要求，在美的顺德工厂完成园区5G+MEC混合专网建设，将5G+工业互联网智能制造新模式深度应用于工厂核心生产环节，

已落地智能仓储、智能车辆管理、AI 智能监测等多个 5G 应用场景。

在工厂里，高性能 5G 专网支撑着产线的高速运转，AI 大脑监控预测机器人运行动态，机器人手臂整齐划一作业，机器视觉替代人工进行产品质检，AGV 小车零差错将配料运送到位，高精定位系统带来仓储管理账实一致，工人佩戴 AR 设备进行设备检修及远程验货，5G 智能制造取得了实质性的创新成果。

5G 融合定位技术在全球智能工厂业务中的首次应用，解决了传统仓储物流体系长期面临的人、机、物无法有效跟踪定位、移动场景下工业 Wi-Fi 网络不稳定、多网并行维护困难等问题，赋能仓储物流数字化升级，系统定位达亚米级精度，助力美的集团打造智能仓储管理系统，提升仓储物流效率，有效降低仓储成本。

【任务分析与讨论】

请通过查阅教材、上网搜索、听课、讨论等获取表 4－1 中的答案/案例，并进行自我评价，确保任务顺利实施。

表 4－1 相关知识和技能信息确认单

相关知识和技能	答案/案例	自我评价
传统物流仓储向智慧物流仓储发展的四个阶段		
智慧物流仓储举例		
智慧物流仓储在国内外的发展现状		

【任务实施】

思考任务要求，制订工作计划，在表 4－2 中用适当的方式予以表达。

表 4－2 计划工作单

1. 小组讨论决策

负责人：__________讨论发言人：________________________________

决策结论及方案变更：

____

____

____

2. 小组互换决策

优点	缺点	综合评价 （A、B、C、D、E）	签名

续表

3. 人员分工与进度安排

内容	人员	时间安排	备注

【任务总结】

【任务拓展】

1. 收集资料，对比传统仓储与智慧仓储的区别。

2. 调查智慧仓储技术在当前物流企业的应用现状，结合技术前沿讨论分析智慧仓储技术的发展趋势。

任务二
智慧物流仓储的设施设备

【任务导入】

蓝色的 AGV（带自主导航功能的机器人）在宽敞明亮的工厂中像小精灵一样穿梭，近 30 米高的堆垛机在如擎天柱般的立体存储仓内运转，经过智能系统自动规划存储货位的商品在自动入库和出库，“走下”高速分拣机的装箱快递被智能分拨机器人送往指定区域装车……这充满科技感的一幕正发生在湖北省武汉市菜鸟智慧物流园的自动化立体仓库中。

传统物流仓储的基本作业流程包括订单处理、采购、入库、盘点、拣货、出货以及配送等，需要用到大量的人力来完成相关工作，其过程不仅需要花费较长时间，还无法有效避免人工操作失误。为了应对这些问题，菜鸟武汉智慧物流园提出了自己的解决方案——仓储自动化，用创新提高物流仓储的“智”量和质量。

思考：智慧物流仓储中有哪些设施设备？

【基础知识】

智慧物流仓储系统中的功能模块主要包括软件系统和硬件系统。其中，软件系统是指其相应的管理系统，如仓库管理系统、仓库控制系统等。硬件系统是指仓储基础设施的建设，包括智能拣选系统、自动存取系统、智能搬运系统、智能分拣系统等基础设施，通常配置的硬件设备如自动化立体仓库、机械臂、仓储机器人及其配套设备等。

一、智慧物流仓储软件系统

微课

智慧物流仓储的设施设备

（一）仓库管理系统

仓库管理系统（Warehouse Management System，WMS）是对物品的入库、出库、盘点及其他相关仓库作业，仓库设施设备，库区库位等实施全面管理的计算机信息系统。

仓库管理系统一般具有以下几个功能模块：订单处理及库存控制、基本信息管理、货物管理、信息报表管理、收货管理、拣选管理、盘点管理、移库管理、打印管理和后台服务管理等。

仓库管理系统可通过后台服务程序实现同一客户不同订单的合并和订单分配，并对基于电子标签拣货系统、RFID、纸箱标签方式的上架、拣选、补货、盘点、移库等操作进行统一调度和下达指令，并实时接收来自电子标签拣货系统、RFID和终端PC的反馈数据。整个软件业务与企业仓库物流管理各环节吻合，实现了对库存商品管理实时有效的控制。

使用仓库管理系统具有以下几个方面的优势：

（1）数据采集及时、过程精准管理、全自动化智能导向，提高工作效率。

（2）库位精确定位管理、状态全面监控，充分利用有限仓库空间。

（3）货品上架和下架全智能，按先进先出、自动分配上下架库位，避免人为错误。

（4）实时掌控库存情况，合理保持和控制企业库存。

（5）通过对批次信息的自动采集，实现了对产品生产或销售过程的可追溯性。

（6）仓库管理系统条码管理促进企业管理模式的转变，从传统的依靠经验管理转变为依靠精确的数字分析管理，从事后管理转变为事中管理、实时管理，加速了资金周转，提升了供应链的响应速度，增强公司的整体竞争能力。

（二）仓库控制系统

仓库控制系统（Warehouse Control System，WCS）是位于仓库管理系统与物流设备之间的中间层，负责协调、调度底层的各种物流设备（如输送机、堆垛机、穿梭车以及机器人、自动导引小车）之间的运行，使底层物流设备可以执行仓储系统的业务流程，并且这个过程完全是按照程序预先设定的流程执行的，是保证整个物流仓储系统正常运转的核心系统。

1. WCS的功能

WCS与上位系统对接，实现设备智能调度与控制管理，主要功能包括任务管理、设备调度、设备监控、物流监控、故障提示、运行记录等（见表4-3）。

表4-3　WCS的功能

项目	内容
任务管理	接收WMS传递的物流任务计划，并实时反馈任务状态。
设备调度	协调输送系统与设备之间的运行，完成WMS下达的任务，并能调度输送设备回到初始位置。
设备监控	实时监控与WMS的连接状态，监控物流设备的运行状况与执行情况，实现执行过程实时模拟。
物流监控	物流状态在线查询，通过设备编号来查询、显示相应的物流信息和设备信息。
故障提示	设备出现故障时，点击设备图标，可以查看故障原因。
运行记录	详细记录设备运行情况，包括对设备通信的记录、设备故障记录以及操作记录。

2. WCS可实现的效益

WCS可实现的效益如图4-1所示。

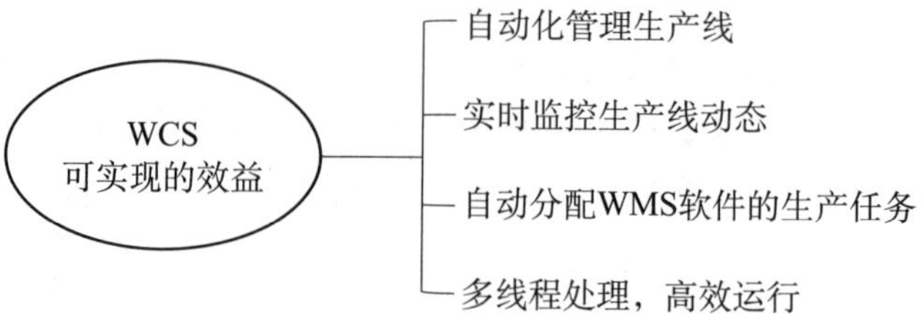

图 4-1 WCS 可实现的效益

二、智慧物流仓储硬件系统

智慧物流仓储自动化主要实现存取、拣货、搬运三大场景的无人化作业，其主要应用的自动化设备如表 4-4 所示。

表 4-4 智慧物流仓储主要硬件设备

主要应用的作业场景	存取	拣货	搬运	其他
主要应用的自动化设备	自动化立体仓库	机械臂	仓储机器人及其配套设备	其他

（一）自动化立体仓库

自动化立体仓库是指不用人工直接处理，由电子计算机进行管理和控制，实现自动存取物料的系统。自动化立体仓库的系统构成主要包括高层货架、巷道堆垛机、运输车、运输通道和主控系统等。自动化立体仓库如图 4-2 所示。

图 4-2 自动化立体仓库

自动化立体仓库可以在没有人为干预的情况下完成对多种类型货物的操作，是一种完全自动化的仓储系统。自动化立体仓库的主要职责就是通过自动化的机械和管理系统，将正确的货物在正确的时间送至正确的地点，并且保证货物完整没有破损。

自动化立体仓库应用先进的货架、堆垛机、输送机等仓储设备技术，以及物联网、传感器、大数据分析等智能化技术，实现货物高效、精准管理，并广泛应用于工业、零售、医药等多个行业，显著提高存储效率、降低成本。

（二）机械臂

机械臂是一种能模仿人手和臂的某些动作功能，可以按固定程序抓取、搬运物件或操作工具的自动操作装置（见图 4－3）。机械臂应用在拆/码垛、分拣、拣选等多个环节，在工业制造、快递、物流、电商、零售等行业都有相关应用，进一步提升了仓储自动化和无人化水平。

图 4－3　机械臂

机械臂在仓储应用中具有诸多优势，同时也面临着挑战。

1. 优势

（1）替代人工。在人力成本较高、工作环境较恶劣的行业（如医药、化工），机械臂能够替代人工，将人力从危险、重复性的工作中解放出来。

（2）提升效率。对于标准化包装的物品（如药品、单品类消费品等），机械臂的拣选节拍和正确率比人要高。

（3）高效稳定。人在工作中易受到情绪波动的影响，效率不稳定，机械臂能保证稳定的效率。

（4）体积小。和自动分拣带相比，机械臂的占地面积小，且不会切断仓库内的动线。

（5）柔性高。机械臂部署更柔性，可以根据实际需求临时增加/减少数量。

2. 挑战

在人力成本较低的行业（如电商、快递等），机械臂的回本周期较长，难以投入大规模使用。对于非标准化物品（如综合电商仓内货品）的拣选，机械臂的柔性和人相比还有一定的差距。自动分拣带应用更成熟，且价格跨度大、标准不统一，机械臂难以直接替代其他分拣设备。

（三）仓储机器人及其配套设备

1. AGV 仓储机器人

（1）AGV 仓储机器人的概念及构成。AGV 全称是 Automated Guided Vehicle，译为“自动导引运输车”，也可称为 AGV 仓储机器人。AGV 仓储机器人是配有电磁、光学或其他自动导引装置，能够沿规定的导引路径行驶的无人驾驶运输车，其结构包含机械系统、动力系统和控制系统三部分。AGV 仓储机器人示例如图 4－4 所示。

（2）AGV 仓储机器人作业流程。“货到人”作业模式中，AGV 仓储机器人根据控制系统的指令到达待拣选品项所在的货架下，举起货架搬运至指定拣选台，拣选人员根据订单信息依次完成拣选任务；拣选完成后，AGV 仓储机器人根据指令移动至下一个拣选台或将货架搬运至原始位置，从而开始下一个拣选任务。空载的 AGV 仓储机器人可在货架下行走。

（3）AGV 仓储机器人的主要技术参数。

1）额定重量，即 AGV 仓储机器人能承载货物的最大重量。

图 4-4　AGV 仓储机器人

2）自重，即 AGV 仓储机器人与电池加起来的总重。

3）车体尺寸，即车体的长宽高及外形尺寸，该尺寸所承载货架的尺寸和通道宽度相适应。

4）最小转弯半径，它是确定车辆弯道运行所需空间的重要参数。

5）行驶速度，即 AGV 仓储机器人在额定载重下运行时所能达到的最大速度，是确定车辆作业周期和搬运效率的重要参数。

（4）AGV 仓储机器人的优势。AGV 仓储机器人具有无人化、准确性、灵活性和高效率等优势（见表 4-5）。

表 4-5　AGV 仓储机器人的优势

优势	描述
无人化	AGV 仓储机器人方便搬运，占地面积小，加上人工成本的上涨，AGV 仓储机器人的无人化、少人化优势越来越明显。
准确性	AGV 仓储机器人行驶路径和速度可控，定位停车准确；AGV 仓储机器人的全程监控，可大幅度提高订单任务的准确性。
灵活性	可与各类工作场所进行匹配，实现柔性衔接。
高效率	对于“货到人”的工作模式，可省去货品下架、搬运的时间；AGV 仓储机器人具备自动充电的功能，可实现全天连续工作，提高作业效率。

（5）AGV 仓储机器人的分类。根据用途不用，AGV 仓储机器人可分为三类：无人搬运车（见图 4-5）、无人叉车（见图 4-6）和无人牵引小车（见图 4-7）。

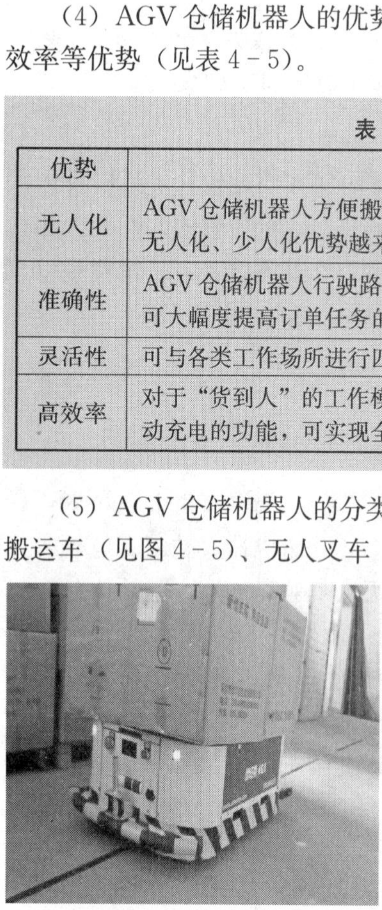

图 4-5　无人搬运车

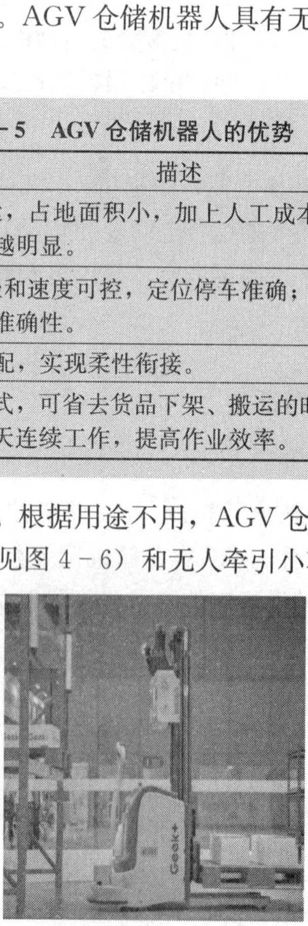

图 4-6　无人叉车

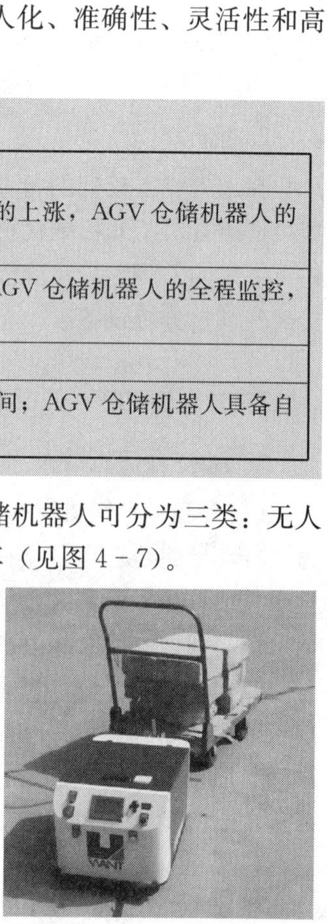

图 4-7　无人牵引小车

根据引导方式不同，AGV 仓储机器人可分为五类：电磁导航、磁条导航、二维码导航、激光导航、视觉导航。

2. 可移动式货架

可移动式货架，也称 AGV 搬运机器人货架，是配合 AGV 搬运机器人实现低成本智能自动化的仓储货架。它具有结构简单、价格低廉、使用方便等特点，在作业过程中具有可以大幅减少重复多余的步骤、减少不必要的人员岗位设置、实现产品质量可追溯等优势，并可以提高货物在存储、分拣等方面的工作效率。可移动式货架如图 4－8 所示。

图 4－8　可移动式货架

在“货到人”模式的仓库中，仓储区域中所存储的商品一般为小件商品，具有体积小、重量轻的特点，一般不适合搬运尺寸较长、较重、不易存储的货品。当货架上的某类商品数量不足时，系统会安排 AGV 仓储机器人搬运货架到补货（入库）站点进行补货操作。为满足众多品种的存储要求，每个种类商品在货架上的存储数量一般较少。由于消费者的需求呈现小批量、多频次的特点，商品的存储特点也呈现少量多类的特点，因此，采用可移动式货架实现自动化物流系统乃是大势所趋。可移动式货架存储特点如图 4－9 所示。

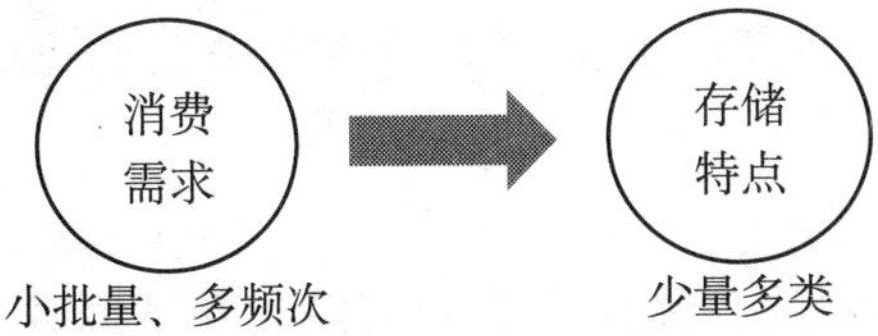

图 4－9　可移动式货架存储特点

3. 工作站

工作站是拣选人员进行拣选、扫描的操作区域，拣选区域需要设计拣选人员的操作空间、AGV 机器人在拣选台的排队区域和拣选区域。一般每个拣选台安装一个显示屏、货架以及扫描装置，拣选人员根据显示屏提示的拣选信息进行拣选作业，将拣选出来的货品进行扫描，系统提示拣选完成。

知识延伸

资料一

安踏一体化产业园：数智化让质效齐飞

几十台物流机器人在一排排货架间来回穿梭，AGV迷你机器人实现零拣作业，搭配自动码货机器人手臂及RFID标签……在位于陈埭镇的安踏一体化产业园一期项目智慧物流中心车间，安踏集团一改传统“人到货”的物流分拣模式，实现了“货到人”。

有别于传统物流拆零作业现场人员满满的场景，在这个车间里，只在拆箱和拣货环节有少量的工人，这是因为安踏在物流端实现了行业领先的“数智化”。

安踏一体化产业园相关负责人介绍，作为安踏集团全国最大的物流中枢之一，该产业园从2021年11月上线了“货到人”箱式仓储机器人设备，极大地提高了拆零出库能力。项目占地5 000平方米，货架高度5.2米，设计11层，峰值存放2万箱，最高可存放80万件服配。同时配备53台AGV机器人、11套装卸料机，实现通过AGV机器人自动搬运货品到拣选站替代原先的人到货位拣选，整套设备实现每小时20 000件的拆零产能，支持单日配发5 000家门店。

当下，先进的设备、技术，搭配合理的软硬件方案，安踏结合自身生意模式，在数字化领域引入外部资源的同时，积极推动自主研发创新，形成智慧物流体系。

“现在，我们通过数字化打通从工厂到各级仓、终端门店、消费者的全流程信息流，实现各环节信息互联互通、全程可视、自动寻仓、分配库存等，以最优方式实现订单交付。”负责人表示，以RFID技术为例，安踏可以在工厂、仓库、门店的收发环节实现无接触式扫描，极大地提高了作业效率，同时可有效溯源、防伪，确保将高质量产品提供给消费者。

作为国内体育用品行业的绝对龙头，近几年，安踏持续投入数字化，并将数字化作为集团两大战略之一。

“伴随安踏集团单聚焦、多品牌、全球化的战略发展，亟须构建一个以客户为中心，多品牌共享，生产、流通全价值链贯通的数字化管理平台，以提升供应链的敏捷响应和海量订单交付能力。”该负责人表示，目前安踏集团已打造OMS+WMS+WCS+TMS+BI的全链路数字化供应链系统，在安踏、斐乐、威尔胜、斯潘迪等品牌率先使用，取得了不错的成效。

资料二

安踏一体化产业园项目二期试运营

近日，安踏一体化产业园项目二期投入试运营。

该项目位于晋江市陈埭镇品牌大道与和平路东延交界处，总投资超50亿元，占地522亩，分两期建设，项目一期于2018年投入使用。项目二期占地5 000平方米，总投资15亿元，总建筑面积约17.1万平方米。二期建设E#楼物流仓库、F-1#楼车间、F-2#楼高架仓库、G-1#楼车间、G-2#楼高架仓库和H#车间。

该项目二期自动化收货流程，主要通过箱式轻载堆垛机设备和RFID通道机实现全自动收货。在轻载堆垛机库内，高24米、共35层的货架摆满货品。这里有48.5万个标准存储位，可存 80 万箱、1 200 万件商品，依托共 35 台轻载堆垛机，可实现 7 700 箱/小时的货物进出。

货品通过系统智能调度，依托智能设备实现自动流转，拣货员只需在“工作站”完成人工拣货、订单核验等操作。“货到人拣选站”的出现，改变了以往人找货的货物零拣方式。货品出入库无须人工费时费力开箱清点，整箱通过 RFID 标签感应设备，实现秒级自动清点，较传统开箱收货效率提高 20 倍以上。该项目全面提升了安踏集团物流自动化和智能化水平及服务能力，使物流整体效率实现跃升，是目前行业内最先进的智慧物流标杆项目。

【任务分析与讨论】

请通过查阅教材、上网搜索、听课、讨论等获取表 4-6 中的答案/案例，并进行自我评价，确保任务顺利实施。

表 4-6　相关知识和技能信息确认单

相关知识和技能	答案/案例	自我评价
智慧物流仓储中常见设施设备举例		

【任务实施】

思考任务要求，制订工作计划，在表 4-7 中用适当的方式予以表达。

表 4-7　计划工作单

1. 小组讨论决策

负责人：__________讨论发言人：__________

决策结论及方案变更：

____

____

____

2. 小组互换决策

优点	缺点	综合评价（A、B、C、D、E）	签名

3. 人员分工与进度安排

内容	人员	时间安排	备注

【任务总结】

____

____

____

____

【任务拓展】

1. 现场调查，了解调研企业的智慧物流仓储管理、智慧物流仓储软硬件应用现状。
2. 通过相关资源途径查找国内外智慧物流仓储应用的优秀实践案例。

任务三 智慧物流仓储作业

【任务导入】

小风医药是一家医药行业的综合服务平台，经营范围包括除冷藏、冷冻以外的化学制剂、中药饮片、生化药品等，受药品批号及生产日期等条件的限制，没有对药品进行大量的存储。现小风医药将目标消费人群由原线下终端门店扩展至线上消费者，线上订单总数量多，订单包含药品种类少且各个订单所需药品之间的重合度较低，即药品种类多。小风医药现有仓库的作业模式是对订单进行波次拣货，但增加线上业务后，其作业效率一直不高且需要大量的人力资源。小风医药希望通过引入智能化设备来破解这种困局，实现仓库的升级改造。

小风医药目前的经营状况如下：

仓库面积（m^2）：2 000+。

存储药品种类（种）：7 000+。

周转速度：适中。

出库类型：拆零出。

业务类型：线上订单+线下门店。

订单特点：多品种、小批量。

思考：结合所学知识与企业背景，分析小风医药仓库实现升级改造适用的智慧物流仓场景，并讨论引入智慧物流技术后仓储作业流程的变化，总结小风医药应用智慧物流技术后的优势。

【基础知识】

微课

智慧物流仓储决策

由于产品性质不同，各个企业的仓储流程会存在一些差异，但大体的流程主要分为入库、在库以及出库这三大作业流程，不同的是智慧物流仓储在运作的过程中更加突出自感知、自决策的特点。

智慧物流仓储作业过程中运用的技术有 RFID 技术、机器视觉、物流机器人搬运技术等。

RFID 技术是指通过无线电信号识别特定目标并读写相关数据。

机器视觉是指通过光学设备从货物的图像中提取信息，进行处理并加以理解，最终用于实际检测、测量和控制，引导执行机构完成相应动作。

物流机器人搬运技术是指机器人通过二维码、激光导航、视觉验收识别等技术将货物从特定地点搬运到指定地点。

智慧物流仓储是综合“货到人”和“货到机器人”，穿梭车立体库，机器人拣选、运输，自动包装，自动分拣等先进技术，实现物流过程的全程高自动化技术。

一、入库作业

在入库作业中，货物入库时，由输送系统运输到入库台，条码识别系统对货物进行扫描识读，条码标签携带的信息被读入，传递给中央服务器，控制系统根据中央服务器返回的信息来判断是否入库以及货位坐标，当确定能够入库时发送包含货位坐标的入库指令给执行系统，堆垛机或者物流机器人通过自动寻址，将货物存放到指定货格。入库作业的流程如图 4-10 所示。

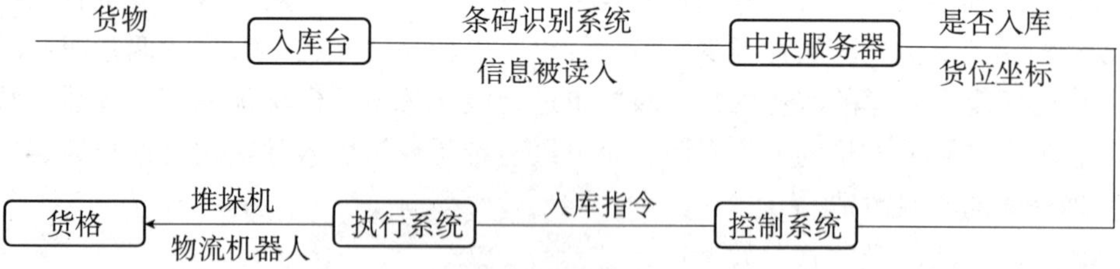

图 4-10 入库作业的流程

二、出库作业

管理员在收到客户的货物需求信息后，根据要求将货物信息输入出库单，中央服务器将自动进行库存查询，并按照先进先出、均匀出库、就近出库等原则生成出库作业，传输到终端控制系统中，控制系统根据当前出库作业及堆垛机状态，安排堆垛机或物流机器人的作业序列，将安排好的作业命令逐条发送给相应的设备。出库作业的流程如图 4-11 所示。

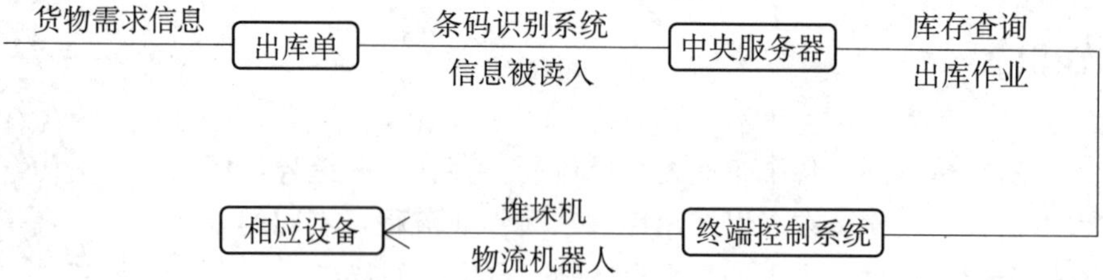

图 4-11 出库作业的流程

三、拣选作业

智慧仓主要采用“货到人”的拣选方式进行货物拣选，利用先进设备将货物移动至工作站处，由人或者设备拣选出所需货物，即“货动人不动”。这种方式具有大幅度减少拣选作业人员的行走距离、实现高于传统“人到货”模式数倍的拣选效率、降低人员劳动强度等优势。

“货到人”拣选系统与传统“人到货”拣选系统的区别如表 4－8 所示。

表 4－8　“货到人”拣选系统与传统“人到货”拣选系统的区别

区别	“货到人”拣选系统	“人到货”拣选系统
任务操作	AGV（自动导引车）	人工
拣货工具	移动料箱、拣选站	手推车、移动料箱
货架特点	可移动性、货架较矮	货架不可移动、有高层货架
拣货方式	货架移动	人员移动
作业时间	24 小时连续作业	因人工疲倦间断作业
商品存储方式	动态存储	固定储位存储
访问货架方式	依靠系统定位	凭借人工经验
作业精准程度	出错率低、精准度高	易出现人工作业误差

在智能拣选系统中，输送系统以 AGV 拣选机器人和可移动式货架为主。AGV 的工作场景主要为“货到人”（Good to Person，GTP）拣选作业模式。

GTP 作业模式替代传统人工仓人找货的模式，由 AGV 拣选机器人根据订单任务将要拣选的货品货架主动搬运到拣货点，拣货人员在拣货点完成拣货，AGV 拣选机器人再将货架搬运到下一个拣货点或搬回库存区。

GTP 作业流程：

（1）客户下单。

（2）仓储系统进行订单分析、合单、分拨等处理。

（3）仓储系统处理完成后将一组订单交由调度系统处理，调度系统，根据订单内容将工作任务分配给多个机器人和工作站，同时进行路径规划。

（4）运营调度系统调度多台机器人，根据订单内容将需要拣选货品货架搬运到对应的 1 个或多个工作站。

（5）工作站拣货员完成摘果、播种作业。

（6）经过周而复始的拣选，机器人完成波次订单拣选。

（7）订单拣选完成后由打包人员完成复核和打包。

AGV 的工作场景除了 GTP（“货到人”），还有 OTP（“订单到人”）、P2P（“智能搬运”）等。这些场景都体现了智慧物流仓储系统的智能化和信息化特点，提高了仓储管理的效率和准确性。

“货到人”拣选系统在医药、机械制造、烟草、服装、电商等多个领域都有广泛的应用。它不仅提高了仓储作业的效率，降低了成本，还提升了客户的满意度和企业的竞争力。总体来说，智慧仓通过应用先进的技术和智能化的管理手段，为仓储管理带来了革命性的变化。在未来，随着技术的不断发展和应用范围的不断扩大，智慧仓将会在更多领域发挥更大的作用。

【任务分析与讨论】

请通过查阅教材、上网搜索、听课、讨论等获取表 4-9 中的答案/案例，并进行自我评价，确保任务顺利实施。

表 4-9 相关知识和技能信息确认单

相关知识和技能	答案/案例	自我评价
应用智慧物流技术后仓储作业流程的变化		
应用智慧物流技术后仓储作业的优势		

【任务实施】

思考任务要求，制订工作计划，在表 4-10 中用适当的方式予以表达。

表 4-10 计划工作单

1. 小组讨论决策

负责人：__________讨论发言人：______________________________

决策结论及方案变更：

____

____

____

2. 小组互换决策

优点	缺点	综合评价 (A、B、C、D、E)	签名

3. 人员分工与进度安排

内容	人员	时间安排	备注

【任务总结】

____

____

____

____

【任务拓展】

1. 应用文献检索等方法，收集 OTP（“订单到人”）、P2P（“智能搬运”）的工作原理及作业流程。

2. 收集资料，掌握智慧物流仓储管理在库主要作业流程。

任务四
智慧物流仓储的应用——无人仓

【任务导入】

在 4 000 多平方米的仓库内，100 多台 5G - AGV 小车就像训练有素的士兵一样，紧张有序地运输着货物。在深度 70 米、层高 2 米的立体仓库，穿梭车高速往复于货架之间，准确地完成物品的储存和取货；激光视觉混合导航的自主移动机器人（AMR），如同培训上岗的仓库管理员一般，在仓库里按要求拣选货物……

这一幕幕极具未来感的场景，并不是科幻电影里的镜头，而是当前在京东 5G 智能无人仓里的现实应用。在 5G 的赋能下，截至 2020 年 12 月 31 日，京东物流已经在全国构建了 50 个无人仓，形成了无人仓仓群。看似科幻的未来，已在 5G 的助力下成为现实，而京东物流也借此成为全球 5G 智能无人仓的领跑者。

思考：无人仓的运行机理是什么？无人仓主要运用在哪些领域？

【基础知识】

一、无人仓的概念

微课

智慧物流仓储的应用——无人仓

从字面上理解，无人仓指的是货物从入库、上架、拣选、补货到包装、检验、出库等物流作业流程全部实现无人化操作，是高度自动化、智能化的仓库。有人认为：在货物搬运、上架、拣选、出库等主要环节逐步实现自动化作业，也是无人仓的一种表现形式。也有人认为：基于高度自动化、信息化的物流系统，在仓库内即便有少量人工，实现人机高效协作，仍然可以视为无人仓。综合以上观点，无人仓的发展方向是明确的，即以自动化设备全面替代人工完成仓库内部作业。

无人仓的运营流程因企业不同而有所差异，但是主要作业环节基本相同（见图 4 - 12）。

二、无人仓的主要构成

无人仓的主要构成包括硬件与软件两部分。

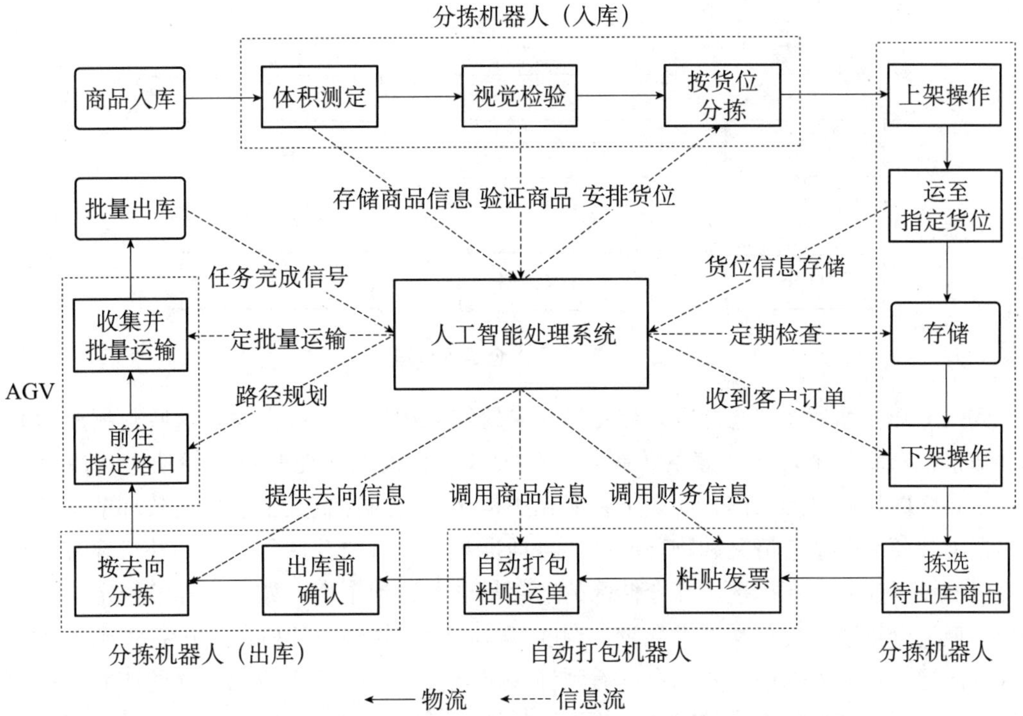

图 4-12　无人仓的运营流程

无人仓的硬件包括：存储典型设备自动化立体库；搬运典型设备输送线、AGV、穿梭车、类 kiva 机器人、无人叉车等；拣选典型设备机械臂、分拣机等；包装典型设备自动称重复核机、自动包装机、自动贴标机等。

无人仓的软件包括 WMS（仓库管理系统）和 WCS（仓库控制系统）。

WMS（仓库管理系统）的功能有库存管理、订单处理、作业调度等，负责全面管理和控制仓库的运作，记录货物出入库的所有信息流和数据流，确保库存准确。

WCS（仓库控制系统）负责接收 WMS 的指令，并调度仓库设备完成业务动作，支持灵活对接各种类型和厂家的设备，负责现场设备运行状态的监控，及时报警提示维护。

此外，支撑 WMS、WCS 进行决策，让自动化设备有条不紊地运转，代替人进行各类操作，背后依赖的是人工智能、大数据、运筹学等相关算法和技术，实现作业流、数据流和控制流的协同的“智慧大脑”。智慧大脑既是数据中心，也是监控中心、决策中心和控制中心，从整体上对全局进行调配和统筹安排最大化设备的运行效率，充分发挥设备的集群效应。

三、无人仓的运行原理

无人仓运用了数据感知技术、数据处理技术和人工智能算法对数据进行采集、处理和分析，如图 4－13 所示。

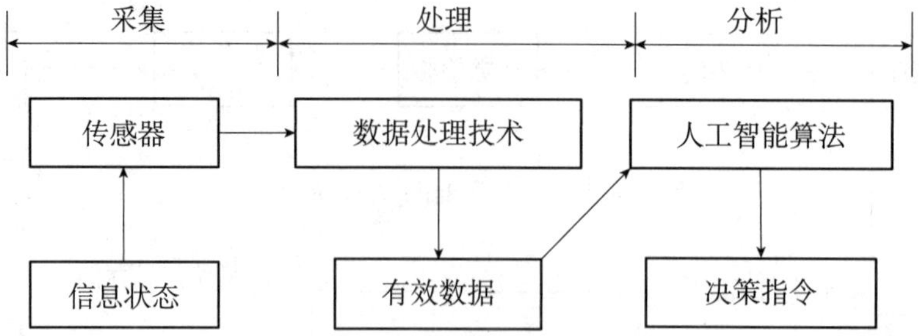

图 4－13　无人仓运行机理

数据感知被称为无人仓之眼，传感器获取的信息转化为有效数据，这些数据成为系统感知整个仓库各个环节状态的依据，通过大数据、人工智能等系统模块生成决策指令，指导库内作业单元工作。而人工智能算法是无人仓的智慧大脑，如上架环节，算法将根据上架商品的销售情况和物理属性，自动推荐最合适的存储货位；如补货环节，补货算法的设置让商品在拣选区和仓储区的库存量分布达到平衡；如出库环节，定位算法将决定最适合拣选的货位和库存数量，调度算法将驱动最合适的机器人进行货到人或机器人的搬运。在无人仓中，我们可以看到许多机器人，它们被称为无人仓的四肢。在数据感知及人工智能算法生成的指令决策下，机器人可以高效、准确地完成商品入库、存储、拣货等各个环节，使仓储各环节无须人力参与。

四、无人仓主要应用领域及实践

随着各类自动化物流设备的快速普及应用，机器人的成本越来越低，各行各业对于无人仓的需求越来越强烈。

（一）电商行业

电商行业的迅速发展导致物流需求激增，无人仓能够实现自动化订单处理、库存管理和快递配送，从而显著提高物流效率和客户满意度。例如：在“双 11”等大促期间，无人仓能够快速处理海量订单，减少人工操作错误和延时。

（二）食品行业

在食品行业中，无人仓可以实现自动化的食品存储和调取，包括冷链、保鲜等功能，从而提高食品安全和保鲜度。此外，无人仓还能提高食品生产和配送的效率，减少人工操作带来的污染风险。

（三）港口物流和化工企业

这些行业通常具有劳动强度高或劳动环境差的问题。无人仓的引入可以有效降低作业风险，提高作业安全性，并减轻工作人员的负担。

（四）快速消费品批发中心

对于位于市中心等物流用地成本较高的快速消费品批发中心，无人仓技术可以提高土地利用率，降低仓储成本。通过集约化的自动仓储技术，这些中心可以在有限的土地上存储更多的货物。

（五）烟草、汽配行业

这类企业标准化程度较高，标准化产品更容易与标准化的仓储操作流程连接，实现自动化作业。无人仓技术可以显著提高这些行业的作业效率和准确性。

除了上述主要领域，无人仓还有餐饮配送、医疗物流、农产品储运等应用场景。随着技术的不断进步和成本的降低，其应用范围将进一步扩大。

知识延伸

中国无人仓引领全球智慧物流

上海市郊，在一个名为“亚洲一号”的无人仓分拣车间里，300 个“小红人”（分拣机器人）日夜不停地以每秒 3 米的速度往来穿梭，分拣数十万个包裹。每天，这个无人仓能处理超过 20 万个订单，整体运营效率较传统仓储提升 10 倍。

无人仓是现代信息技术应用在商业领域的创新，实现了货物从入库、存储、包装到分拣等流程的智能化和无人化。

“亚洲一号”是全球首座全流程无人仓库，属于京东集团。在那里，无论是“脑力活”还是“体力活”，都由机器人唱主角。

在货物入库、分拣、打包区域，机器会根据商品大小裁剪、切割泡沫包装袋或纸板包装箱，几秒钟后，商品即打包完成。贴上信息标签后，包裹被送往下一站。

在无人分拣区域，被称为“小红人”的自动分拣运输机担当主力。300 个“小红人”在一片宽敞的空地内“背”着商品来回穿梭，运行速度达全球最快的每秒 3 米。速度这么快，它们也不会相互碰撞，而是会及时靠墙避让同伴。如果没电了，它们还会自动移动到充电桩上“恢复体力”，充电 10 分钟就能持续工作 4 小时。据介绍，京东昆山无人分拣中心作业效率为 9 000 件/小时，在同等场地规模和分拣货量的前提下，可以节省 180 人。

这个智能无人仓是如何运行的？京东物流上海“亚洲一号”负责人表示，京东自主研发的“智能大脑”起到了关键作用，它能在 0.2 秒内计算出 300 多个“小红人”运行的 680 亿条可行路径，并帮助它们做出最佳选择。智能控制系统的反应速度仅为 0.017 秒，这将运营效率提升了 3 倍，处于世界领先水平。

目前，中国无人仓技术已经从自动化阶段进化到智慧化阶段，通过运营数字化、决策智能化和作业无人化，实现物流系统的状态感知、实时分析、自主决策、精准执行，正在开启全球智慧物流的未来。

【任务分析与讨论】

请通过查阅教材、上网搜索、听课、讨论等获取表 4-11 中的答案/案例，并进行自我评价，确保项目顺利实施。

表 4-11　相关知识和技能信息确认单

相关知识和技能	答案/案例	自我评价
无人仓的运行原理		
无人仓的主要应用领域		

【任务实施】

思考任务要求，制订工作计划，在表 4-12 中用适当的方式予以表达。

表 4-12　计划工作单

1. 小组讨论决策

负责人：________讨论发言人：________________

决策结论及方案变更：

____

____

____

2. 小组互换决策

优点	缺点	综合评价 （A、B、C、D、E）	签名

3. 人员分工与进度安排

内容	人员	时间安排	备注

【任务总结】

____

____

____

____

【任务拓展】

1. 查找资料，了解无人仓在国内外智慧物流仓储中的实践。
2. 收集资料，分析无人仓未来的发展趋势。

项目小结

基础练习

一、单项选择题

1. 关于 AGV“货到人”拣选系统描述错误的是（　　）。

A. 系统会指派一定数量的 AGV 进行货架搬运操作，拣选人员只需要在拣选站点等待即可

B. AGV 沿着所规划的行驶路径将目标货架搬运到拣选站点后，等待拣选人员完成订单拣选任务后，会原路返回到原来的存储位置

C. AGV 可以进行原地转向，并且能够顶起一定重量的货架

D. AGV 在行驶过程中，会通过扫描每个货位点的二维码进行定位并找到目标货架，利用导航和避障系统的辅助完成巷道内和拣选台之间的行驶

2. 以下关于智能拣选系统理解错误的一项是（　　）。

A. 货动人不动

B. 在物流拣选过程中，系统通过自动搬运设备或自动输送设备将货物输送到分拣人员面前

C. 这种拣选系统适合于储存量大、种类少的小件商品

D. 这种拣选方式效率高、准确率高

3. （　　）作业模式，是一种替代传统人工仓人找货的模式。由仓储机器人根据订单任务将要拣选的货品货架主动搬运到拣货点，拣货人员在拣货点完成拣货，机器人再将货架搬运到下一个拣货点或搬回库存区。

A. OTP　　B. GTP　　C. P2P　　D. PTG

二、多项选择题

1. 智慧物流仓储的硬件系统主要包括（　　）。

A. 智能拣选系统　　B. 自动存取系统

C. 智能搬运系统　　D. 智能分拣系统

2. 智慧物流仓储的软件系统主要包括（　　）。

A. OMS　　B. TMS　　C. WMS　　D. WCS

3. “货到人”系统拣选作业的应用场景包括（　　）。

A. 商品种类众多，分散在仓库的货架中寻找难度大、出错率高的场景

B. 只适合于没有拣选通道的密集型存储系统的仓库拣选作业

C. 拣选人员需要在仓库大量行走去找寻商品的场景

D. 订单的波次包含的订单数量较少，波次中商品的复拣率较低的场景

三、判断题

1. 智慧物流仓储是一种仓储管理理念，是通过信息化、物联网和机电一体化共同实

现的智慧物流仓储新业态。（ ）

2. 自动化立体仓库是智慧物流仓储的技术之一，也属于智慧物流仓储的一种类型，智慧物流仓储系统组成部分里面一定包含自动化立体仓库。（ ）

3. “货动人不动”是智慧物流仓储主要采取的拣选方式。（ ）

四、简答题

1. 如何理解智慧物流仓储的概念和特点？
2. 简述智慧物流仓储的发展现状。
3. 简述无人仓的运行原理和主要构成。
4. “货到人”拣选系统与“人到货”拣选系统的区别有哪些？
5. 智慧物流仓储中有哪些机械设备？举例说明其中一种。

项目五
智慧物流配送

发展智慧物流配送，是适应柔性制造、促进消费升级，实现精准营销，推动电子商务发展的重要支撑，也是今后物流业发展的趋势和竞争制高点。

——商务部《关于智慧物流配送体系建设的实施意见》

学习目标

知识目标

- 了解智慧物流配送产生的背景，掌握智慧物流配送的概念与特点；
- 了解智慧物流配送节点，掌握智慧物流配送设备的工作原理。

能力目标

- 认识智慧物流配送发展现状，了解智慧物流配送典型应用。

素养目标

- 树立科技强国意识，立志为新时代贡献力量；
- 培养爱岗敬业的职业观、终身学习的思想和创新能力。

学习内容

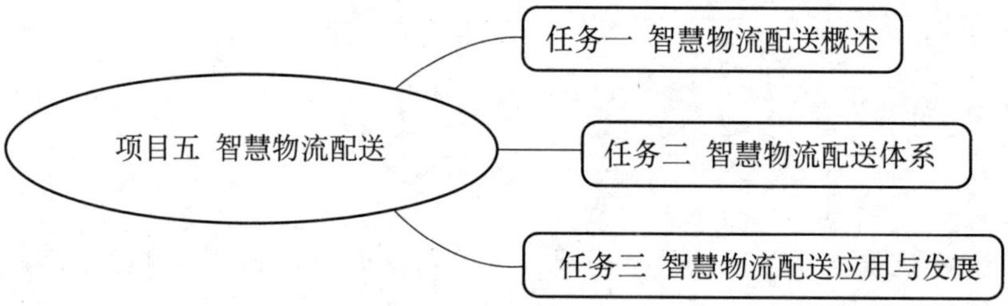

任务一
智慧物流配送概述

【任务导入】

近年来，无人经济逐渐兴起、无接触需求快速增长，推动无人配送加速走进现实。作为相对较易落地的自动驾驶应用场景，无人配送在2021年迎来了路权开放、商业化落地等方面的新突破，逐步迈入常态化运营阶段。

进入2022年，多项“十四五”发展规划将无人配送纳入其中，无人配送长期性发展方向更加明确。未来，随着政策的强力推动、资本的持续投入，无人配送产业有望迎来新一轮爆发式增长，成为拉动数字经济增长的重要引擎。

国务院接连印发多项“十四五”发展规划。其中，《“十四五”数字经济发展规划》《“十四五”现代综合交通运输体系发展规划》《“十四五”城乡社区服务体系建设规划》《“十四五”冷链物流发展规划》四项规划（见表5-1）均提出鼓励推进无人配送研发、应用和推广，从培育数字经济新业态、发展现代邮政快递服务、构筑数字服务新场景、推动冷链基础设施智慧化升级等方面明确无人配送的产业价值和应用方向，对其“十四五”时期的发展给予政策支持。

表5-1 “十四五”规划中无人配送相关政策

政策	出台时间	发文单位	主要内容
《“十四五”数字经济发展规划》	2022.1	国务院	培育智慧销售、无人配送、智能制造、反向定制等新增长点。
《“十四五”现代综合交通运输体系发展规划》	2022.1	国务院	推广无人车、无人机运输投递，稳步发展无接触递送服务。
《“十四五”城乡社区服务体系建设规划》	2022.1	国务院	大力发展社区电子商务，探索推动无人物流配送进社区。
《“十四五”冷链物流发展规划》	2021.12	国务院	打造自动化无人冷链仓；推动自动消杀、蓄冷周转箱、末端冷链无人配送装备等研发应用。

面对末端配送需求与日俱增、配送痛点持续存在、用工成本不断上涨等多重压力，无人配送不仅可以降本增效，还能缓解劳动力短缺问题，构建现代邮政快递智能化发展的新业态新模式，有望成为数字经济的新增长点。同时，无人配送车辆的智能化调温、容量较大、无接触配送、7×24小时全天候灵活调配等特点，可以提高配送效率并减少

人员接触，避免交叉感染，在冷链物流、社区配送中拥有更加广阔的应用前景。随着“十四五”规划的全面展开，无人配送产业发展有望进一步加速。

思考：智慧物流配送发展契机有哪些？它与普通配送相比有什么优势？

【基础知识】

一、物流配送的概念、特点、作用

（一）物流配送的概念

中华人民共和国国家标准《物流术语》中将配送定义为：根据客户要求，对物品进行分类、拣选、集货、包装、组配等作业，并按时送达指定地点的物流活动。

（二）物流配送的特点

（1）配送提供的是物流服务，满足用户对物流服务的需求是配送的前提。配送的定义中强调必须“根据用户要求”，说明用户的主体地位。因此，配送企业的观念是明确“用户第一”“质量第一”的思想，配送企业的地位是服务地位，要从用户利益出发，在满足用户利益前提下取得本企业的利益。

（2）配送是“配”与“送”的有机结合。“合理配送”是指在送货活动前必须依据用户需求对其进行合理的组织与计划。只有“有组织有计划”地“配”，才能实现现代物流管理中的“低成本、快速度”地“送”，进而有效满足用户需求。

（3）配送是在经济合理区域范围内的送货。配送不宜在大范围内实施，通常仅局限于一个城市或地区范围内进行。

（4）配送的全过程有现代化技术和装备的保证。随着物流业务越来越多，原来的手工处理因其速度慢且容易出错，已适应不了配送工作的要求，必然会有大量的技术手段和现代化装备代替手工处理，提高末端配送效率。

（三）物流配送的作用

（1）物流配送完善了输送过程及整个物流系统。第二次世界大战后，大吨位级运输工具以及集装箱的广泛使用，使得干线运输效率大大提升。但是在干线运输之后，需要通过支线运输才能完成整个运输过程，这个时候，支线运输就成了整个运输中的薄弱环节。配送环节处于支线运输，灵活性、适应性都比较强，使整个运输过程得以优化和完善。

（2）物流配送提高了末端物流的经济效益。配送中所包含的运输活动在整个运输活动中处于末端输送的位置，它可以开展“计划配送”“共同配送”等形式，消除迂回运输、重复运输、交叉运输、空载运输等不合理形式，节省物流成本。

（3）物流配送集中型库存可使企业实现低库存或零库存。商品配送对于库存结构的变革具有重要意义。实现高水平的配送后，尤其是准时制配送方式出现后，生产企业可以依靠配送中心的准时制配送而不需要保持自己的库存。或者，生产企业只需保持少量安全库存，就可实现“零库存”，从库存的包袱中解脱出来，同时还能解放大量的储备资金，改善财务状况。

（4）物流配送可以简化手续，方便用户。采用物流配送方式，用户只需要从配送中心一处订购就能达到向多处订购的目的，只需组织对一个配送单位的接货便可替代现有的高频率接货，因此大大减轻了工作量和负担，也节省了订货、接货等一系列费用开支。

（5）物流配送提高了供应保证程度。生产企业自己保持库存、维持生产，供应保证程度很难提高（受库存费用限制）。采取物流配送方式，配送中心可以比企业的储备量更大，可以减少供应中断风险，提高供应保证速度。

二、智慧物流配送产生的背景、概念、特点

（一）智慧物流配送产生的背景

我国经济正在从高速发展转向高质量发展，产业结构和管理模式不断升级，社会化分工越来越细，电子商务等新型商业开始被人们青睐，配送市场需求旺盛，“最后一公里”的配送工作也成为被关注的重点。配送已经被企业上升到了战略层次，物联网、大数据、云计算和人工智能等新技术可以有效地适应物流行业的发展并使配送服务更加满足消费者的需求，这些促进了智慧物流配送的产生。

1. 客户需求逐渐多元化、复杂化、高标准化

客户需求在空间与时间上具有差异性。从空间上看，目标客户不集中在某一个区域，而是以一种不规则的状态分布。对于企业而言，通过增加运力来满足这些分散开的配送需求的方法已经无法解决问题。从时间上看，客户需求也呈现潮汐特征，对配送服务的弹性化需求越来越高。

客户要求掌握更加精确、透明的货物流动信息。受到成本与技术的限制，信息化水平较低的配送服务无法做到商品货物信息全程跟踪，这使客户无法即时掌握货物动态，影响客户服务体验。

客户对配送服务安全提出了新的诉求。企业为降低成本，给配送员提供的待遇低，导致配送员工作不稳定，频繁跳槽。此外，配送员自身素质与业务水平参差不齐。这些都会让客户产生对货物财产安全以及自身人身安全的担忧。

2. 技术发展解决客户新增需求

（1）数据分析与新型算法解决了客户需求的时空差异性。随着大数据分析、云计算与人工智能的各类算法在智慧物流中的应用，智慧物流配送能够即时感知各地区分散的物流需求并实时分析需求数据，以此推荐最佳的配送方案。而智慧物流配送中的共享思维、平台经济则为企业提供了一个解决客户不同时间上需求差异的方式。

（2）物联网技术可以向客户提供更透明的货物流动信息。在物联网信息通信技术的支持下，智慧物流配送能够做到配送流程可视化。客户在登录终端后，可以查询到货物的实时

位置，即时了解货物动态和预计到达时间，有助于客户统筹安排其他工作，增强客户体验。

（3）无人技术提供配送服务安全保障。智慧配送通过结合遥感控制、无人机、无人车等软硬件技术，实现了机器与人结合配送，精简配送人员，使配送员队伍保持稳定，提升配送员素质修养；同时对配送员进行信号追踪，精准执行配送任务，以此减少客户对货物安全及人身安全的忧虑。

（4）智慧配送拥有非常深厚的政策土壤。我国的物流业正在向着数字化和信息化转变，各项政策的出台推动了智慧物流配送的快速发展。各类政策内容涵盖了推动智能产品在经济社会的集成应用，夯实人工智能产业发展的软硬件基础，培育推广智能制造新模式，完善人工智能发展环境等内容。这些政策的实施为智慧配送装备的快速发展营造了良好的环境。

如今国家大力倡导智能智慧，各个与智能智慧相关的科技企业如同雨后春笋般涌现。如果国家能够有效地引导相关科技企业对配送环节进行投入，就可以解决智慧化配送设备稀少、落后等不足。另外，智慧配送作为一个新兴的行业，也方便国家拟订发展规划并制定相关政策，以此取得全球领先的话语权。

微课

智慧物流配送概述

（二）智慧物流配送的概念

2015 年 7 月，商务部办公厅下发的《关于智慧物流配送体系建设实施方案的通知》指出，智慧物流配送体系是一种以互联网、物联网、云计算、大数据等先进信息技术为支撑，在物流的仓储、配送、流通加工、信息服务等各个环节实现系统感知、全面分析、及时处理和自我调整等功能的现代综合性物流系统。

智慧物流配送是为适应智慧物流发展的新要求，升级原有的配送设备，应用大数据、人工智能算法和无人机等新型软硬件技术，对配送的全流程进行信息化、透明化管理，实现无人配送、即时配送和主动配送的物流活动。智慧物流配送可以降低配送成本，提升配送效率，增加客户对配送服务的满意度。

（三）智慧物流配送的特点

1. 敏捷性

智慧物流配送体系是建立在互联网、物联网、云计算、大数据等现代技术基础之上的，各节点要素是在科学选址、优化决策的流程下进行的，必然能够对客户的个性化需求做出快速响应。作为智慧物流配送体系，其资源要素必然需要有效整合，节点企业竞合理念浓郁，在对外竞争时具有一致合作性，但内部节点间又存在竞争性，这种竞合理念无疑强化了配送体系的反应能力。因此，敏捷性构成了城市智慧物流配送体系的主要特征。

2. 协同性

智慧物流配送是在现代信息技术基础上展开的，而信息技术处在快速演进形态。智慧物流配送体系的市场终端是具有个性特色的现代公民，在电商平台支撑下，其个性化色彩更加浓厚。因此，城市智慧配送体系的高效运作必然依赖系统各要素自发调整，在整体绩效上协同一致。

3. 开放性

城市智慧物流配送体系是一个开放的系统。在开放的公共物流配送信息平台上，可以推进社会参与，实现人人享有与消费者密切相关的信息，同时，也为末端配送市场提供了一个开放、平等和便捷的平台。

4. 安全性

互联网平台高效、便利，但在互联网平台上销售、购买、支付、验货和收货也有诸多风险，城市配送体系的安全性引起了人们的高度重视。

智慧物流配送体系的物流、资金流和信息流必须是在安全的环境下完成的。物流的作业流程是在全程监控之下的，作业设施和设备具有较先进的数字化特征，云平台时刻汇聚相关信息，不安全的因素会及时排除。资金流伴随风险的预测和严密监管，第三方金融支付及监管平台确保交易双方的合法转移。信息流设置了严格的操作流程，对产品信息的假冒伪劣经过了严格的过滤。随着 O2O 商务的推进，线下体验店进一步强化了对产品质量的监督。因此，安全性已成为城市智慧物流配送体系的又一内在属性。

5. 经济性

经济性是指在提供一定量的产品和服务过程中所占用的资源和费用最小。智慧物流配送体系作为智慧城市这一大系统的子系统，自身的构建和运作均达到了科学优化的水平，这无疑提升了体系自身的绩效，增加了该体系的内部经济性。同时，对节点企业、城市社会、全体用户均产生成本降低、资源优化的作用，这就产生了巨大的经济性。

6. 生态性

智慧物流配送体系作为现代城市文明建设的重要组成部分，必然在生态性方面呈现优势。首先，优化的节点选址有利于配送路径的优化，物联网、车联网技术为配送路线的时时变更提供优化智能，这在客观上降低了能源的消耗，为城市生态做出贡献。其次，智能化的调度系统强化了共同配送和协同配送，减少了不必要的重复运输。最后，现代化的通信技术提升了配送体系节点间的信息沟通，有利于产品和服务的资源整合。因此，生态性成为城市智慧配送体系的重要标志特征。

知识延伸

宁波——智慧城市配送

2010 年 9 月，宁波市被确立为浙江省“智慧城市”建设综合试点城市。进入“十三五”，宁波进一步推进城市配送中心建设，以城市配送物流基地空间布局规划为引领，加快构建“城市物流基地—专业配送中心—末端配送点”三级城市配送物流设施体系。按照公用、开放、综合的原则，推进城市配送智能快件箱建设。以互联网、物联网技术为手段，促进物流服务可视化、可控化，提高物流行业信息化水平。鼓励连锁零售企业、网络零售企业构建新型配送体系，提高集中配送水平。鼓励倡导连锁经营，支持企业发展集中采购、集中仓储和集中送货，提高集中配送率。推广共同配送模式，引导企业创新配送组织模式，支持和引导商贸流通企业和连锁超市利用第三方物流配送中心、分拨中心及运力资源发展共同存储、越库作业、联合运输、协同配送等新型配送组织模式，整合社会配送车辆，向社会提供共同配送服务。图 5-1 为宁波市智慧物流配送综合服务基本平台模型。

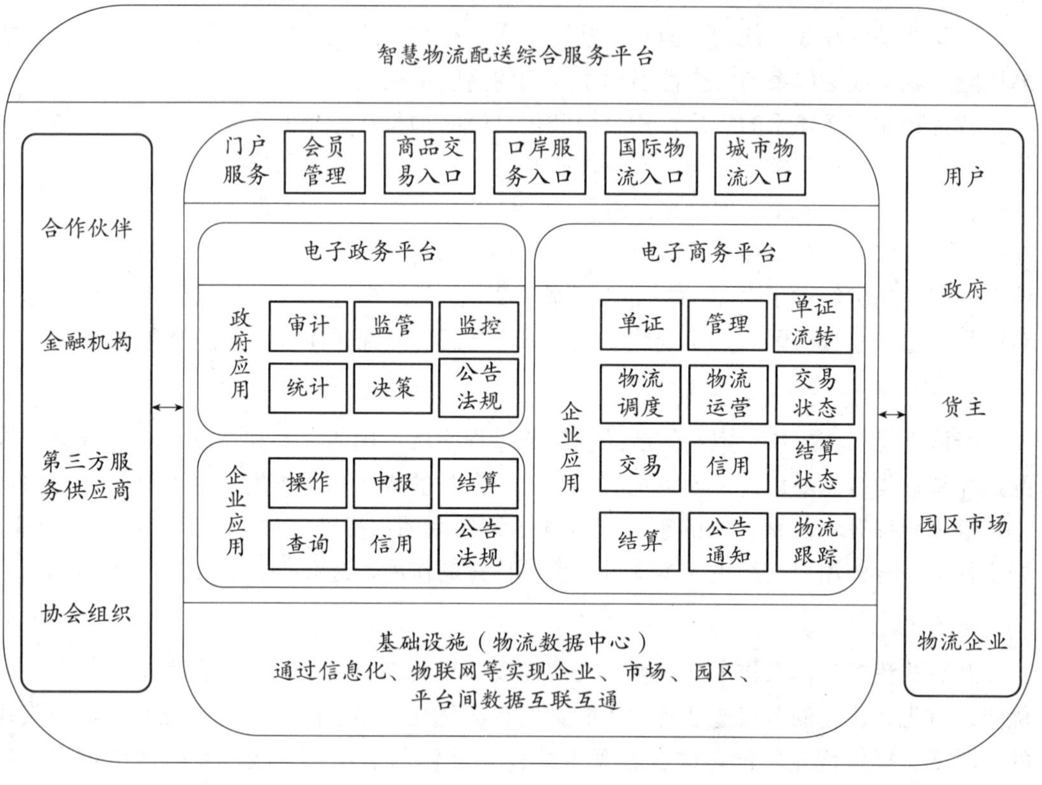

图 5-1　宁波市智慧物流配送综合服务基本平台模型

【任务分析与讨论】

请通过查阅教材、上网搜索、听课、讨论等获取表 5-2 中的答案/案例，并进行自我评价，确保项目顺利实施。

表 5-2　相关知识和技能信息确认单

相关知识和技能	答案/案例	自我评价
智慧物流配送适用场景		
智慧物流配送解决方案		
智慧物流配送解决方案的价值		

【任务实施】

思考任务要求，制订工作计划，在表 5－3 中用适当的方式予以表达。

表 5－3 计划工作单

1. 小组讨论决策

负责人：________讨论发言人：________

决策结论及方案变更：

2. 小组互换决策

优点	缺点	综合评价（A、B、C、D、E）	签名

3. 人员分工与进度安排

内容	人员	时间安排	备注

【任务总结】

【任务拓展】

1. 调研美团、饿了么等配送是否有智慧物流配送的特点。
2. 收集资料，了解不同配送企业的运作模式。

任务二
智慧物流配送体系

【任务导入】

迅蚁成立于2015年，专注于智能化的无人机全自主物流配送技术研发和应用，使无人机能够替代人力完成物流配送，从而在末端配送环节实现效率的显著提升和成本的快速下降，为农村站到站物流及城市无人机配送提供整体解决方案。

迅蚁的成长速度让人惊叹。2015年10月，迅蚁创始人章磊正式启动了“迅蚁”项目。他和他仅有的几个团队成员凭借着对未来市场的美好憧憬和一腔热血开始了没日没夜的研发工作。

经过一年的技术研发和突破，2016年，章磊团队研发的捷雁无人机物流系统开始投入实际使用。同年9月，团队联合中国邮政开通了国内第一条无人机邮路。这条覆盖1镇4村的邮路，日常累计运送架次超过1 000次，并积累了上万公里的物流飞行里程数。

在首条邮路无人化运营后，2017年，迅蚁又与菜鸟、苏宁、中通、韵达等B端客户达成合作，将无人机物流系统进一步部署到全国十几个省市，覆盖区域涵盖山区、平原、海岛、江船等多种不同的地理环境。

2018年初，迅蚁进入了场景更加复杂的城市配送领域。面对城市C端消费者的高频应用场景，迅蚁以用无人机配送外卖为切入点进行探索，并针对咖啡、生鲜等对配送时效、货品安全有极致追求的品类进行了高密度规模化的运行测试。用户只需通过“迅蚁送吧”小程序下单，即可享受到无人机外卖配送服务。

迅蚁为了配合无人机更好地完成物流配送任务，特意打造了一张“天空+陆地”的全方位立体运输网络——ADNET，借此来实现运输全流程无人化。

迅蚁是指迅速移动的蚂蚁，“让一切美好，即刻呈现”是公司研发团队的口号，他们的梦想是随着电商、物流企业在无人化物流配送领域的进步，可以让人们在最短的时间获得想要的物品。

思考：智慧物流配送的设备有哪些？迅蚁无人机配送的场景有哪些？

【基础知识】

一、智慧物流配送节点

智慧物流配送体系是在互联网、物联网、云计算、大数据等现代技术支撑下的一张大网络。在实体领域，它由各种节点、配送路线、供应链网络组成，而节点则是这个体系中最关键的要素之一。在智慧物流配送体系中，最重要的节点是智慧物流配送园区、智慧物流配送中心和智慧物流配送站点。

（一）智慧物流配送园区

智慧物流配送园区是一种现代化的特殊物流园区（基地），它承担着为城市智慧物流配送体系提供货物集聚和仓储、快递邮品分拣、电商平台营建、配送功能孵化、配送技术研发等功能，是城市智慧物流配送体系的重要节点。

智慧物流配送园区是集中建设的物流配送设施群与众多物流配送业者在地域上的物理集结地，具有智慧物流配送设施集约化、智慧物流配送设施空间布局合理化、智慧物流配送运作共同化的特点。

（二）智慧物流配送中心

在一般意义上，配送中心是物流、信息流和资金流的综合设施，它在流通领域具有“联络站”的地位。配送中心作为运输的节点，把干线运输与支线运输衔接起来，把运输的“线”变成了配送的“面”，把分散的物流节点编制成密密麻麻的“网”。配送中心把单一的运输、仓储、装卸、搬运、包装、流通加工和信息通信有效地结合起来，使物流各项作业之间协调运作，形成了一个十分精细而科学的运行系统，由原来单一功能的提高变成各项功能的整体发挥，使系统得到了升华。

智慧物流配送中心是基于“互联网+”理念，建立在先进的物流技术和信息技术基础之上，从事配送业务的物流场所或组织，是城市智慧物流配送体系的重要节点。它同时满足一般配送中心的基本要件，即：主要为特定的客户服务；中心配送功能健全；拥有完善的信息网络；以配送为主，储存为辅；多品种、小批量；辐射范围小。

（三）智慧物流配送站点

智慧物流配送站点是城市智慧物流配送体系中最接近最终用户的末端配送服务场所。它是配送企业独立设置或与社区服务机构、具有一定规模的住宅小区、连锁商业网点、大型写字楼、企业营销机构、机关事业单位和大学校园等单位开展广泛合作设立的物流末端配送服务节点，有时还表现为自助电子快递箱、智能快递站等形式。

智慧物流配送站点要求现代物流技术做支撑，严格遵循城市智慧物流配送流程运作规范，尤其是有自动寄存功能的站点设施，还应具有自动安全监测装置。所有智慧物流配送站点均应具有全程监控功能。

一般来说，在城市物流配送体系中，在选址条件上，智慧物流配送园区的规划选址主要基于城市道路网的布局，有利于供应商、生产商和经销商等商家的集货运输；智慧配送中心的选址规划则是基于城市道路管网和配送区域用户分布的综合考量；末端智慧配送（存取）站点选址布局则侧重于用户集聚的密度。在服务功能上，智慧物流配送园区侧重于发挥集货调配功能，智慧物流配送中心侧重于专业配送功能，智慧物流配送站点侧重于对最终用户提供存取服务功能。

微课

智慧物流配送的体系构成

二、智慧物流配送设备

（一）无人机

无人机（见图 5－2），即利用无线电遥控设备和自备的程序控制装置操纵的无人驾驶的低空飞行器，可以将包裹自动送达目的地。其优点主要是可以解决偏远地区的配送问题，提高配送效率，减少人力成本。

图 5－2 无人机

无人机技术在物流领域的运用不仅可以提升物流服务的质量和效率，而且能在物流作业的三大痼疾（延误率、遗失率、损坏率）等问题上有更好的预期效果。同时，无人机技术在快递领域的应用还可以快速提升物流行业的整体技术水平，为物流公司和客户带来双重利益。无人机技术在物流配送领域的使用，不仅是物流产业发展的必然趋势，也是物流产业智能化、智慧化的必然结果。

无人机多采用四旋翼或八旋翼飞行器，配有自控导航系统、接收器、传感器以及无线信号发收装置。无人机具有自控导航、定点悬浮、人工控制等多种飞行模式，集成了三轴加速度计、三轴陀螺仪、磁力计、气压高度计等多种高精度传感器和先进的控制算法。无人机配有黑匣子，以记录状态信息。同时无人机还具有失控保护功能，当进入失控状态时，无人机将自动保持精确悬停，失控超时将就近飞往快递集散分点。

无人机通过 4G/5G 网络和无线电通信遥感技术与调度中心和自助快递柜等进行数据传输，实时向调度中心发送自己的地理坐标和状态信息，接收调度中心发来的指令，在接收到目的坐标以后采用自控导航模式飞行，在进入目标区域后向目的快递柜发出着陆请求、本机任务报告和本机运行状态报告，在收到着陆请求应答之后，在配送站点（快递柜）的指引下，在停机平台着陆、装卸快递以及进行快速充电。无人机在与调度中心失去联系或者出现异常故障之后将自行飞往快递集散分点。图 5－3 为无人机配送系统。

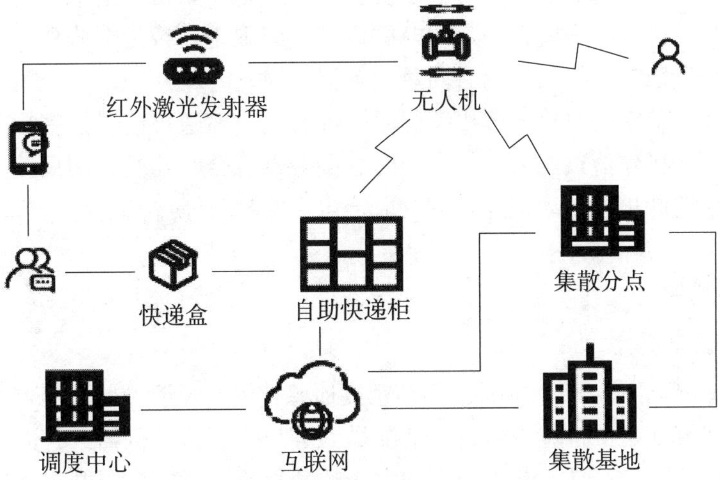

图 5－3　无人机配送系统

（二）智能快递柜

智能快递柜技术现在已较为成熟，国内以顺丰为首投资的丰巢以及菜鸟投资的速递易等智能快递柜已经出现。但是目前智能快递柜仍然面临使用成本较高、智能化程度不足、普及率低、盈利模式单一、无法当面验收商品等问题。

智能快递柜已具备商用的基础，在国内一二线城市得以推广，但受限于成本与消费者使用习惯的问题，未来发展还存在不确定性。图 5－4 为智能快递柜。

图 5－4　智能快递柜

智能快递柜的工作原理如下：

(1) 每个包裹站（储物柜）都是一个基站，每个基站都会与电商或快递公司的数据库连接，客户在某网站上购物时，网站会提供人工派送和包裹站自提等几种方式供客户选择。

(2) 快递人员拿到包裹后先刷卡确认存包，然后扫描包裹上的条码，待确认后输入客户的手机号码。当快递人员关门时，系统会自动发送一条密码短信（有的会一并发送二维码）给客户，告知客户要在一定的时间内把包裹取走，否则会收费，同时系统也会自动检测储物柜里面有无物品，然后向总服务器反馈。

（3）客户凭短信密码取物，客户关门时系统会同时发送短信告知客户取走包裹的具体时间，如非本人操作请致电××等。同时总服务器也会收到基站的反馈（包括有无物品遗留，如有遗留此柜会自动锁定，以及取走包裹的时间等）。

（三）无人快递车

1. 无人快递车简介

无人快递车（见图 5－5）主要依托高精度遥感技术与智能导航系统，是一款可以在陆地上行驶，代替配送员将包裹全自动地配送到客户家门口的机器人。大部分无人快递车体积较小、四轮驱动，具备若干个不同大小的载货舱，可以按照既定路线自动导航行驶，并具备环境感知、车道保持、动态识别、实时规划、智能避障等功能。

图 5－5　无人快递车

在进行配送前，用户可以与无人快递车预约配送的时间、地点与物品，无人快递车会协同工作，自动进行包裹的分配和运行路径的规划。通过内建的导航系统，它能在无人干预的情况下实现自主定位导航。此外无人快递车还具备多种智能功能，如乘坐电梯；识别行人车辆等动态障碍物，预判它们的运行轨迹并进行动态避障；自动实时监控机器人正在运送的包裹，不仅在包裹被盗时进行报警，还能在包裹被误取时进行提醒。

无人快递车能够很好地提升配送业务操作系统的完善程度、配送服务规范程度，对配送需求做出即时响应，降低人力成本，从而满足消费者对于速度、服务、个性化等高质量的需求，缓解巨大的配送压力。与无人机配送的方式相比，无人快递车配送还具备载重量大、续航里程高、安全可靠等重要优势。

2. 无人快递车的关键技术

（1）环境感知。无人快递车以安全第一为标准，配备多个视觉传感器和雷达，通过生成视差图等方式构建三维环境，检测障碍物的大小和距离，控制机器人避障。

（2）车道保持。通过深度学习算法，无人快递车可以识别交通标志和车道线，在任何照明状况或天气状况下都可以保证行驶遵守交通规则。

（3）动态识别。无人快递车能动态识别环境的变化，当探测到原路径无法正常通过时，会立即重新调整、规划路线。

（4）实施规划。无人快递车可以利用在线学习算法，根据线上反馈数据，实时、快速地进行路况调优。

（5）智能避障。无人快递车可以通过深度学习，识别环境中的行人、车辆等不同的实体，对动态实体进行准确的轨迹预测，提前进行规避。

三、智慧物流配送管理优化

智慧物流配送管理优化涉及车货匹配、车辆配载与路线优化、配送协同、配送流程优化等多个决策优化问题，需要运用大数据、云计算等现代信息技术提高配送管理优化的智能化、科学化水平。

（一）车货匹配

现代物流配送要求提高分拨效率，促进物流园区、仓储中心、配送中心货物信息的精准对接，加强人员、货源、车源和物流配送服务信息的有效匹配。

为了降低物流成本，减少社会资源浪费，许多企业在互联网的大时代背景下开始探索新的路径，减少货主和车主信息不对称问题，车货匹配平台蜂拥而起，其主要功能有：

1. 业务功能

平台可提供各类车源及货源信息，包含各类车型、货源类型和线路信息的详细内容，同时可获取周边货源信息，掌握车辆位置和联系方式。

2. 在线支付功能

基于“互联网+”背景的车货匹配平台部分可支持使用网银、支付宝以及银行的担保支付交易平台来支付信息费、运费和货款等，方便客户线上支付，降低平台货方和司机的支付风险。

3. 货物在途管理

在车货匹配平台上交接的货物，货源方可以依托 GPS/BDS 随时跟踪货物运输情况，掌握货物在途信息。车源方可随时登录定位平台，掌控车辆运行及位置信息。

4. 交易评价功能

大部分的平台在交易界面设置了车货双方信用互评功能，通过保存交易评价记录，实现司机服务的透明化和公开化，从而给其他货主提供交易参考。

（二）车辆配载与路线优化

车辆配载优化问题（Vehicle Filling Problem，VFP）和车辆路线优化问题（Vehicle

Routing Problem，VRP）都是物流配送中的重要环节。车辆路线安排影响货物装载方案是否有效，车辆配载方案决定车辆路线安排是否高效。

货物在配送中心进行装配的过程中，工作人员根据需求订单上一系列的相关客户要求对货物进行加工、分拣及聚集，再根据配送路线将货物进行合理的装载。合理的配装不仅可以有效提升货车的载重利用率和空间利用率，减少空间浪费，避免出现超重的现象，保证驾驶员、车及货物的安全，而且能够有效地降低物流成本，提高配送效率。货物配装是传统的背包问题，其中的原理为一个有限体积背包放入不同体积及不同价值的货物，最后需要达到背包总价值最大化。例如：大中型海港港口和机场对集装箱进行配装时，从体积和载重两个方面对不同种类和不同数量的货物进行装配，目标为载重利用率和容积利用率达到最大，这样就可以提高物流配送效率，降低物流配送成本。

配送路线优化也是配送过程中重要的组成部分，制定配送路线也需要考虑货物与车辆的配装计划，合理的配送路线和车辆货物配装计划可以降低时间成本和配送成本，提高配送车辆利用率和配送服务水平。基于不同的情况和不同的约束条件，车辆路线问题包括随机车辆路线问题（SVRP）、模糊车辆路线问题（FVRP）、带能力约束的车辆路线问题（CVRP）、带时间距离约束的车辆路线问题（DVRP）和带时间窗口的车辆路线问题（VRPTW）等。

（三）配送协同

配送协同是指实现配送资源的自动调配，运用北斗等导航定位技术，实时记录配送车辆位置及状态信息，利用云计算技术，做好供应商、配送车辆、门店、用户等各环节的精准对接。

配送协同是利用信息平台对各物流配送中心、用户等的资源和数据进行统一整合，根据实际的物流配送任务按需分配资源。此外，利用先进的云计算技术实现物流数据的处理和物流资源的科学配置，同时，经各配送中心、用户协商确定物流配送的协作方式和协作流程，可以提升各物流配送中心的配送效率。

延迟生产是实现生产与配送协同的重要方式，目的是使产品在接近用户的地点实现差异化战略。大规模定制的推广强化了延迟生产的地位，尤其是供应链管理环境的形成，使延迟生产、柔性制造技术受到人们的青睐。

（四）配送流程优化

物流配送体系从订单处理到配货作业、流通加工，再到送货，存在客观的流程关系，尤其是对于多品种、多供应商、多用户的情况，各作业程序间是否搭配合理、存货是否经济、补货是否及时、配货是否科学等，都直接关系着配送企业的效率和效益。

现代配送强调加强配送流程控制，运用信息技术，加强对物流配送车辆、人员、环境及安全、温度等要素的实时监控和反馈。

配送流程优化的主要途径是设备更新、资源替代、环节简化和时序调整。大部分流程可以通过流程改造的方法完成优化。对于某些效率低下的流程，也可以完全推翻原有流程，运用重新设计的方法获得流程的优化。

知识延伸

民航局就《民用无人驾驶航空发展路线图 V1.0》征求意见

2022 年，民航局民用无人驾驶航空器管理领导小组办公室发布对《民用无人驾驶航空发展路线图 V1.0》征求意见的通知。征求意见稿提出，基于运行能力、监管能力与运行风险相匹配的思路，整体把握先低后高的发展脉络，持续建立健全管理体系，完善规章标准，建设数字化、自主化为核心的先进无人驾驶航空运行体系，实现集约、高效、绿色运行，促进民用无人驾驶航空服务提质增效，逐步提升民用航空空域容量、效能，降低运行成本，形成先载货后载客、先通用后运输、先隔离后融合的发展路径，将无人驾驶航空打造成为智慧民航的重要组成部分，全方位提升我国在无人驾驶航空领域的国际竞争力、国际民航规则标准话语权和技术创新引领力，实现无人驾驶航空应用及管理全领域向民航强国跨越的目标。

在 2025 年之前，实现统一的时空基准，提升航空器安全自主飞行能力和航行保障能力，降低运输成本。配备垂直起降功能的起降场广泛出现，在空域、基础设施等资源方面得到结构性改善的前提下，实现低空空域资源的合理配置和灵活使用，无人驾驶航空器航路航线划设标准迭代演进。航空器机队管理能力提升，具备自动化的应急响应能力。基于运行风险的无人驾驶航空管理体系构建基本完成，配套的无人驾驶航空管理规章、规范性文件和技术标准体系基本完成。

在 2030 年之前，实现空域信息数字化，建立健全空域共享、数据互联、运行高效、管服一体的平台和机制。进一步拓展航线网络，合理布局起降场，实现有人驾驶和无人驾驶航空对空域、机场设施等资源的共享。通过新技术应用进一步提升运输能力、飞行活动保障能力和航行服务能力。不断降低行业应用的运行成本，逐步提高运行效率，并加强标准推广和国际化水平，以此加强中国民航新的核心竞争力，助力我国向多领域民航强国的跨越。

在 2035 年之前，建立载人无人驾驶航空交通运输系统，实现广域的运输范围和灵活高效的网络化布局。实现数字化的飞行活动保障，提供全面的航行服务，按照隔离、过渡、融合三步实现无人驾驶航空融入国家空域体系。形成一批全球领先的航空制造、飞行监控、运营服务的龙头企业。持续提升我国在无人驾驶航空国际规则和标准相关组织中的话语权，为我国全面参与国际竞争创造有利环境。

【任务分析与讨论】

请通过查阅教材、上网搜索、听课、讨论等方式获取表 5 - 4 中的答案/案例，并进行自我评价，确保项目顺利实施。

表 5-4 相关知识和技能信息确认单

相关知识和技能	答案/案例	自我评价
无人机优缺点		
比较无人机与无人配送车		
无人机适用智慧配送场景		

【任务实施】

思考任务要求，制订工作计划，在表 5-5 中用适当的方式予以表达。

表 5-5 计划工作单

1. 小组讨论决策

负责人：________讨论发言人：________________________________

决策结论及方案变更：

____

____

____

2. 小组互换决策

优点	缺点	综合评价 （A、B、C、D、E）	签名

3. 人员分工与进度安排

内容	人员	时间安排	备注

【任务总结】

____

____

____

____

【任务拓展】

1. 智慧物流配送的发展对物流行业的影响有哪些?
2. 收集资料，了解其他智慧物流设备及工作原理。

任务三 智慧物流配送应用与发展

【任务导入】

“6·18”期间，200多位记者、行业专家齐聚中国人民大学，亲测京东配送机器人全球首单任务的执行。该类型配送机器人每次最多能配送总重量在100千克内的5件商品，在满电的状态下可行走约20千米，遇障碍物能自主规避，待接近目的地时可通过京东App、手机短信等方式通知收货人，收货人可输入提货码打开配送机器人的货仓，取走自己的包裹。当不方便接收货物时，收货人在收到收货通知后可更改配送时间及地址，配送机器人会自动更新配送系统并调整配送路线，从而达到效率的最优化。

现场前来取件的李同学表示：“网上购物已经成为大学生日常购物的主要方式，在对比了各大电商‘6·18’的优惠幅度后，选择了价格更优惠、配送更快、购物体验更好的京东。”同时，李同学告诉我们：“配送机器人能有效提高收货的效率，希望这种方式能运用开来。”

京东配送机器人全球首单配送的完成、京东无人机运营中心落成并启动常态化物流配送、物流机器人入仓进行订单生产……随着2017年“6·18”期间这些重磅事件的相继引爆，一个完整而清晰的京东智慧物流体系展现在我们面前。

“京东配送机器人是智慧物流体系生态链中的终端，面对复杂的配送及用户的各类场景，需要配送机器人具备高度的智能化和自主学习能力。强大的硬件支持和京东自建物流体系下相对稳定的实际应用场景，让京东配送机器人得以不断优化，为配送机器人和智能化技术迅速落地创造条件。”京东工作人员表示，“随着一些黑科技融入京东整个生产生活当中，京东配送机器人未来会服务于京东工作人员整个京东甚至整个物流行业，整个社会。”

以京东为代表的智慧物流的实践者，正在通过技术、资源的赋能全力推动行业的技术应用水平不断提升，推动物流技术从自动化向智慧化转变，为消费者带来全新的购物体验。智慧物流技术也带动了社会效率和生活方式的革命与进步。

思考：结合个人认识谈谈无人配送的应用前景。

【基础知识】

一、智慧物流配送的发展现状

（一）智能快递柜日益普及

凭借时间配置灵活、效率高、成本低以及安全性高等优点，智能快递柜近年受到市场的大力追捧。目前，国内快递柜的“玩家”有菜鸟网络、京东物流、苏宁易购、丰巢、中集e栈、速递易、日日顺乐家等。截至2023年，全国智能快递柜投放量超过150万组。

（二）“末端+社区O2O”多元发展

在各种末端服务探索中，深入社区的商业机构一直被认为是嫁接快递功能的最好载体之一。“WOWO便利”与百世集团达成全面战略合作；圆通在上海开设了国内首家“妈妈菁选”便利店；中国邮政也推出了“友邻居便利店”，在提供各种零售服务的同时承担“最后一公里”功能。

（三）“物流+众包O2O”模式萌芽

新经济环境下，众创、众包、第四方物流等协同经济新业态层出不穷，为电商物流末端配送发展提供了新的动力。京东战略投资即时配送企业“达达”，打造众包物流平台+超市生鲜O2O平台的“最后一公里”的同时，也开始尝试将末端配送环节外包。“双11”期间，达达就承担了京东30%的“最后一公里”的配送。

（四）无人机、机器人配送起步

无人机末端配送在全行业已呈“多点开花”之势。不仅京东、顺丰的无人机应用获得重大进展，同时亮相的还包括苏宁、邮政、中通、菜鸟网络无人机。

以京东为例，在无人机物流体系的搭建方面，京东已规划了干线、支线、终端三级网络，在宿迁建成全球首个无人机调度中心，并获得覆盖陕西省全境的无人机空域书面批文，全球首个通航物流网络正在落地。2017年11月，京东宿迁全球首个全流程智慧化无人机机场正式启用，意味着京东已经实现了无人机末端配送运营全流程的无人化与自动化。

京东物流、菜鸟同时公开了各自自主研发的末端配送机器人，希望未来能解决部分场景化配送，帮助快递员缓解末端配送压力；唯品会、苏宁的智能快递无人车也相继亮相。

微课

智慧物流配送的应用与发展

二、智慧物流配送的应用

（一）智慧物流配送在新零售中的应用

新零售的浪潮再次加剧了不同商业生态的配送服务的竞争。新零售表现为对人、货、场三者关系的重构，消费者对购买商品的便捷性和最终获得产品的及时性有着更高的要求，并同时要求有更好的和商家的交互体验。具体到商品的配送环节，就是终端客户对配送的时效性和对服务全过程的要求越来越高。

在新零售的配送环节中引入智慧的因素，可以有效应对这些新特点。智慧配送在新零售中的应用主要体现在：

（1）终端客户配送服务的及时性大幅提升，从接收订单到配送完成基本要求在30分钟内，商家与现有配送平台进行合作，利用其终端配送能力覆盖3千米的范围实现即时配送。

（2）对于除生鲜、熟食等类商品外时效性较长的商品，可以总结客户的购买规律，运用主动配送的方式提升时效性。

（3）充分利用如丰巢快递柜、速递易等智慧配送终端资源，解决居民区配送“最后一公里”的问题。

（二）智慧物流配送在特殊物流保障中的应用

无人化是智慧物流配送的典型特点之一，无人机配送代表了物流行业向自动化、智能化方向发展。智慧物流配送中的无人机主要用于灾害应急、医疗应急和区域性快件投递。要根据事件类型及货物类型确定使用机型，对无人机配送的专用线路、运输规则、商业模式、监管机制、人员培训等设计系统性方案，保障特殊物流需求。设计系统性方案时要对无人机的载重、续航时间、服务半径、环境适应性等方面做好前期规划，严格把控产品研发和生产测试等环节，做到精细管理和万无一失。

在紧急救援和运输应急物资等方面，无人机能发挥常规运输工具无法比拟的优势，把现场信息第一时间传至指挥中心。

（三）地下物流

地下物流系统的末端配送方式是将物流主干道与客户所处地区建筑底下的运输管道物相连，最终发展成一个连接城市各办公楼或生活小区的地下物流管道网络，并运用云计算、大数据等技术达到高度智慧化。

客户通过互联网下单后，商家接受订单将商品通过搭建的地下管道传送至物流中心进行分拣，然后通过地下物流管道搭配智能智慧系统进行运输或配送，来自各处的商品在经过主干道的地下运输后，集中在各个地区的物流仓，以综合管廊的物流仓为中心建立多条次干道，增加输送功能。可利用现代电子信息识别技术对商品进行自动分拣，通过现在日趋成熟的自动运输与导航技术，完成从集散点经过次干道至各小区、各建筑物的派送。地下物流的智慧配送系统与园区地产结合，通过楼宇的自动化机械完成到户到家的终极目标。

智慧配送在地下物流中的应用，不仅具有高效率、高准确率等优势，而且可以避免城市交通拥堵问题，减少机动车辆带来的环境污染，提高城市商品配送的服务质量。

（四）互联网+众包物流

随着“互联网+”与共享经济的兴起，众包模式开始进入物流领域并受到越来越多的重视。这种模式的运营不仅在衣食住行等方面为广大消费端用户带来了便利，还为企业创造了可观的利润。

众包物流其实就是将原应分配给专职配送员的配送任务，经由互联网的平台转包给企业之外的非专职公众群体来完成。他们根据自己的时间、配送地点等因素自行选择是否承担物流任务，到指定地点取件将货物送到指定顾客手中并取得相应酬劳。

知识延伸

低空经济方兴未艾，美团无人机配送在深获批

2023 年，美团无人机团队宣布其城市低空物流解决方案已通过中国民航局审定，并获得了该部门颁发的《特定类无人机试运行批准函》和《通用航空企业经营许可证》（简称“批准函”和“许可证”）。批准函显示试运行地点位于深圳，允许其在城市人口密集区 120 米以下空域中，用无人机以超视距运行的方式完成物流配送工作，这也是国内首次有无人机团队通过民航局相关场景的审定工作。该审定结果意味着美团无人机具备了成为一家城市级货运航空公司的资质能力，可开启商业化运营等工作。

蓬勃发展的无人机产业，为当前蓄势待发的即时零售新业态提供了更高效的配送解决方案。点点手机，在网上下单的口红，就能从离家最近的百货商场发出，无人机最快 15 分钟就能送到消费者的手中。这种基于即时零售全场景下的硬核科技体验，在其他地方还属新奇时，在深圳市民看来已不足为奇。

截至 2022 年底，美团无人机累计配送订单超 12 万单，配送时长方面，无人机去年平均配送时长约为 12 分钟，较传统配送模式提效近 150%。美团无人机业务负责人透露，美团正在其他城市开展商场常态化运行的准备，不久后将会听到好消息。

专家认为，一方面，无人机配送的兴起顺应了当前广大用户对消费体验升级的需要，引入新技术能够为用户提供更加即时、方便的购物体验；另一方面，新技术也满足了零售业加快创新升级的需要，通过效率更高的配送方式让商家实现了降本增效和模式创新，从而拓展更多的商业机会。

随着无人机相关技术能力不断成熟以及应用场景的不断开拓，产业化、规模化、规范化是下一步发展的方向。

2023 年深圳市政府工作报告提出，建设低空经济中心，打造通用航空产业综合示范区、民用无人驾驶航空试验区，推广无人机末端配送业务，培育发展低空制造、低空飞行等新增长点。

“近年来，无人机在低空经济发展中的牵引和带动作用日益增强，‘无人机产业化’和‘产业无人机化’可能会是未来低空经济发展的基本方向。”国家低空经济融合创新研究中心专家指导委员会主任表示，“下一步，规模化应用的无人机对有人机的替代程度将逐步提高，对各行业的渗透程度也会日益加深，因而对人们生产生活的支撑力度越来越大，主导作用越来越强。”

发展低空经济有利于打通生产、分配、流通、消费各个环节。同时，从经济发展规

模上看，据预测，到“十四五”期末，我国低空经济对国民经济的综合贡献值将达到3万亿～5万亿元。

【任务要求】

请通过查阅教材、上网搜索、听课、讨论等获取表5-6中的答案/案例，并进行自我评价，确保项目顺利实施。

表5-6 相关知识和技能信息确认单

相关知识和技能	答案/案例	自我评价
智慧物流配送在新零售场景应用举例		
互联网+众包物流流程		

【任务实施】

思考任务要求，制订工作计划，在表5-7中用适当的方式予以表达。

表5-7 计划工作单

1. 小组讨论决策

负责人：__________讨论发言人：__________

决策结论及方案变更：

____

____

____

2. 小组互换决策

优点	缺点	综合评价（A、B、C、D、E）	签名

3. 人员分工与进度安排

内容	人员	时间安排	备注

【任务总结】

____

____

____

____

【任务拓展】

1. 查找国外智慧物流配送的发展现状。
2. 查找资料，了解互联网+众包物流企业的经营模式与经营情况。

项目小结

基础练习

一、单项选择题

1. 配送的基础工作是（　　）。

A. 分拣　　B. 集货　　C. 配货　　D. 配送运输

2. 智慧物流配送体系的内在属性特征是（　　）。

A. 敏捷性　　B. 协同性　　C. 安全性　　D. 开放性

3. 无人配送工具的引导是（　　）。

A. 高精度测绘　　B. 智能导航系统　　C. 大数据分析　　D. 人工智能

4. 无人配送工具导航运行的技术基础是（　　）。

A. 高精密测绘　　B. 智能导航系统　　C. 大数据分析　　D. AI 人工智能

二、多项选择题

1. 智慧物流配送的特点有（　　）。

A. 敏捷性　　B. 开放性　　C. 协同性　　D. 安全性

2. 配送机器人进行无人配送的关键技术主要包括（　　）。

A. 高精密地图数据　　B. 智能导航系统

C. 大数据技术　　D. 无人配送技术的安全措施

3. 智慧配送的种类有（　　）。

A. 送货上门的无人配送服务　　B. 基于客户满意的即时配送服务

C. 小范围内的主动配送服务　　D. 共同配送

4. 无人配送车，采用的安全验证方式有（　　）。

A. 验证码方式　　B. 人脸识别　　C. 声纹识别　　D. 条形码识别

三、判断题

1. 广告既属于智能快递柜的一项功能，又是其利润来源之一。（　　）

2. 与智慧仓储和智慧运输相比，智慧配送更加注重客户体验。（　　）

3. 配送机器人进行无人配送，其获取的地图数据通过卫星导航系统即可获得。（　　）

4. 主动配送是先发货后下单的主动式配送服务，可在大范围区域内服务。（　　）

四、简答题

1. 智慧物流配送产生的背景是什么？

2. 智慧物流配送中无人机应用的局限性有哪些？

3. 无人机配送系统在当前具有良好的应用前景，请进一步讨论与思考无人机配送系统的创新模式。

4. 简述智能快递柜的发展现状及面临的问题。

项目六
智慧物流包装

加大力度扎实推进快递包装减量化，加快培育可循环快递包装新模式，持续推进废旧快递包装回收利用，提升快递包装标准化、循环化、减量化、无害化水平，促进电商、快递行业高质量发展，为发展方式绿色转型提供支撑。

《深入推进快递包装绿色转型行动方案》

学习目标

知识目标

- 掌握智慧物流包装的定义、功能；
- 掌握各种智慧物流包装容器材料的基本知识和设计方法。

能力目标

- 了解智慧物流包装相关国际、国内标准和技术前沿；
- 了解国内外智慧物流包装发展现状；
- 认识智慧物流包装的发展方向。

素养目标

- 在产品运输包装方面具有国际化视野；
- 具有分析和批判性思维能力；
- 具有绿色、低碳、环保意识。

学习内容

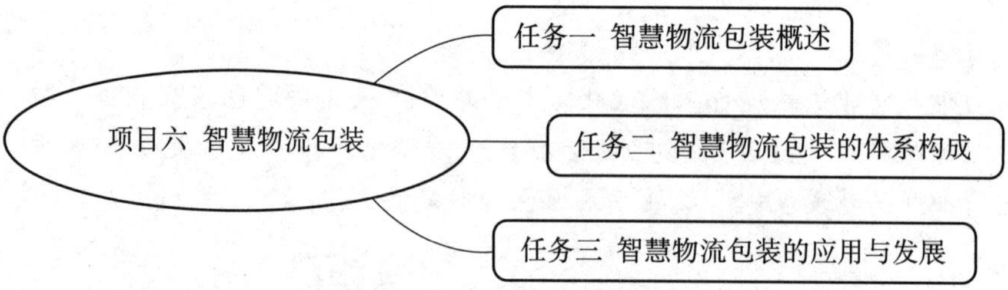

任务一
智慧物流包装概述

【任务导入】

箱箱共用（见图 6-1）是面向全球的可循环包装（RTP）物联网及循环服务平台，为各行业提供智能包装循环服务解决方案，致力于链接全球包装开发者、包装制造企业、循环服务运营商以及各行业用户，共同推进物流包装的循环与共用。

凭借全行业物流包装、物联网、循环管理 SaaS 等综合研发能力，以及一箱一码、箱货共管、AI 辅助决策等创新技术，箱箱共用首开行业先河，创建了“PaaS（Packaging as a Service)”（包装即服务）模式，并为各行业用户提供从场外 PaaS 循环服务到场内 SaaS 循环管理的全链路数字化循环能力。

通过企业自有循环管理 SaaS 平台，持续对产品进行跟踪、服务、调度优化，从而达到产品循环利用的目的，对比传统一次性包装模式，产品全生命周期碳减排达 252 007.6 吨 CO_2 当量。

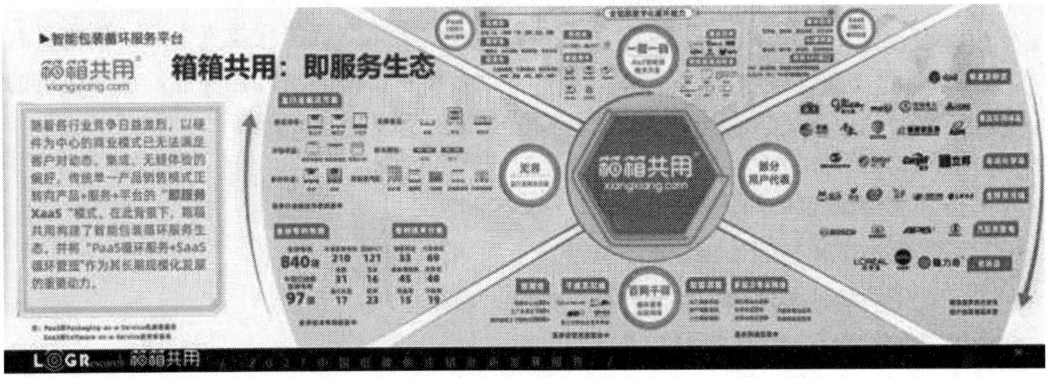

图 6-1　箱箱共用生态平台

思考：箱箱共用如何实现智慧物流包装？箱箱共用平台模式如何破解前期投入成本高、物流数据不透明、高丢损率、低周转率、低利用率等问题？该案例对低碳环保有何启示？

【基础知识】

一、包装的概念和作用

（一）包装的概念

我国国家标准《包装术语　第1部分：基础》（GB/T 4122.1—2008）中将包装定义为："为在流通过程中保护产品、方便储运、促进销售，按一定技术方法而采用的容器、材料及辅助物等的总体名称。也指为了达到上述目的而采用容器、材料和辅助物的过程中施加一定方法等的操作活动。"

（二）包装的作用

（1）保护商品；

（2）方便物流作业；

（3）增加商品价值；

（4）促进销售。

微课

智慧物流包装概述

二、智慧物流包装的定义、优点、功能和特点

（一）智慧物流包装的定义

智慧物流包装是指在现代物流运作中，为保护产品、感知信息和优化服务，以包装为载体，通过数字化与智能化技术手段，使之具有感知、监控、记录、智能处理和信息传递的现代化功能，实现包装的可视化与智慧化，满足物流与供应链管理高效运行的需要。

（二）智慧物流包装的优点

（1）能够提高物流的处理效率，减少物流费用；

（2）能够有效地控制内容物和包装的质量，减少损坏；

（3）能够有效保障商品质量安全；

（4）对于重新利用和循环使用包装件有积极的意义。

（三）智慧物流包装的功能

1. 保护商品

新型智能化包装材料、包装结构的应用，极大地提高了商品保护功能。

2. 方便储运

物联网和现代信息技术在智慧物流包装上的运用，实现了物流信息数据的自动高效

采集，提高了商品在物流过程中的可视化、透明化状态，对商品进行全过程、全时空的控制、检测和追踪，实现物流运行的自动化、智能化和精细化管理。

3. 商品跟踪

包装含有大量的商品信息，通过传感器元件或条码以及商标信息系统，将标记和监控系统相结合，形成一套扩展跟踪体系，可以有效降低运输成本。

4. 安全追溯

包装贯穿于商品生产、运输、仓储、销售等整个供应链的全过程，构建基于供应链的重要商品质量安全追溯体系，智慧物流包装技术的应用是一条根本途径。

（四）智慧物流包装的特点

1. 智能包装

在包装、商品或商品包装组合中有一集成化元件或一项固有特性，利用该元件或特性将符合特定要求的智能成分赋予商品包装的功能中，或体现于商品本身的使用中。智能包装可以检测包装内容物的新鲜度或温度。新鲜度/温度指示器或传感器可以集成在包装内或包装外，以向零售商和客户显示商品是否超出重要指标。

2. 活性包装

活性包装通常用于食品、饮料和药品。其活性成分可以与其内装物相互作用。将滤光材料、氧气、乙烯吸收剂、抗菌表面涂层以及调湿材料集成到包装中，可以提高产品的货架期。

3. 互联包装

消费者或其他成员可以使用移动设备激活包装上的代码以查看厂家的专有内容，也可以通过移动设备解锁一系列独家在线视频教程，学习产品使用技巧。

智慧物流包装的运用如图 6-2、图 6-3 和图 6-4 所示。

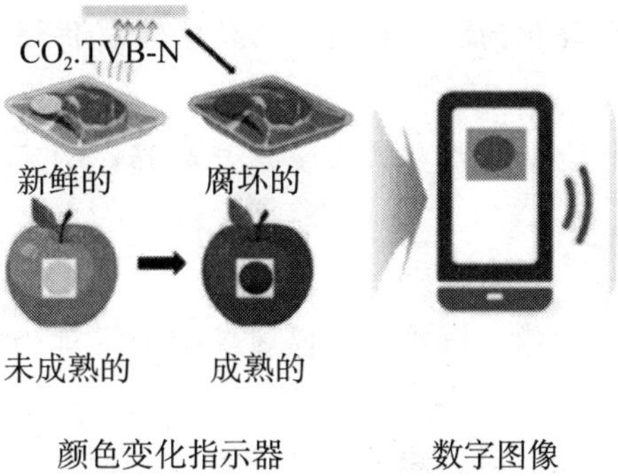

图 6-2　电子智能新鲜度指示

图 6-3　乙烯敏感型指示剂在水果上的应用

图 6-4 智能标签应用

知识延伸

一物一码的基本原理和优势

在数字化转型浪潮的推动下，一物一码技术的成熟和应用正逐渐改变着包装性质和作用。唯一二维码身份，让包装不再只是简单的保护和装载工具，而是变成了具备被管理、被辨识、被跟踪和自身促销、私域流量汇聚等功能的神奇“衣裳”。

1. 基本原理

一物一码通过为包装添加独一无二的二维码身份，实现对产品的唯一标识和追踪。

2. 优势

(1) 管理性：企业可以通过扫描二维码了解包装状态、存储条件等信息，实现对包装的精细管理。

(2) 追踪性：通过追踪二维码信息，企业可以实时了解产品的产、存、流向及销售等状况，让供应链实时可控。

(3) 识别性：通过扫描二维码，消费者可以轻松识别产品真伪，而扫码信息定位更为企业防窜提供了自动预警和渠道管控。

(4) 自身促销：利用二维码，企业可以将包装转化为推广渠道，为消费者提供增值服务和个性化体验。

(5) 私域流量汇聚：通过与消费者建立连接，企业可以积累大量用户数据，构建私域流量，实现精准营销（见图 6-5）。

3. 包装的数字化升级

(1) 交互体验的提升：二维码赋予包装互动的功能，消费者可以通过扫描二维码参与互动活动、获取产品信息、辨识真伪等。

(2) 数据驱动的营销：通过二维码统计用户扫码行为、购买偏好等数据，企业可以进行精准的个性化营销。

(3) 品牌形象的建设：通过为包装添加二维码，企业可以传递品牌故事、价值观，提升品牌与消费者之间的互动和信任（见图 6-6）。

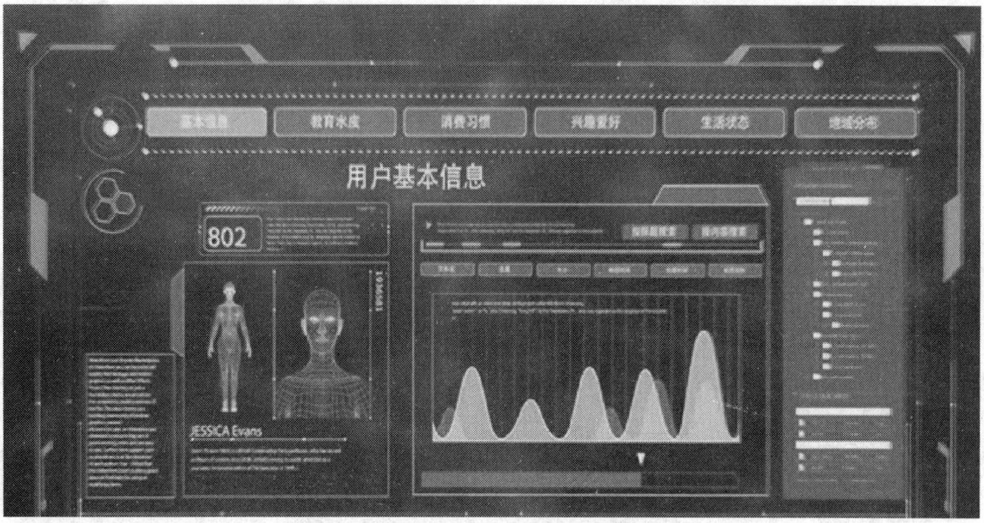

图 6－5　轻松获取用户画像

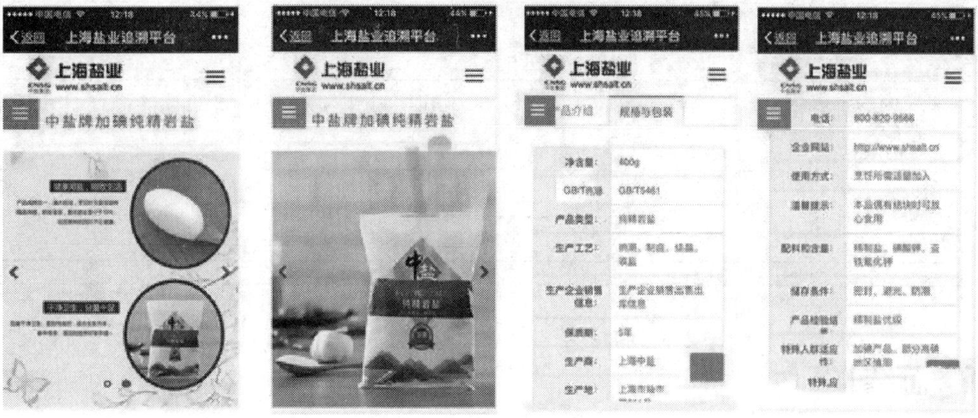

图 6－6　扫码追溯页面样板

【任务分析与讨论】

请通过查阅教材、上网搜索、听课、讨论等获取表 6－1 中的答案/案例，并进行自我评价，确保项目顺利实施。

表 6－1　相关知识和技能信息确认单

相关知识和技能	答案/案例	自我评价
智慧物流包装的适用场景		
智慧物流包装的优势		
智慧物流包装和传统物流包装的区别		

【任务实施】

思考任务要求，制订工作计划，在表 6－2 中用适当的方式予以表达。

表 6－2 计划工作单

1. 小组讨论决策

负责人：＿＿＿＿＿讨论发言人：＿＿＿＿＿＿＿＿＿＿＿＿＿＿＿＿＿＿＿＿

决策结论及方案变更：

＿＿＿＿＿＿＿＿＿＿＿＿＿＿＿＿＿＿＿＿＿＿＿＿＿＿＿＿＿＿＿＿＿＿＿＿

＿＿＿＿＿＿＿＿＿＿＿＿＿＿＿＿＿＿＿＿＿＿＿＿＿＿＿＿＿＿＿＿＿＿＿＿

＿＿＿＿＿＿＿＿＿＿＿＿＿＿＿＿＿＿＿＿＿＿＿＿＿＿＿＿＿＿＿＿＿＿＿＿

2. 小组互换决策

优点	缺点	综合评价 （A、B、C、D、E）	签名

3. 人员分工与进度安排

内容	人员	时间安排	备注

【任务总结】

＿＿＿＿＿＿＿＿＿＿＿＿＿＿＿＿＿＿＿＿＿＿＿＿＿＿＿＿＿＿＿＿＿＿＿＿

＿＿＿＿＿＿＿＿＿＿＿＿＿＿＿＿＿＿＿＿＿＿＿＿＿＿＿＿＿＿＿＿＿＿＿＿

＿＿＿＿＿＿＿＿＿＿＿＿＿＿＿＿＿＿＿＿＿＿＿＿＿＿＿＿＿＿＿＿＿＿＿＿

＿＿＿＿＿＿＿＿＿＿＿＿＿＿＿＿＿＿＿＿＿＿＿＿＿＿＿＿＿＿＿＿＿＿＿＿

【任务拓展】

1. 收集智慧物流包装产品信息，总结产品特征。
2. 分析智慧物流包装发展趋势。

任务二
智慧物流包装的体系构成

【任务导入】

1. 网点环节：换新“智能环保集包袋”

2023 年 6 月 16 日下午 2 时，山东省临沂市中通兰山澳龙网点的仓库一头，几百个蓝色集包袋码放整齐，每个集包袋上都印有一串数字编号。网点负责人说，每个袋子都内置了芯片，相当于“身份证”。更重要的是，这种集包袋能重复使用 4～6 个月，单次使用成本节约 50%以上。

“以前使用传统编织袋，价格便宜但包裹一重就容易坏，脱丝、破损造成的包裹遗漏、丢失现象时有发生。如今的可循环中转袋结实耐用，还轻便防水，一个袋子平均能用一年多！”网点负责人介绍，长远看，新型集包袋单次使用成本只要 1 毛多，比用传统编织袋节省 3 毛左右，装载率还能提升 30%。

下午 5 时，一件件装满寄件的集包袋，登上高运力挂车运至 10 千米外的中通快递鲁南物流园。在这里，这些包裹将根据不同的“身份信息”发往全国各地。

“通过智能环保集包袋中的芯片，后台能实时收集中转、流向信息，实现包裹运输的全程追踪。”中通快递山东临沂转运中心负责人说。山东临沂中通兰山澳龙网点的车辆刚运来的数万件快递进入分拣线，精准落入对应的格口中。格口下方，可循环中转袋稳稳接住包裹，通过快递员装车，继续配送到乡镇、村级网点。

近年来，快递业扎实推进快递包装绿色治理，快递包装回收复用率大幅提升。目前，快递电子运单、循环中转袋基本实现全覆盖。

2. 回收环节：升级“旧物回收”

2023 年 6 月 18 日下午 6 时，上海静安区大宁路街道一位“00 后”小伙打开门，正是预约的快递员上门回收一双小白鞋。“不仅不收快递费，还能领取一个环保袋，一举两得！”这位小伙说。这样的绿色新体验，得益于菜鸟今年“6・18”促销活动期间推出的“万物回收节”活动。

回收的小白鞋，将在 24 小时内送往上海分拣中心，并在 2 天内进入位于江苏南通的旧物分拣仓库。菜鸟绿色家园运营负责人介绍，到达回收工厂后，鞋子将经过清洁、选拣等流程分类使用——鞋带被拆下来用于制作工艺品；鞋面和鞋底分离，鞋面布料用于制作隔音棉、保温材料等；鞋底则会打碎为 PVC 颗粒再加工，实现产品循环再造。

根据 5 月份包裹抽查测算，目前，我国电商快件不再二次包装比例达 90%，使用可循环包装的邮件快件达 3.8 亿件，回收复用质量完好的瓦楞纸箱达 3.5 亿个。

思考： 智能环保集包袋利用了哪些技术？它是如何提升作业效率的？回收环节的“旧物回收”创造了什么价值？

【基础知识】

一、智慧物流包装的类型

微课

智慧物流包装的类型

（一） 信息型智能包装

信息型智能包装是智慧物流包装中最重要、最普遍的应用形式，主要是指在整个流通链中以反映包装内容物品质变化信息为主的新型包装。

信息型智能包装可以实现对产品的精细化管理，对产品存储、运输到销售整个过程中的质量、环境、参数信息进行追踪，为产品安全提供更高强度的保障。

1. 信息型智能包装体系

信息型智能包装体系（见图 6－7）包括智能包装元件，数据层、数据处理和供应链通信网络。智能包装元件赋予包装获取、存储和传输数据的新能力；数据层、数据处理和供应链通信网络一起构成决策支持系统；智能包装元件和决策支持系统协同工作，监控包装内外部环境的变化，交流物品状态信息，以便及时做出决策或采取合理的处理措施。

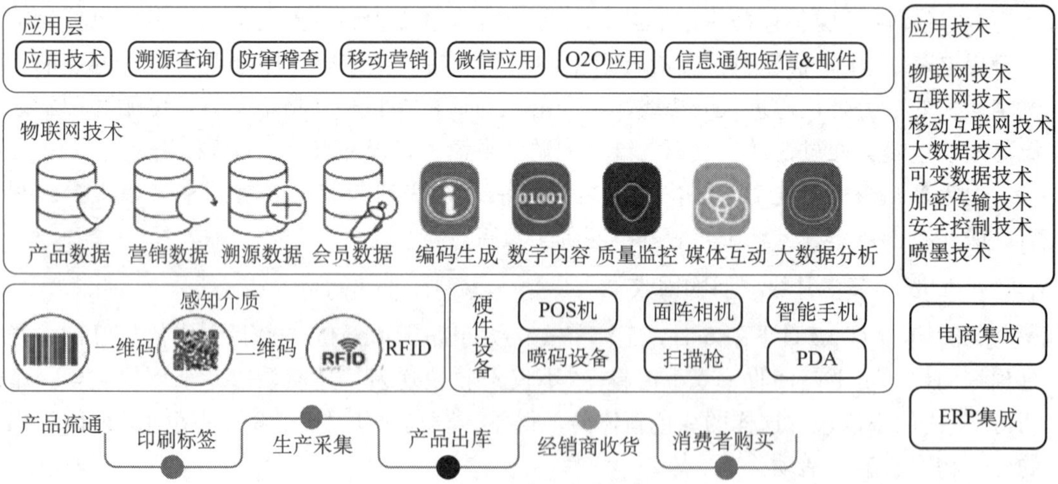

图 6－7 信息型智能包装体系

2. 信息型智能包装的特点

（1）包装数字化。

包装数字化主要是指在包装商品上实施的数字化策略，包括在包装商品外观上印制信息码（如条形码、二维码、点阵码、图像特征码）等，或者在包装中嵌入 RFID/NFC 电子标签或其他传感器，使该包装商品具备数据采集和信息交互功能。

（2）包装可视化。

包装可视化是指利用数字化技术让包装变成自媒体和物联网载体，并将商品的位置、状态及原材料、生产、仓储、物流、销售等全生命周期的信息以文字、图像、图形、动画及音视频等可视化的方式，在包装盒体、终端设备或后台屏幕上实时呈现，以达到实时监控、交互、分析、调整和决策的目的。

包装可视化一是指将智能包装采集和处理的数字信息以便于使用者（人类）认知的方式展现出来，实现数字信息与用户及管理者之间的沟通交流；二是指包装商品的性质、状态、位置、流通、消费等信息都是实时跟踪和显示的，即通过智能包装使商品的任何状态都处于透明和可监控之下。

智能包装的可视化显示介质包括智能标签本身的颜色变化、嵌入包装上的电子屏对数据或图案的显示、智能包装信息平台上的移动终端（手机/PDA）或后台管理终端的显示设备（计算机屏幕/投影屏幕）等。

（3）包装大数据平台。

1）商品防伪：平台提供扫码识别认证功能，通过一物一码及防伪码赋予包装商品的信息唯一性，让造假者无从下手，商家及消费者均可查询了解商品被查次数及时间，帮助消费者辨别真伪。

2）追踪溯源：平台通过一物一码及防伪码实现对商品生产、运输、销售等全过程追溯追踪管理，实现来源可查、去向可追、责任可究、风险可控。

3）渠道管控：平台通过防伪码与物流码的对应关系，让企业掌握商品的流向，一旦有窜货发生，系统便可自动报警，增加渠道管控力，使市场价格规范化。

4）个性化营销：一物一码是数字营销活动的入口，借助微信红包、积分、大转盘、小游戏等活动，打通多源数据对接，实现商品个性化及大数据营销。

5）决策支持：通过扫码历史以及各类数字营销活动的数据，调整商品投放地域及活动类型，实时掌握市场动态，调整企业决策方向。

6）其他服务：包括商品使用方法介绍、注意事项提醒、咨询回复及新商品推介等。

图 6-8 为包装数字化应用，图 6-9 为 AR（增强现实）在智能包装上的应用。

图 6-8　包装数字化应用

图 6-9 AR（增强现实）在智能包装上的应用

（二）功能材料型智能包装

1. 定义

功能材料型智能包装是指应用新型包装材料对产品进行包装设计，通常采用光电、温敏、湿敏、气敏等功能材料与包装材料复合制成，使得包装对环境因素具有某种识别、判断和控制的功能，既可以智能识别和指示包装微空间内的温度、湿度、压力、密封程度、保存时间等重要参数，还可以自适应器物本身的不同特质和突变或渐变的外部环境，自动调整包装内部环境。

2. 特点

（1）感应性，智慧包装材料对周围环境的变化十分敏感。

（2）识别性，智慧包装材料对不同影响因素能够加以识别并做下一步动作。

（3）调控性，智慧包装材料能够根据环境变化调整自身条件以适应环境变化带来的影响。

3. 材料类型

（1）变色材料包装。变色材料包装是指在包装上应用变色材料，如光敏变色材料、温敏变色材料、电敏变色材料、气敏变色材料等，使包装在受到光、电、温度、压力、溶剂以及化学环境等特定外界激发源作用时，通过颜色的变化来做出反馈，可以实现包装的图案显示、信息记录、警示提醒、美化装饰、防伪安全、互动娱乐等功能（见图 6-10）。

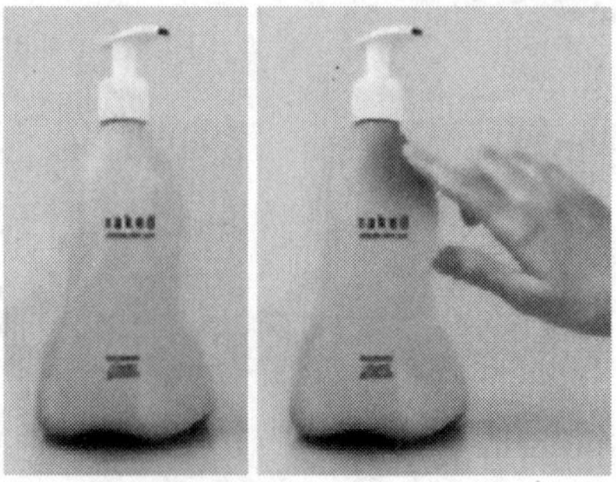

图 6-10 “Naked”系列化妆品变色包装

（2）发光材料包装。发光材料包装是指在包装上应用发光材料，如光致发光材料、力致发光材料、化学发光材料、电致发光材料等，能够以某种方式吸收能量，并以发光的形式表现出来，进而通过包装本体颜色以及与环境光的颜色进行叠加后的第三方色彩去实现包装视觉的传达，形成一种动态色彩的多样性表达（见图 6－11）。

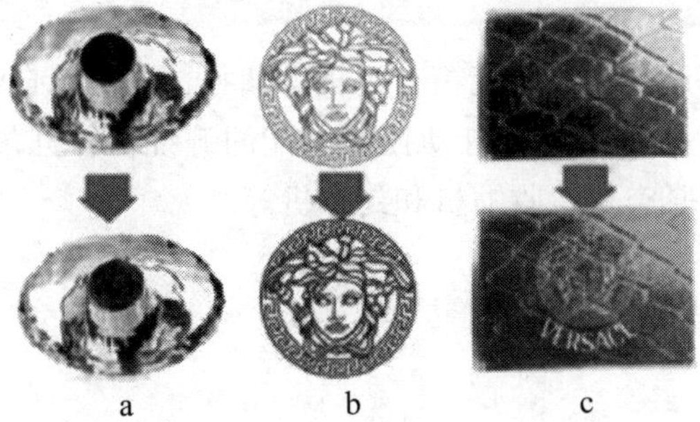

图 6－11　智能发光香水包装

（3）水凝胶材料包装。智能水凝胶是一类由智能高分子通过物理或者化学交联方式形成三维网络结构的聚合物，它可以吸收大量的水并溶胀至平衡体积而仍保持其形状，其对环境信息的微小变化具有响应功能，如温度、pH 值、葡萄糖浓度、光/电变化等，产生相应的体积变化或者其他物理化学性质的变化，可应用于形状记忆、自愈合聚合物、药物输送、智能涂层、化学反应开关和软机器人等领域。

（4）活性材料包装。活性材料是指在材料中加入一些活性成分，并在特定的条件下，如环境的温度、pH 值、湿度等，可以有计划地吸收或释放特定的气体或物质，在包装中加以应用能够改变食品的包装环境以延长贮存期、改善食品安全性和感官特性，同时保持食品品质不变。

（三）功能结构型智能包装

功能结构型智能包装是指为了满足安全的产品包装、可靠的物流运输等某些特定需求，对包装结构进行相应的增加或改进的一类智能型包装。

功能结构型智能包装主要包括：（1）自动报警包装；（2）自动加热包装；（3）自动冷却包装。

二、智慧包装机械与作业

（一）智慧包装机械

1. 定义

智慧包装装备是在机械化、自动化包装装备的基础上，运用智能感知、智能互联、智能控制等技术手段，具备自动识别包装货品、智能数据采集分析、自主规划自身行为、智能控制设备运行等功能的包装装备。

智慧包装机械是指包装作业中结合先进的工控技术、融合机电一体化，为产品包装提供自动开箱—自动套膜—自动装箱—在线称重—自动贴标—自动封箱—自动打包捆扎等自动化作业的无人化、智能化包装设备，一般也称为包装机器人。

应用智慧包装机械能够有效提高工作效率，提升包装品质，降低用人成本，优化工作环境。

2. 基本构成

智慧包装机械能够进行开箱、装箱、封箱、捆扎、码垛、自动分半、托盘货物拉伸膜缠绕等工序流程作业，包括具有自动控制功能的缠绕机、打包机、码垛机、贴标机、托盘分配机、封箱机、真空机、收缩机和封口机等。

3. 特点

（1）适用性强；

（2）可靠性高；

（3）自动化程度高；

（4）准确性好；

（5）应用范围广；

（6）效率高；

（7）占地面积少；

（8）非接触式。

4. 优势

（1）控制精确；

（2）操作简便；

（3）作业灵活。

（二）智慧包装作业

1. 智慧包装作业线

智慧包装作业线是将自动包装机、包装机器人和有关辅助设备用输送装置连接起来，再配以必要的自动检测、控制、调整补偿装置及自动供送料装置，成为具有独立控制能力的包装作业生产线。智慧包装作业线主要由控制系统、自动包装机和包装机器人、输送装置和辅助工艺装置等部分组成。

2. 特征

（1）包装自动化；

（2）设备成套化；

（3）通用性较强；

（4）技术含量高。

3. 类型

按包装机之间连接特征划分，智慧包装作业线分为刚性包装作业线、柔性包装作业线和半柔性包装作业线。

按包装机的组合布局划分，智慧包装作业线分为串联包装作业线、并联包装作业线和混联包装作业线。

三、智慧包装系统

智慧包装系统依托可回收、可折叠、可重复使用包装箱进行物流作业活动，同时在包装箱内部嵌入传感器、控制器等智能硬件，能够实现端到端的无纸化操作、智能防护和跟踪溯源，实现包装箱的可视化管理和智能调度。

（一）功能特点

（1）面向企业的智能可循环物流箱，通过 RFID 在生产环节录入数据，实现闭环管理，循环使用。

（2）面向终端消费者的智能包装盒，每一件产品都拥有一个芯片，可以通过手机等智能移动通信设备实现信息的查询及数据反馈。

（3）线上智能包装数据云平台，将智能可循环物流箱和智能包装盒的数据串联，并在云端存档备份。

（二）基本构成

（1）远程云服务器包括服务器信息接收模块、服务器信息发送模块、服务器数据存储模块和服务器数据处理模块。

（2）移动终端包括注册模块、移动端支付结算模块、操作模块、移动端信息发送模块及移动端信息接收模块。

（3）管理终端包括管理端信息接收模块、管理端信息发送模块、管理端数据统计模块和管理端支付结算模块。

（4）包装盒包括可拆装盒体、密码锁和二维码。

（三）运营模式

1. 管箱服务

管箱服务是指为上下游客户提供实时的数据服务，客户可以在智能终端安装 App，或者在 PC-WEB 端对流动着的物流包装进行实时监控，上游客户可以掌握其下游客户网点中包装的数量、空满状态，这样可以消除双方的数据盲区，从而让上下游企业管理者能做出相互呼应的包装调配计划，大大提高了年周转率。

另外，结合关系网点及路径分析算法还可提供对物流包装防丢失、防偷盗的提醒功能，能及时引起管理各方的注意，帮助客户快速开展责任追查及箱体找回，降低了丢失及被偷盗的概率。

2. 租箱服务

租箱服务是指基于物联网化及数据透明化提供包装箱租赁服务。平台的物流包装资产池、各收发箱物流及服务网点等信息都是实时公开的，平台提供包装年租和按次租赁服务；用户可以基于自身所处的地理位置调用离自己最近的空箱资源；如果用户有收箱的要求，随时可以通过平台，指示距离待收箱点最近的第三方物流公司提供收箱和清洗服务；空箱资源分布透明、服务资源在线响应、服务价格透明等特点，大大降低了获取空箱及相关服务的门槛，提高了服务效率，降低了包装成本。

3. 拼箱服务

智慧包装模式实现了包装实时数据的全公开，不同供应链的上下游用户的需求驱动并优化了包装资源的分布和使用，没有一个既定的数据中心点，而是一个扁平化的自组织，云端的数据分析及算法与线下的需求形成优化资产流动的力量。

对于在时间、路线以及数量等方面有较大匹配关系的不同用户群，平台将发出“同程拼箱”的建议。

通过加入拼箱计划，用户可以出让包装的空闲时段，免除回程费用，减少回程途中占用的时间，最大化降低了过程费用，并实现了年周转率倍增的目的。

4. 包装箱型智能推荐

包装箱型智能推荐即根据包装物的属性、数量、重量、体积等信息，通过智能打包系统的算法支持，自动选择合适的箱型及数量进行匹配，以达到减少耗费、节约成本、方便物流的目的。

知识延伸

菜鸟装箱算法让5亿个包裹绿起来

菜鸟装箱算法是菜鸟绿色行动向全行业输出的一项平台级技术，自推广以来，已经累计优化超过5亿个包裹，相当于节省了1.15亿个邮政6号纸箱，减少的碳排放超过1.5万吨，好比多种了848 044棵梭梭树。目前，这一技术不仅应用于天猫超市和菜鸟的仓库，也面向全行业开放。第一批接入的商家，在使用装箱算法后，都尝到了降本增效的甜头。

有消费者买了一个瑜伽垫，又买了一台体脂秤；买了一对哑铃，又买了一袋麦片。商品品类、体积殊异，尽管仓库配备了7种大小的箱子，可怎么装箱，经常困扰仓库打包员。菜鸟装箱通过大数据算法，根据一个订单所有商品的特性，比如长宽高，有没有味道，可不可以堆叠、轻压等，推荐最优的箱型和智能装箱方案，打包员只要按图操作即可，非常方便省力。

菜鸟人工智能部的一位算法专家介绍，通过积累大数据，装箱算法还在不断优化，比如自动将有气味的商品和容易染气味的商品分装，还可以利用商品自身的空间来套装，如垃圾桶内装其他商品，大大节省了装箱空间。当前，菜鸟向行业输出的电子面单、装箱算法、智能路径规划等技术，已经成为绿色物流的基础设施。通过绿色科技和模式创新，菜鸟引领物流业加速绿色升级。

【任务分析与讨论】

请通过查阅教材、上网搜索、听课、讨论等获取表 6－3 中的答案/案例，并进行自我评价，确保项目顺利实施。

表 6－3　相关知识和技能信息确认单

相关知识和技能	答案/案例	自我评价
智慧物流包装设计的原则		
实施智慧物流包装的主要困难		
智慧物流包装可以创造的价值		

【任务实施】

思考任务要求，制订工作计划，在表 6－4 中用适当的方式予以表达。

表 6－4　计划工作单

1. 小组讨论决策

负责人：__________讨论发言人：__________

决策结论及方案变更：

____

____

____

2. 小组互换决策

优点	缺点	综合评价（A、B、C、D、E）	签名

3. 人员分工与进度安排

内容	人员	时间安排	备注

【任务总结】

____

____

____

____

【任务拓展】

1. 结合相关资料设计一款物流包装产品，要求科学合理。
2. 分析不同功能型智能物流包装材料的应用场景。

任务三 智慧物流包装的应用与发展

【任务导入】

包装伴随着人类文明的发展，经历了漫长的演变和发展。

一、原始包装

人类使用包装的历史可以追溯到原始社会的旧石器时代，人类从对自然界的长期观察中受到启迪，使用植物茎条进行捆扎，使用植物叶、果壳、兽皮、龟壳等物品来盛装食物和水。这是原始包装发展的胚胎。

二、传统包装

16 世纪开始，人们掌握了铸铁炼钢技术和制漆涂漆技术，铁制容器、涂漆木制容器大量出现，以陶瓷、玻璃、木材、金属等为主要材料的包装工业开始发展。

三、现代包装

18 世纪末，法国科学家发明了灭菌法包装箱储存食品。19 世纪初出现了玻璃食品罐头和马口铁食品罐头，食品包装箱得到迅速发展。包装工业在 19 世纪开始全面发展，1800 年机制木箱出现并加入应用。

四、智能化新型包装

进入 20 世纪，科技发展日新月异，新材料、新技术不断出现，折叠共享筐（见图 6－12）进入人们的视野。折叠共享筐具有以下特点：

（1）材料环保。折叠共享筐以全新 PP 为材料，无色、无臭、无毒，安全环保，有效保护果蔬不受磕碰。

（2）可循环使用。折叠共享筐采用符合国际标准规格设计方式，抗压、耐寒、耐热，节省仓储空间和运输空间，可循环使用降低成本。

（3）数字化管理。基于物联网大数据的智慧物流，RFID 芯片被嵌入折叠共享筐，实现全流程可跟踪、可溯源。每车净省 2 000～4 000 元，物流包装成本降低 50%。

图 6－12　折叠共享筐

思考：当前的物流包装仍存在哪些问题？未来会演变成什么样？请结合中国物流包装的发展历程，谈谈你对包装未来发展的畅想。

【基础知识】

一、国内外智慧物流包装发展现状

微课

智慧物流包装的应用与发展

在当今数字化时代，包装已经从简单的保护、标识功能逐渐向智能化、信息化方向发展，这就是智慧包装。智慧包装的出现，不仅让溯源更加容易，还让营销更加精准，为企业和消费者带来更多便利。

（一）智慧物流包装市场规模不断扩大

智慧物流包装日益成为产品功能的延伸，并成为各种创新技术手段的载体。当前，国外已有相当数量的成熟应用案例，并成立了相应的行业组织指导产业的发展。国内虽然智能包装产业起步较晚，但用户需求和应用环境丝毫不逊于国外。智能物流包装市场将成为我国包装产业里新的蓝海。

（二）智慧物流包装技术创新力度日趋增大

从智慧物流包装的发展历程来看，第一代智能包装技术基于光学、视觉识别，侧重于通过光学特性解决防伪、追踪、防盗等问题；第二代智能包装技术将融合印刷电子、RFID、柔性显示等新型技术，使商品及其包装对于人类更具有亲和力，更加主动地呈现物联网特性。智慧物流包装应用于包括电子产品、食品、饮料、医药、生活用品等几乎所有领域和行业。

印刷电子技术是智能包装技术中的重点领域，其将传统的印刷工艺应用于制造电子元器件和产品上，最大的特点是不依赖于基底材料的导体或半导体性质，可以以薄膜形态沉积到任何材料上。目前，在绝大多数的智能包装应用中，都可以通过整合印刷电子技术，实现更多智能属性。

（三）包装机械智能化程度不断提高

包装机械的特征趋于“三高”——高速、高效、高质量；发展重点趋于低能耗，自重轻，结构紧凑、占地空间小，效率高，外观造型适应环境和操作人员心理需求等。

包装机械应用的新技术有：航天工业技术，热管类微电子技术，磁性技术，信息处理技术，传感技术，光电及化学技术，激光技术，生物技术及新的加工工艺等。

二、智慧物流包装的典型应用

（一）果蔬新鲜度监控

物流中果蔬腐败智能化实时监测预警技术系统，由腐败机制与评判数据库、监测预警系统、实时传感技术和设备三部分组成，如图 6－13 所示。

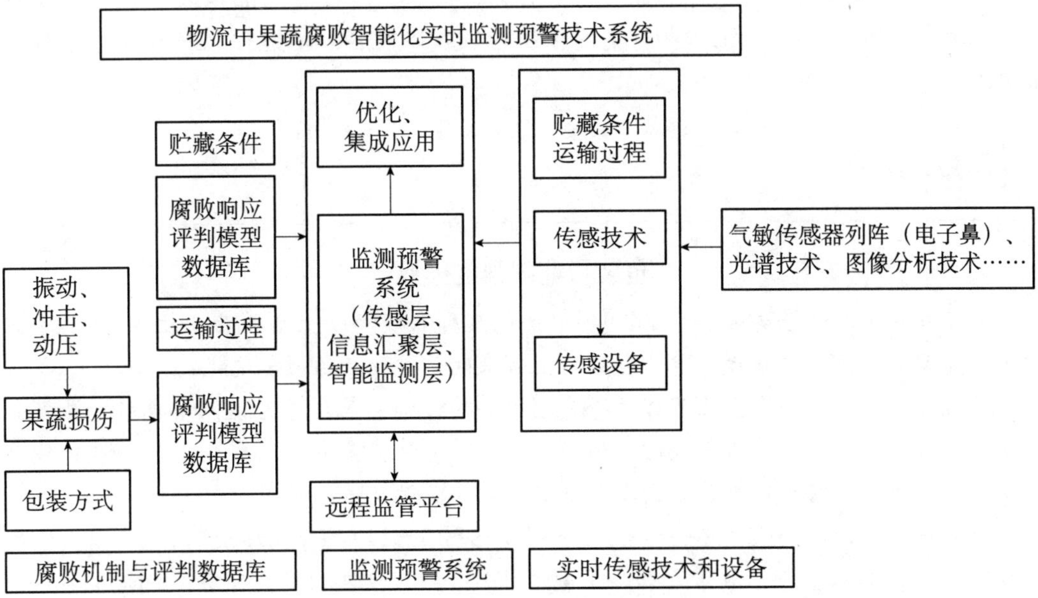

图 6－13　物流中果蔬腐败智能化实时监测预警技术系统

（二）食品溯源

通过使用 RFID 技术，比如近距离无线通信（NFC）与超高频（UHF），智慧物流包装能够在整个供应链中轻松地实现跟踪与追溯，确保端到端（即从核心原材料到产品使用寿命结束及再利用的整个过程）的完整透明度。

（三）防伪追溯

基于 RFID、大数据、物联网的信息化智能包装系统，赋予每个产品包装一个二维码标签，通过对产品的信息采集、存储及整合，实现对产品从源头到终端的每个环节进行真实可靠的信息管理，平台可实现信息的互联互通，建立防伪溯源系统。

溯源信息获取过程不需要任何文字、数字输入及扫码等操作，只需要将带有 NFC 功能的手机放置于产品识别区，该产品的相关信息便自动出现在手机屏幕上。

（四）物流参数监控

产品物流多参数智能监测系统，由传感层、信息汇聚层和智能监测层组成。该系统可在线或远程监控物流中的重要产品和危险品的状况，包括环境温湿度、振动和冲击强度、气体浓度以及产品运动等。

（五）医疗辅助支持

智能电子标签为制药公司提供了大量新机会，NFC 芯片可以通过智能手机进行非接触式读取，从而实现药物的数字识别，可应用于与患者互动（如剂量建议、通过注射系统自动识别药物）、内部物流流程优化及品牌保护。智能药品包装不仅可以实现追踪和验证功能，还可以记录药片何时取出包装，以便客观地监控患者对治疗过程的依从性。

知识延伸

包装行业碳强度排放

根据中国包装联合会数据，2020 年中国包装行业规模以上企业营业收入达 1.01 万亿元。如果按照平均碳强度计算，包装行业带来的总排放量约为 1 亿吨。

如今，全球多个国家提出了碳达峰、碳中和的目标愿景，毫无疑问给包装行业带来巨大的减碳压力，也孕育着重大的机遇。对于物流包装产业而言，市场正悄悄从传统包装升级为绿色、智能循环包装，由单一产品模式变成循环服务模式。

顺丰速运推出新一代循环快递箱 π-BOX（见图 6－14），可循环使用 70 次以上，整箱材料 96%可回收，不用胶带封装，用魔术贴粘合即可重复利用。目前，π-BOX 共推出 6 种规格，寄件人可根据自身需求及物品实际大小选择使用，价格与以往纸箱收费一致。π-BOX 采用的是更易回收的单一材料 PP 蜂窝板材，易清理，抗戳穿性能提升 100%，保护了寄件安全。π-BOX 采用简单易操作的自锁底折叠结构和全箱体魔术粘贴合模式，免去使用胶带纸、拉链等易耗材料。

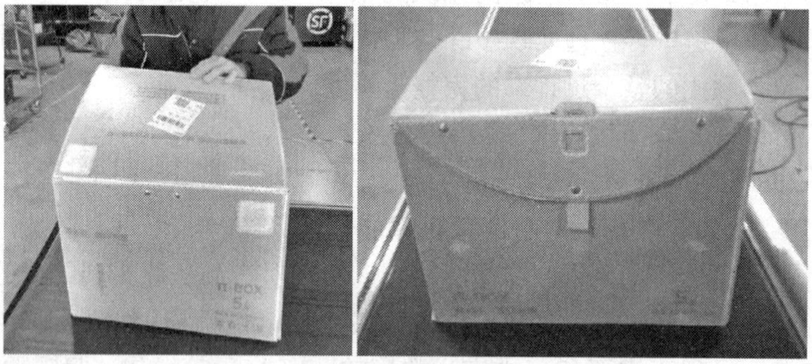

图 6－14　顺丰快递循环箱“π-BOX”

京东物流与永康市知路科技有限公司（简称知路科技）达成战略性合作，知路科技为京东物流提供循环快递箱“青流箱”（见图 6－15）。知路科技生产的循环快递箱采用可回收的再生 PP 食品级材料，折叠结构，无须使用任何胶带，利用电子面单防盗，锁体封箱，面单移除才能开箱，可循环使用达 50 次以上。值得注意的是，单次使用成本比传统包装降低 30%以上。

按京东年投放 50 万个循环快递箱计算：一个快递箱单次消耗锁扣 0.06 元，若月循环 5 次，一个月就是 15 万元；每个快递箱使用一次就意味着减少使用一个纸箱，月循环 5 次，一年就减少 3 000 万个纸箱以及 1.2 亿米胶带的使用。

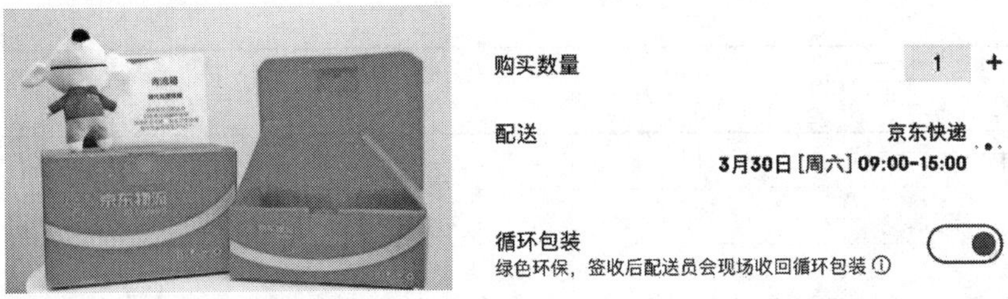

图 6-15　京东下单可选循环快递箱“青流箱”

【任务分析与讨论】

请通过查阅教材、上网搜索、听课、讨论等获取表 6-5 中的答案/案例，并进行自我评价，确保项目顺利实施。

表 6-5　相关知识和技能信息确认单

相关知识和技能	答案/案例	自我评价
智慧物流包装可应用技术		
绿色循环理念的含义		
智能循环包装应用场景		
智慧物流包装对实现“双碳”目标的作用		

【任务实施】

思考任务要求，制订工作计划，在表 6-6 中用适当的方式予以表达。

表 6-6　计划工作单

1. 小组讨论决策

负责人：__________讨论发言人：______________________________

决策结论及方案变更：

____

____

2. 小组互换决策

优点	缺点	综合评价（A、B、C、D、E）	签名

续表

3. 人员分工与进度安排

内容	人员	时间安排	备注

【任务总结】

【任务拓展】

1. 查找国外智慧物流包装技术的发展现状以及目前最先进的技术手段。
2. 收集资料，分析绿色包装材料应用场景。

项目小结

基础练习

一、单项选择题

1. 借助具有跟踪溯源功能的智能包装，物流中的运输容器就能被全方位跟踪，体现的是智慧物流包装的（　　）功能。

A. 保护商品　　B. 方便储运　　C. 商品跟踪　　D. 安全追溯

2. 智慧物流包装能让包装含有大量的（　　）。

A. 商品特征　　B. 智能标签　　C. 商品信息　　D. 智能技术

3. 自动高效采集物流信息数据，提高商品在物流过程中的可视化、透明化状态，可以对商品进行全过程、全时空的控制、检测和追踪，体现的是智慧物流包装的（　　）功能。

A. 保护商品　　B. 方便储运　　C. 商品跟踪　　D. 安全追溯

二、多项选择题

1. 在智慧物流包装上运用的物联网和现代信息技术包括（　　）等。

A. 图形码技术　　B. RFID 技术　　C. 图像识别技术　　D. VR/AR 技术

2. 智能装箱算法能够（　　）。

A. 提高运输工具利用率　　B. 降低成本

C. 提高企业效率　　D. 保护环境

3. 信息型包装特点有（　　）。

A. 包装数字化　　B. 包装可视化

C. 包装大数据平台　　D. 包装循环

三、判断题

1. 包装既可以是容器、材料及辅助物等的总体名称，又可以是操作活动。　（　　）

2. 智慧物流包装主要利用新型的包装材料、结构与形式对商品的质量和流通安全性进行积极的干预和保障。　（　　）

3. 智慧仓储利用信息收集、管理、控制与处理技术完成对包装系统的优化管理。　（　　）

四、简答题

1. 简述智慧物流包装的概念和特点。

2. 智能包装机械主要有哪些类型？

3. 智慧物流包装的主要类型有哪些？

4. 功能材料型智能包装的主要形式有哪些？

5. 简述智慧物流包装的应用和发展现状。

项目七
智慧物流装卸搬运

有序推进大宗干散货码头作业自动化。加快推动秦皇岛港、唐山港、黄骅港、青岛港、日照港、宁波舟山港、苏州港等具备条件的港口干散货码头“翻”“堆”“取”“装”“卸”等全流程自动化改造，推进翻车机、堆取料机、装船机、卸船机、门座式起重机、装车楼等专业化设备设施自动化、智能化升级。

——交通运输部《关于加快智慧港口和智慧航道建设的意见》

学习目标

知识目标

- 了解智慧物流装卸搬运的概念，理解智慧物流装卸搬运的特点及作用；
- 了解智慧物流装卸搬运的体系构成。

能力目标

- 熟悉智慧物流装卸搬运系统的设备构成；
- 了解智慧物流装卸搬运的应用场景与未来发展趋势。

素养目标

- 培养爱岗敬业精神和创新意识；
- 培养爱国主义精神，弘扬新时代大国工匠精神。

学习内容

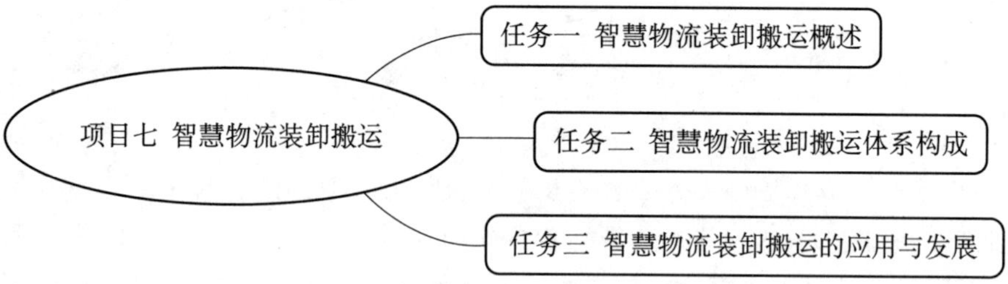

任务一
智慧物流装卸搬运概述

【任务导入】

“在新时代，每个港口人都应该有‘不待扬鞭自奋蹄’的精神，才能与时代同步、与时代共进。”站在山东港口青岛港自动化码头上，71 岁的许振超说。不远处，正在作业的大型自动化集装箱桥吊，正精确、高效地吊运着来自海内外的集装箱。

许振超，1968 年参加工作，1994 年加入中国共产党，1974 年 7 月调入青岛港工作，先后担任青岛港集装箱公司桥吊司机、固机队队长、桥吊队队长、党支部书记，现任山东港口青岛港前湾集装箱码头有限责任公司工程技术部固机高级经理。

“是时代催着我学，催着我进步；也是时代成就了我，成就了我们港口工人。”回顾 50 余年工作历程，许振超如此总结。

三句话不离拼搏和创新，“不服输”是许振超的成长密码。

20 世纪 90 年代，我国各大港口全球化运输火热，但那时多数港口的集装箱装卸效率较低。有的港口因为装卸慢，导致客户责备，甚至丢失客户。

为此，当时在港口一线做桥吊队长的许振超下决心要提高装卸作业效率。

一遍不行两遍，两遍不行三遍……每天带领工人开碰头会、反思会……许多工人一开始并不理解，更不接受，“放着舒坦的活不干，偏要追求什么工时效率”。

许振超就是不服输，他始终抱着“咬定青山不放松”的心态，一遍一遍地跟工人们在码头上磨。

很快，他带领班组逐渐练就了“一钩准”“一钩净”“无声响操作”等绝活，熟练掌握了各类桥吊的技术数据和机械性能，他也成为名副其实的“工人专家”，并亲手带出了“王啸飞燕”“显新穿针”等一大批具有社会影响力的工作品牌，装卸作业效率因此提升了 20%。

但许振超并没有就此止步。“有了金刚钻，敢揽瓷器活。”许振超再度带领工人埋头苦干，熟悉新设备、研究新技术、探讨新方法。与此同时，单位也给许振超极大支持，要人给人，要钱给钱，要政策给政策，帮助许振超和他的团队克服了很多困难。

2003 年，作为桥吊队长的许振超第一次带领他的作业队打破了集装箱装卸世界纪录。此后，“振超团队”又先后 9 次刷新集装箱装卸纪录。从此，“振超效率”闻名世界。

如今，许振超依然在传统集装箱码头改造征程上前行。他带领攻关团队在国内首次实现了双起升岸桥的远程半自动操作，让司机离开传统的高空驾驶室，在现场控制室即可实施远程控制操作，为传统码头向半自动、自动化转型提供了一条可复制的成功经验之路。

思考：在集装箱装卸作业中，装卸搬运经历了哪几个过程？自动化、智慧化操作有哪些优势呢？

【基础知识】

微课

智慧物流装卸搬运概述

一、智慧物流装卸搬运的概念

为提升传统装卸搬运的效率，人们不断将机械化、自动化、信息化、智能化作业手段应用于装卸搬运领域。按照装卸搬运所采用的工具，其活动一般分为人工作业、机械作业、半自动化作业、全自动化作业。图 7－1 为装卸搬运活动方式。

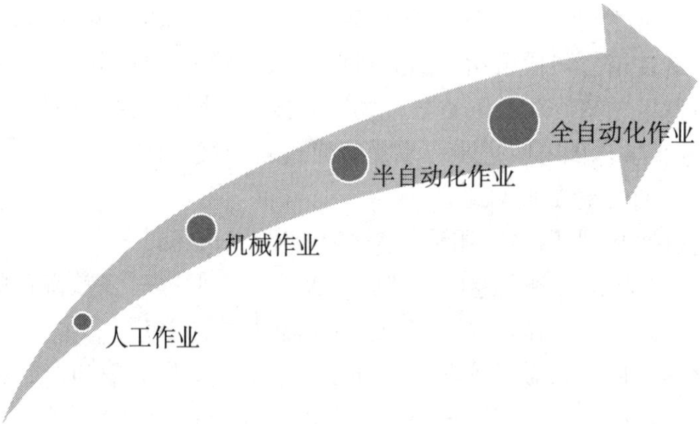

图 7－1　装卸搬运活动方式

智慧物流装卸搬运，是自动化装卸搬运作业发展的更高级阶段，它不仅实现了作业过程的自动运行与自动控制，而且应用物联网、人工智能技术，实现了作业环境的智能感知、作业方式的智能选择、作业状态的智能控制以及应急情况的智能处置，从而达到装卸搬运无人化运作要求。

二、智慧物流装卸搬运的特点

（一）无人化

智慧物流装卸搬运的显著特点是无人操作。智慧物流装卸搬运设备上装有自动导向系统、自动抓取系统，依靠无线传感、定位导航、视觉识别、力觉感知、自动控制技术等，可以保障系统在不需要人工引航、人工作业的情况下就能够沿预定的路线自动装卸、自动行驶，将货物或物料自动从起始点运送到目的地，完成装卸搬运作业活动。同时，智慧物流装卸搬运设备与其他物流设备有自动接口，可以实现货物和物料装卸与搬运全过程的自动化与无人化。这种无人化的操作过程，一方面节约了人力，提高了效率；另一方面也能够满足高危、狭小空间内的智能无人搬运需求。

（二）柔性化

智慧物流装卸搬运的另一个突出特点就是柔性化。由于人工智能的加入，智慧物流装卸搬运的作业路径、作业样式、力度功率可以根据仓储货位要求、生产工艺流程、物流作业环境等改变而灵活改变，可以模拟人的思维进行智能判断，不断动态调整选择优化运行方案。这种运行改变的费用与传统的、刚性的装卸搬运作业相比，减少了重新购置作业设备、作业线的时间和成本，体现出较好的经济性。

（三）高效化

智慧装卸搬运管理系统能够调度和监控整体装卸搬运作业流程，包括无人叉车、机器人、机械手以及辊道等；可支持多台机器人同时联动作业，保证相互避让以及最优路径的规划，防止拥堵；可通过作业流程节拍的控制，实现状态监控、增减机器人数量及地图布局修改、交通管制等，从而最大限度地实现制造工厂、物流仓库的装卸搬运作业优化，大幅提高装卸搬运作业效率；可广泛应用于生产、物流节点之间的物料搬运和工艺设备之间的水平垂直转运、自动上下料等环节，能与各种自动化设备进行对接，大幅提高物流整体作业效率。

三、智慧物流装卸搬运的作用

（一）有利于提高作业效率，减少作业差错

现代化工厂、物流配送中心等作业环节众多、作业频繁，传统人力及机械作业无法满足作业要求，且容易出现差错。目前大型电商仓库、大型企业仓库、现代港口是智能物流装卸搬运系统主要的应用方向。从以往的案例来看，一台搬运机器人可以替换2～3位工人，工作效率可以提高 30%左右，对于作业量比较大的企业可收到较好的应用效益，可以提高工作效率、节省人力成本，还可以有效降低作业差错率。

（二）有利于适应多种复杂的作业环境

智慧物流装卸搬运设备可以代替人工进行货物的分类、拣选、搬运和装卸工作，或代替人类搬运危险物品，如放射性物质、有毒物质等，降低工人的劳动强度，提高生产和工作效率，保证工人的人身安全。

（三）有利于实现数据互通，高效协同

智慧物流装卸搬运设备不仅能够自动完成货物装卸搬运工作，而且还能够全面实时记录装卸搬运作业数据、货物数据及其他相关信息数据。企业可通过信息网络将记录的数据传输到数据库中实现数据采集与动态更新，实现与物流其他作业环节的高效协同。

知识延伸

青岛港迈入“智慧时代”

2019 年 12 月 28 日，山东港口青岛港集团年吞吐量突破 6 亿吨庆祝仪式在青岛前湾港区举行。这是继 2019 年 12 月 13 日集装箱吞吐量超越 2 000 万标准箱后，青岛港集团开创的又一个里程碑。

先来看一组数据。1949 年，青岛港一共完成了 15 艘船舶作业，吞吐量仅为 72 万吨。1978 年，青岛港吞吐量完成 2 002 万吨。进入新世纪，青岛港发展踏上了快车道。2001 年，青岛港吞吐量超过 1 亿吨，跨入综合性国际亿吨大港行列。2019 年，青岛港吞吐量一举突破 6 亿吨，增幅位居全球港口前列。

效率提升的背后是装卸工艺的深层次转型。

在中华人民共和国成立前的半个多世纪里，青岛港码头上几乎看不到机械的影子，手搬肩扛这种原始落后的装卸作业方式长期沿用。1954 年，青岛港还没有一部机械；1976 年，集装箱作业工具从最原始的“撑棍”起步；20 世纪 80 年代初，1 万多吨的矿石船，大家要齐心协力大干 12 天才能完成。如今，在科技的推动下，青岛港告别了肩抬手扛的落后生产方式，集装箱装卸效率、矿石装卸效率、纸浆装卸效率稳居世界前列。

2019 年 8 月 6 日，山东港口集团揭牌成立，青岛港迎来了更大的平台和崭新的机遇。山东港口集团 7 个港口联手推进“整合、融合、耦合”发展，连续开通了 12 条航线，初步形成了“以青岛港为枢纽港，日照港、烟台港、渤海湾港围绕各自区域腹地形成海上支线布局”的干支线网络配套发展格局。

2019 年，青岛港集装箱吞吐量超过 2 100 万标准箱，挺进东北亚枢纽港；干散货完成吞吐量 1.8 亿吨，混矿作业量稳居全国第一；原油吞吐量完成 1.17 亿吨，进口原油稳居全国第一；邮轮全年完成出入境旅客 27 万人次，同比增长 45%，增长率居全国第一。

此外，青岛港还坚持“东西双向互济、陆海内外联动”，深度融入“一带一路”建设。2019 年，青岛港内陆港从 10 个增至 15 个，全港累计完成海铁联运 138 万标准箱，同比增长 20%，继续领跑全国沿海港口。

【任务分析与讨论】

请通过查阅教材、上网搜索、听课、讨论等获取表 7-1 中的答案/案例，并进行自我评价，确保项目顺利实施。

表 7-1 相关知识和技能信息确认单

相关知识和技能	答案/案例	自我评价
智慧物流装卸搬运的适用场景		
智慧物流装卸搬运的作用		
智慧物流装卸搬运的特点		

【任务实施】

思考任务要求，制订工作计划，在表7-2中用适当的方式予以表达。

表7-2　计划工作单

1. 小组讨论决策

负责人：__________讨论发言人：______________________________

决策结论及方案变更：

____

____

____

2. 小组互换决策

优点	缺点	综合评价 (A、B、C、D、E)	签名

3. 人员分工与进度安排

内容	人员	时间安排	备注

【任务总结】

____

____

____

____

【任务拓展】

1. 收集资料，详细了解装卸搬运发展的几个阶段及使用的设备。
2. 收集资料，对比传统港口和智慧港口的运作经营区别。

任务二
智慧物流装卸搬运体系构成

【任务导入】

随着一个个超级工程的建成，我国的重型装备制造水平飞速发展，在世界各地都能见到中国重型装备的身影，振华重工就是其中的典型代表。

振华重工，总部位于上海，在上海、长兴岛、南通、江阴等地有 8 个生产基地，是世界上最大的重型装备制造商，主要生产大型集装箱设备机械、散货装卸机械及大型钢桥等，在全球港口机械市场连续 19 年位居第一，订单数量占据全球 80%。

振华 30 号是世界上最大的单臂回旋起重船，起重重量 1.2 万吨，总重量 14 万吨，该船可以 360°旋转，有 12 个推进器，排水量达到 24 万吨，体量超过了全世界现役所有航空母舰，这个巨无霸不但力气大而且吊装精度也高，在港珠澳大桥吊装重达 6 000 吨的沉管接头，最终达到了 1.5 厘米的精度，让世人惊叹。

我们想象的码头是一片繁忙嘈杂的景象，但是振华重工建设的自动化码头却空无一人，只有很多电动无人车在有序地搬运集装箱。从运输船停靠码头到把集装箱放到指定堆场，所有设备的每个动作，都是由振华重工研发的码头设备控制系统来完成的，全部实现自动化，能够提高 50%的工作效率，也更加节能环保。自动化码头是在人工智能发展下进行的码头革命，振华重工也成为自动化码头的领导者。

当今世界传统制造业正面临巨大的变革，开始向数字化、智能化转型，振华重工也没有止步，推出了第四代自动化码头，船舶岸桥大部件实现了自动化焊接，携手微软进行港口大数据管理，并开始制造海洋工程装备。现在的振华重工不只是制造公司，更是一家服务公司，项目涉及港口设计、基础设施建设、码头运营，同时还提供设备维护保养服务，成为系统总承包商和具有国际竞争力的世界卓越公司。

思考：振华重工生产了哪些智慧物流装卸搬运设备?

【基础知识】

一、智慧物流装卸作业系统

根据装卸设备的类型和功能分类，智慧物流装卸作业系统分为龙门吊自动装卸系统、码垛机器人、卡车自动装卸系统。

微课

智慧物流装卸搬运体系构成

（一）龙门吊自动装卸系统

传统的龙门吊作业主要依靠司机控制大车行走，通过司机获取、执行和确认装卸指令来实现集装箱装卸操作。在装卸集装箱的过程中，龙门吊司机凭经验判断龙门吊下方摆放集装箱的高度，根据作业指令驾驶机械运动并操作吊具来核对和完成作业指令。整个作业过程完全依赖人工操作，要求龙门吊司机注意力高度集中、严格执行操作规程，驾驶龙门吊按特定轨迹运动。上述龙门吊作业方式严重影响物流作业效率、大大增加能耗，已成为现代化物流业快速发展的主要瓶颈。

运用电子信息技术，进一步发展龙门吊自动装卸系统，能够减少人力成本、降低能源消耗，还能够提升装卸搬运效率。自动化龙门吊如图 7－2 所示。

图 7－2　自动化龙门吊

1. 系统目标

龙门吊自动装卸系统需要实现以下功能：利用机器视觉系统自动获取到达装卸位置的集卡及集装箱身份标识信息，由码头操作系统根据标识将装卸位置指令发送给信息处理系统；机械运动控制系统依据激光扫描系统探测区域堆放集装箱的情况及装卸位置指令，优化装卸运动轨迹并控制机械运行，实现龙门吊自动装卸控制。龙门吊自动装卸系统建成后，集卡到达龙门吊装卸位置下方后的数据获取、与码头操作系统的信息交互、转堆和收发箱指令执行及确认、小车装卸运动轨迹优化、运动过程驾驶控制等一系列原来由龙门吊司机操作的环节全部实现自动化，从而实现集装箱装卸高效节能、安全可靠，有利于码头操作系统功能的升级、扩展和优化。

2. 系统功能模块

（1）作业指令流获取模块。该功能模块负责采集码头操作系统的生产调度数据（包括作业类型、箱号、箱型、作业箱区等），并将其转换为龙门吊自动装卸系统能够识别的数据流。

（2）机器视觉模块。该功能模块负责对龙门吊下方装卸区域的集卡进行实时动态视频跟踪和视频过滤图像捕捉，实现车辆自动对位和车号识别，并跟踪集装箱起升中运动轨迹的逐帧或间隔帧处理，通过获取箱号位置视频图像帧识别箱号。图 7－3 为龙门吊自动装卸系统机器视觉模块工作流程。

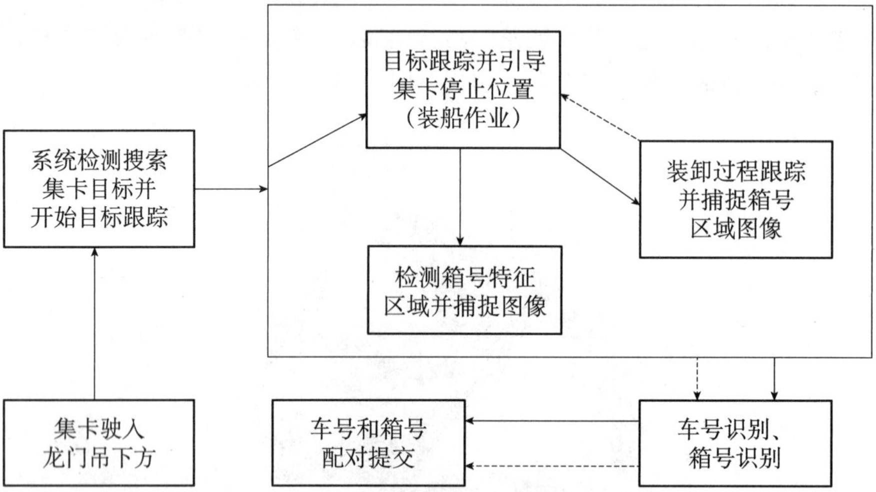

图 7－3　龙门吊自动装卸系统机器视觉模块工作流程

（3）龙门吊电控模块。该功能模块是龙门吊自动装卸执行系统。

（4）作业箱区轮廓模块。该功能模块采用激光扫描测距装置测算箱区码放数据，以便满足龙门吊 20 英尺集装箱与 40 英尺集装箱切换作业的要求。

（二）码垛机器人

码垛机器人（见图 7－4）主要用于物料的码垛和拆垛，可以将散装物料自动地码垛成整齐的形式，或将已经堆放好的物料拆垛成散装状态。码垛机器人通常具有非常高的精度和稳定性，可以根据不同的物料类型和堆放要求进行定制。它是工业机器人的一种，通常是四轴机器人，应用比较有针对性，在搬运和码垛的工作场景中运用较多。

码垛机器人是一种高度自动化的机械设备，其组成结构复杂而精密，主要可以归纳为以下几个关键部分：

1. 机械本体

机械本体是码垛机器人的主体结构，主要包括机座、立柱、关节、臂杆、末端执行器等部件。这些部件共同构成了机器人的骨架和运动系统，决定了机器人的工作范围、运动轨迹和负载能力。机械本体的设计和材料选择直接影响机器人的稳定性和耐用性。

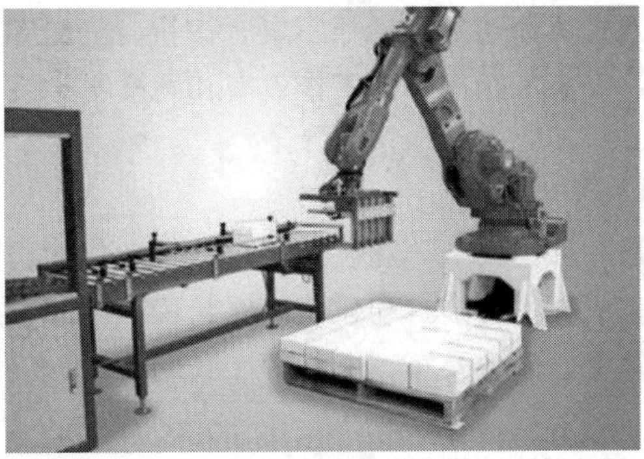

图 7-4　码垛机器人

2. 控制系统

控制系统是码垛机器人的核心部分，相当于机器人的“大脑”。它负责接收外部指令，并控制机器人的运动、操作和逻辑。控制系统主要由控制器、驱动器、传感器、执行器等部件组成。通过精确的算法和传感器反馈，控制系统能够确保机器人准确、快速地完成码垛任务。同时，控制系统还具备故障检测和自我保护功能，以提高机器人的安全性和可靠性。

3. 视觉系统

视觉系统是码垛机器人的“眼睛”，负责对物料进行识别、定位和测量。它主要由摄像头、图像处理器、光源等部件组成。通过视觉系统，机器人能够准确地识别物料的形状、尺寸和位置信息，为后续的抓取和码垛操作提供精确的引导。视觉系统的精度和稳定性直接影响机器人的作业效果和工作效率。

4. 执行机构

执行机构是码垛机器人直接执行码垛动作的部分，主要包括机械臂、抓手等部件。机械臂的灵活性和精度决定了机器人码垛的效果和质量。抓手则用于抓取和固定物料，确保在码垛过程中物料不会掉落或损坏。执行机构的设计和材料选择直接影响机器人的作业能力和负载能力。

5. 动力系统

动力系统为码垛机器人提供动力支持，主要包括电机、减速器等关键部件。通过电机的驱动，机器人能够完成各种复杂的码垛动作。动力系统的性能和稳定性直接影响机器人的运行效率和可靠性。

6. 传感器与感知系统

传感器与感知系统能够实时监测机器人的工作状态和环境变化，确保机器人的安全运行。这些传感器包括位置传感器、力传感器、速度传感器等，能够感知机器人的运动状态、负载情况以及外部环境的变化。感知系统的数据反馈为控制系统的决策提供重要依据。

7. 人机界面

人机界面是码垛机器人与操作者之间的沟通桥梁，负责向操作者提供操作指令和接收操作者的反馈信息。人机界面通常包括显示屏、按钮、旋钮等部件，通过友好的界面设计和易用的操作方式，提高了操作者的工作效率和满意度。

（三）卡车自动装卸系统

卡车自动装卸系统是一种集成卡车和装卸平台的自动化输送设备，通过相互协同运作，代替人力和叉车，完成货物的全自动化装卸。与传统装卸方式相比，该自动化装卸方式可以明显提高作业效率，减少叉车、卡车等工具的使用，节省工厂和仓库的场地空间，降低物流成本。

1. 系统结构

全自动装卸系统主要分为两部分：一部分装卸主体设备被安装在卡车内部；另一部分装卸主体设备被集成在装卸平台上，由平台主体结构、四条平行的固定式滚轨传送系统、链式传送系统、气动提升滑轨系统、控制系统、激光扫描仪、车台对接装置和安全限位系统等组成，如图 7－5 所示。

图 7－5　卡车全自动装卸系统

2. 操作流程

（1）码垛。根据卡车类型，货物可被码垛成不同类型的托盘货物组，托盘货物通过输送系统被依次输送到自动装卸平台上。平台上的固定滚轨式传送系统将货物移动到平台的相应位置，并进行最佳间距调整，托盘货物在平台上装载调整完成后，将自动整体移动至平台前端等待装车。

（2）卡车—平台的对接。装货卡车到达后，倒车进入平台对接位，进行卡车—平台的对接。对接完成后，卡车位置即被平台锁定。

（3）卡车长度的测量。自动装卸平台卷帘门打开后，两台由支架固定的激光扫描仪自动下降，开始测量卡车的对接角度以及卡车车厢长度。若感应器检测出车厢深度可容纳两组托盘，则两组托盘货物被自动装载进入车厢。

（4）全自动装箱。卡车司机须确认托盘货物位置准确并完成安全检查后，方可按下控制台上的装箱按钮进行自动装箱。装箱按钮按下后，托盘限位卡销自动降下，气动滑轨开始充气，待托盘货物完成整体提升后开始滑入车厢轨道。在其完全进入车厢后，气动滑轨开始放气，托盘货物整体卸载到车厢内，最后滑轨缩回平台完成货物装车。

（5）解锁驶离。完成装箱后，卡车司机手动解开车辆位置锁，车辆即可驶离平台。

二、智慧物流搬运作业系统

智慧物流搬运作业系统是利用自动导引车（AGV）进行物流搬运的作业系统。AGV是一种柔性化和智能化并存的物流搬运机器人，是装备有电磁或光学等自动导引装置，能沿规定的导引路径行驶，具有安全和自我保护以及移载功能的运输车（见图7－6）。

图7－6　自动导引车（AGV）

AGV的控制系统是AGV的关键，它包括地面控制系统、车载控制系统及导航导引系统。

（一）地面控制系统

地面控制系统即AGV上位控制系统，是AGV系统的核心，主要功能是对AGV系统中的多台AGV单机进行任务分配、车辆管理、交通管理、通信管理等。

任务管理类似计算机操作系统的进程管理，它提供对AGV地面控制程序的解释执行环境，提供根据任务优先级和启动时间的调度运行，提供对任务的各种操作如启动、停止、取消等。

车辆管理是AGV管理的核心模块，它根据物料搬运任务的请求，分配调度AGV执行任务，根据AGV行走时间最短原则计算AGV的最短行走路径，并控制指挥AGV的行走过程，及时下达装卸货和充电命令。

交通管理是根据AGV的物理尺寸大小、运行状态和路径状况提供AGV互相自动避让措施，避免车辆互相等待的死锁情况，提供死锁的解除方法。

通信管理提供AGV地面控制系统与AGV单机、地面监控系统、地面IO设备、车辆仿真系统及上位计算机的通信功能。

车辆驱动是指小车驱动，负责AGV状态的采集并向，交通管理发出行走段的允许请求，同时把确认段下发给AGV。

（二）车载控制系统

车载控制系统即AGV单机控制系统，在收到上位系统的指令后，负责AGV单机的导航、导引、路径选择、车辆驱动等。

导航是指 AGV 单机通过自身装备的导航器件测量并计算出其所在全局坐标中的位置和航向。

导引是指 AGV 单机根据当前的位置、航向及预先设定的理论轨迹来计算下个周期的速度值和转向角度值，即 AGV 运动的命令值。

路径选择是指 AGV 单机根据上位系统的指令，通过计算，预先选择即将运行的路径，并将结果报送上位控制系统，能否运行由上位控制系统根据其他 AGV 所在的位置统一调配。

车辆驱动是指 AGV 单机根据导引的计算结果和路径选择信息，通过伺服器件控制车辆运行。

（三）导航导引系统

AGV 之所以能实现无人驾驶，是因为导航和导引对其起了至关重要的作用。随着技术的发展，能够用于 AGV 的导航和导引技术主要有以下几种：

1. 直接坐标

直接坐标是指用定位块将 AGV 的行驶区域分成若干坐标小区域，通过对小区域的计数实现导引。一般有光电式（将坐标小区域以两种颜色划分，通过光电器件计数）和电磁式（将坐标小区域以金属块或磁块划分，通过电磁感应器件计数）两种形式。

2. 电磁导引

电磁导引是较为传统的导引方式之一，它是在 AGV 的行驶路径上埋设金属线，并在金属线上加载导引频率，通过对导引频率的识别来实现 AGV 的导引。

3. 磁带导引

磁带导引与电磁导引相近，用在路面上贴磁带替代在地面下埋设金属线，通过磁感应信号实现导引。磁带导引灵活性比较好，改变或扩充路径较容易，磁带铺设简单易行，但此导引方式易受外界影响。

4. 光学导引

光学导引是指在 AGV 的行驶路径上涂漆或粘贴色带，通过对摄像机采入的色带图像信号进行简单处理实现导引，其灵活性比较好。地面路线设置简单易行，但对色带的污染和机械磨损十分敏感，对环境要求过高，可靠性和精度较低。

5. 激光导引

激光导引是指在 AGV 行驶路径的周围安装位置精确的激光反射板，AGV 通过激光扫描器发射激光束，同时采集由反射板反射的激光束来确定其当前的位置和航向，并通过连续的三角几何运算来实现 AGV 的导引。

6. 惯性导航

惯性导航就是在 AGV 上安装陀螺仪，在行驶区域的地面上安装定位块，AGV 可通过对陀螺仪偏差信号（角速率）的计算及地面定位块信号的采集来确定自身的位置和航向，从而实现导引。

7. GPS 导航

通过卫星对非固定路面系统中的控制对象进行跟踪和制导，此项技术还在发展和完善，通常用于室外远距离的跟踪和制导，其精度取决于卫星在空中的固定精度和数量，以及控制对象的周围环境等因素。

知识延伸

自动装卸的市场需求和实际应用

随着新经济的到来，每个行业都面临前所未有的挑战，高效、安全、按时的供应链成为企业在市场竞争中获胜的法宝。而原有的叉车和人工装卸方式成为影响供应链效率和安全的瓶颈，因此许多行业巨头纷纷部署实施卡车自动装卸系统 ATLS，以提高物流效率，尤其是汽车制造业、快消品行业、冷链行业、造纸业、快递邮政行业等，对自动装卸系统 ATLS 的需求更加强烈。

1. 汽车行业

汽车行业需要及时物流，零部件必须在正确的时间以正确的顺序交付。卡车自动装卸系统 ATLS 可以将自动化仓储和运输连接，简化复杂的物流过程，提高交付速度，并保证产品的安全。目前宝马、奥迪、欧宝、沃尔沃等汽车厂商以及汽车配件厂商都在全球多个生产基地实施了卡车自动装卸。

2. 快速消费品行业

快速消费品行业的成功依赖于先进的供应链系统，其特点是按需发货。通过实施卡车自动装卸系统 ATLS，可以加快在生产设施和配送中心、配送中心和零售店之间货运班车的周转速度，快速准确地满足消费需求。因此，快速消费品行业巨头宝洁、联合利华、雀巢、喜力、可口可乐等纷纷投资了卡车自动装卸系统。如喜力啤酒在荷兰 Hertogenbosch 配送中心配备了 8 个自动卡车装卸系统，每个自动装卸系统包括两个链式输送机系统，将输送机系统安装在穿梭车上，穿梭车与 3 个缓存输送机相连，货物可以自动在缓存输送机和装卸系统间移动。

3. 冷链行业

冷链物流的核心需求是保持产品新鲜，因此必须减少冷藏运输和储存的冷损失。卡车自动装卸系统 ATLS 可以缩短装卸的时间，同时减少人工接触货物的机会，以避免冷损失的风险。许多大的冷库运营商，如美国 Preferred Freezer Services（PFS），欧洲 Friesland Foods 和 New Cold 等均已使用 ATLS 系统。

美国 PFS 是全球最大的冷藏仓储公司之一。在设计一个全新的 24/7 冷库时，该公司计划每年从一个客户的 3 个工厂获得 13 亿磅货物。安装卡车装卸系统 ATLS 后，PFS 可以在几分钟内装载 5 万磅的货物，节省了时间和人力。

4. 邮政快递行业

邮政快递行业必须快速正确地处理多品种、大批量包裹，为了减少劳动力，分拣机已经在这个行业得到广泛应用，但是手工装卸仍然耗费大量的人力，过多的叉车也会给工作环境带来安全隐患。通过采用 ATLS 系统，包裹可以自动从分拣线直接装到卡车里，卡车里的包裹可以自动卸载，可以最大限度地利用分拣机的高效率，减少月台和人工的使用。法国邮政、丹麦邮政、DHL 等都已经大量使用了 ATLS 系统。

【任务分析与讨论】

请通过查阅教材、上网搜索、听课、讨论等获取表 7-3 中的答案/案例，并进行自我评价，确保项目顺利实施。

表 7-3 相关知识和技能信息确认单

相关知识和技能	答案/案例	自我评价
AGV 应用场景		
AGV 搬运优势		
AGV 调度控制系统的运作流程		

【任务实施】

思考任务要求，制订工作计划，在表 7-4 中用适当的方式予以表达。

表 7-4 计划工作单

1. 小组讨论决策

负责人：________讨论发言人：________________________________

决策结论及方案变更：

____

____

____

2. 小组互换决策

优点	缺点	综合评价 （A、B、C、D、E）	签名

3. 人员分工与进度安排

内容	人员	时间安排	备注

【任务总结】

____

____

____

____

【任务拓展】

1. 查找最新搬运机器人 AGV 的发展成果与发展趋势。
2. 现场调查，了解智慧物流装卸搬运在不同行业的应用情况，并讨论如何优化。

任务三
智慧物流装卸搬运的应用与发展

【任务导入】

上海汽车变速器有限公司烟台基地（简称上汽变速器烟台基地）通过实施入厂物流自动化项目，基本实现了物料装卸自动化、输送自动化、仓储自动化、拣选上线自动化、总成下线装卸自动化、空箱返回自动化等入厂物流全过程自动化与信息化，同时在安全性、作业效率等方面得到有效提升，达到了系统设计效果。

近年来，汽车行业不断推进智能制造发展，在智能工厂建设中越来越多地引入自动化物流系统，以优化作业流程，实现厂内物流的提质增效与成本下降。

上汽变速器烟台基地 2004 年建成。2018 年 10 月，上汽变速器烟台基地 TS11 产品正式下线。全新规划建设的 CVT（无级变速器）生产基地从智能生产、智能维修、智能物流、智能质量四个方向打造了业内绿色智能制造示范工厂。为此，公司及计划物流部领导们决定以 TS11 项目为试点平台，招标选定因格（北京）智能技术有限公司作为此次项目的设计实施单位，对上汽变速器烟台基地物流资源进行整合，优化物流运作模式，提升自动化率，减少物流运作人员，提高作业效率，满足产品的高质量要求。

2018 年 11 月项目启动，经历了项目准备、蓝图设计、硬件开发、设备单调、联调联试、压力测试、上线准备等各个阶段，最终于 2019 年 6 月正式成功上线。

TS11 物流自动化项目是上汽变速器烟台基地首个全厂物流自动化集成项目。该项目施工区域 10 810 平方米，涉及铺设自动化输送线 310 米，AGV 运行路线 750 米，收容物料 SKU 合计 160 种，日均物料周转数量合计约 1 650 箱，成品日均周转 110 托，机器人快速拣选系统库位 3 100 个，自动化立体库储位 448 个。TS11 项目最终实现了生产作业完全自动化、物料输送完全自动化、仓储完全自动化的智慧工厂智能生产目标。

思考：智慧物流为智能制造带来哪些便利呢?

【基础知识】

一、国内外智慧物流装卸搬运发展现状

随着新兴技术的发展，机器人技术逐渐成熟，正朝着自动化和智能化的方向不断发展。

（一）智能装卸应用与发展现状

国外是在 20 世纪 60 年代开始对工业机器人进行研究和应用的。随着工业机器人技术日趋成熟，码垛机器人开始应用于装卸搬运领域。

日本和瑞典是最早将工业机器人技术应用到码放与搬运的两个国家。随着机器人技术研究的步伐不断加快，很多发达国家开始在包装码垛机器人方面进行大量的研究，并相继研制出自己的码垛机器人，如德国的 KUKA 系列。在应用现状方面，码垛机器人纷纷被应用到工业生产中。在发达国家，码垛机器人本身开始采用新的结构，控制系统的性能也日益增强，融入了很多高新技术。此外，码垛机器人在很多行业被广泛应用，如物流、包装、化工、医药行业。国外码垛机器人已经使企业的生产能力及经济效益得到了极大提高。

我国在 20 世纪 70 年代开始研究和应用工业机器人。目前，我国研发的码垛机器人主要有关节型和直角坐标型两种。这两种类型的码垛机器人相比，关节型比直角坐标型更具优势。在应用现状方面，我国码垛机器人主要应用于生产量和劳动强度比较大而工伤事故率又高的企业，如烟草、食品、物流行业等。

（二）智能搬运应用与发展现状

1953 年，英国首先研发出电磁引导 AGV，它是由拖拉机改装而成的。它是一种牵引式的小车系统，可以非常方便地与其他物流系统自动连接，应用后显著提高了劳动生产率。在研究者的不懈努力下，AGV 技术开始逐步走向成熟。1990 年，瑞典 NDC 公司开发了新的 AGV 系统，把激光引导应用在 AGV 的产品上。2000 年，Egmin 公司采用惯性和激光等混合技术作为 AGV 引导技术，因其导航准确性较高成为国内外 AGV 引导技术研究的焦点。2014 年，亚马逊公司利用 Kiva 物流机器人构建了一个比较全面的仓储搬运系统，它能够实现多个机器人之间的信息交互。Kiva 物流机器人沿着亚马逊仓库地板上的条形码行走，防止互相碰撞，它们的工作是将商品货物所在的货架从仓库搬运到员工的处理区。2018 年，Nawi 等人针对仓库搬运研发出比较灵活的 AGV 系统，其 AGV 行驶路径是可以动态规划的。

虽然 AGV 在我国的研究和应用较晚，但是随着智能物流和智能工厂需求带动，AGV 小车整体市场发展规模在 2020 年突破 42.5 亿元，AGV 小车市场新增数量和 2019 年比起来总体上涨了 42.5%。物流机器人产业转变成整个行业资本重点关注的对象。发展到 2020 年，我国自动化物流市场整体发展规模突破千亿元，在资本推动下，AGV 小车产业进一步发展，由此看出 AGV 小车领域具有巨大的发展潜力。

受益于仓储行业的自动化改造升级及下游消费市场升级等因素的拉动，快递/电商领域 AGV 销量增长迅速，以快仓、Geek+、立镖机器人、海康机器人为代表的企业市场份额快速提升。随着机器视觉、传感器、大数据等人工智能技术的不断进步，AGV 领域的技术路线开始从技术和产品之争转移到应用与服务之争，厂商之间的比拼更多集中在顶层设计能力、市场渠道、客户结构、服务质量以及品牌力等方面。

微课

智慧物流装卸搬运的应用与发展

二、智慧物流装卸搬运的典型应用

（一） 在智慧物流仓储领域的应用

仓储领域是智慧装卸搬运设备及技术应用的主要领域。从具体应用案例上看，智能装卸搬运技术可以完成仓储货物的自动卸车、自动输送、自动分拣、自动取货、自动装车以及信息数据的自动更新等工作。下面以京东昆山无人分拣中心为例进行介绍（见图7-7）。

图7-7 京东昆山无人分拣中心

京东昆山无人分拣中心的作业流程为：

1. 自动卸车

京东物流车将昆山无人分拣中心周边地区所覆盖的13个仓内打包好的快递包裹（规格小于500mm×500mm×500mm，种类为非液体、易碎品外的全品类商品）以带笼箱运输的方式运抵昆山无人分拣中心站台，系统自动为AGV派发卸车任务。AGV将笼箱从车厢内叉取出来之后根据业务繁忙程度将笼箱直接运至倾倒区或者送至到件暂存区。

2. 自动供包

AGV利用自动倾倒设备将笼箱内的货物放置在输送线上，货物随输送线被送至单件分离区，空笼箱由AGV送至空笼存放区。

3. 自动分离

输送线将包裹分流到三条皮带机上，通过自动化单件分离设备将包裹进行分离，并让包裹在输送线上自动靠边。包裹在到达分拣系统输送线的过程中自动居中，并由测量光幕测量包裹体积、重量等信息，将信息上传IPMS智能生产管理系统，同时SVDT可追踪视频监控系统可以实时查询追踪所有数据。

4. 包裹扫描

系统输送线先经过底面扫描，后经过五面扫描装置，实现对包裹的六面扫描，保证面单信息被快速识别，并上传系统。货物经输送线及六面扫描后进入交叉带分拣机系统，如果出现扫描异常件，系统则直接将其分配到异常件格口，落入笼箱后等待后续处理。

5. 自动分拣及落包

系统根据包裹信息分配格口，同时控制交叉带分拣机使其落入相对应的笼箱。由于格口与地面有一定距离，为了防止包裹跌落在笼箱外，同时对高速滑落的包裹进行一定缓冲，从而保护包裹，在笼箱上部装有防跌落卷帘，当笼箱满半时，防跌落卷帘自动升起。

6. 自动取货

笼箱内的感应装置可以感应货物装载情况，当笼箱装满时，会自动发送信号给控制系统，控制系统中止该格口的落包作业，并调度 AGV 前来取货。与此同时，系统会给另外的 AGV 下达指令，将暂存在空笼等候作业区的笼箱送至该格口，系统同时恢复该格口的落包指令。其间，笼箱会持续从存放区补货到待作业区。

7. 自动装车

AGV 将装满货品的笼箱叉取至笼箱输送导轨上，导轨的电机提供动力将笼箱输送至 AGV 自发货区，同时导轨也能起到一定的笼箱缓存作用。发货站台上的 AGV 将笼箱从导轨上取下，经过 RFID 识别区，由系统识别是否有异常发货订单，如无异常，AGV 直接将笼箱送至等候在月台的京东物流车上。

昆山无人分拣中心可以显著提升分拣效率，分拣能力达到 9 000 件/小时，同时大幅节省人力（同等场地规模和分拣货量的前提下，据测算该中心可以节省 180 人）。

（二）在智能工厂领域的应用

智能工厂中的每个环节都需要智能化，而智慧物流装卸搬运工具如 AGV 起到了连接各个环节的作用，因而成为智能制造工厂中不可或缺的智能装备。由多个 AGV 组成的自动运输系统，是实现物流自动运输的重要手段，对于提高灵活性，降低成本、生产时间和资源耗费方面具有重要意义。

目前，AGV 在智能工厂的主要应用范围有以下几个方面。

1. 柔性装配线

传统生产线一般都是由一条连续的刚性传送设备组成的，短则数米，长则数千米，如汽车装配线等。采用 AGV 之后，生产线更加灵活，当产品发生变动时，生产线做少量改进或做程序调整就能随产品的变化而变化。不仅可作为无人自动搬运车辆使用，也可当作一个个可移动的装配台、加工台使用，它们既能自由独立地分开作业，又能准时有序地组合衔接，形成没有物理隔断，但是能起动态调节作用、高度柔性的生产线。目前 AGV 柔性装配线在轿车总装线、家电生产线、发动机装配线、试车线、机床加工线均有应用。

2. 物料搬运

在工厂的物料搬运中，AGV 小车能轻松运载车间物料，不需要人的参与，可以根据设定的站点随意放置物料。一台 AGV 的工作量是一个工人加一台叉车的 3.5 倍。使用 AGV 物料搬运，不仅能节约成本，更能提升产能。在生产线往往需要 4 个人才能完成的搬运任务，只需要配备 1 台 AGV 小车就可以轻松搞定。

3. 特殊应用场合

AGV 无人自动搬运解决了一些不适宜人在其中生产或工作的特殊环境问题，如核材料、危险品（农药、有毒物品、腐蚀性物品、生物物品、易燃易爆物品）等。在钢铁厂，AGV 用于炉料运送，减轻了工人的劳动强度；在核电站和利用核辐射进行保鲜储存的场所，AGV 用于物品的运送，避免了辐射的危险；在胶卷和胶片仓库，AGV 在黑暗的环境中可以准确可靠地运送物料和半成品。

AGV 系统是智能工厂的一个重要组成部分，它能高效地完成原材料的供送、成品的转送、仓储货物柔性配送等。在生产制造过程中，AGV 系统还可以与 MES（制造执行、仓储管理系统）、LCS（生产线控制系统）等进行数据交换与对接。同时，识别技术、激光导引技术、导航技术等的结合将推动 AGV 的发展，从而推动柔性、自动化工厂、智能物流的快速前进与发展。

（三）在自动化码头领域的应用

自动化码头是智慧物流装卸搬运系统应用的重要领域之一。自动化码头是通过使用先进的管理和控制软件使得运营设备部分或全部替代通常由人工完成的集装箱搬运和装卸工作。AGV 是自动化码头全自动无人驾驶非常重要的水平运输设备，在青岛前湾、厦门远海港、上海洋山港已成功应用。下面以上海洋山港为例进行介绍。

上海洋山港四期自动化码头是当前世界上最大的自动化码头，目前已投入生产 10 台桥吊、40 台轨道吊、50 台自动导引车，根据规划最终将配置 26 台桥吊、120 台轨道吊和 130 台自动导引车。

上海洋山港四期码头集装箱的装卸转运全部由智能设备完成。码头装卸作业采用“远程操控双小车集装箱桥吊+轨道吊+AGV”的生产方案，主要由码头装卸、水平运输、堆场装卸的自动化装卸设备及自动化码头生产管控系统构成。图 7-8 为 AGV 自动导航卡车。

1. 码头装卸

岸桥从岸边的集装箱船上抓起自动化码头运作的集装箱，将集装箱移动到码头后，在计算机的控制下，将集装箱放置到中转平台。中转平台的门架小车就位，将集装箱稳稳抓起，移动到已经在地面等候的 AGV 自动导航卡车上方。集装箱缓缓落下，箱子四角的锁扣与 AGV 自动导航卡车连接。整个过程耗时不到两分钟。

2. 水平运输

AGV 自动导航卡车在地面磁钉的引导下，载着集装箱开往目标箱区域。AGV 根据

图 7－8　AGV 自动导航卡车

磁钉位置可以准确找到目标箱所在位置，并且根据预设规划路径高精度运作。

通过“智能”大脑，AGV 可以自定行车路线，有效规避碰撞。上海洋山港四期码头的锂电池驱动 AGV 采用了当今最前沿的技术，除了无人驾驶、自动导航、路径优化、主动避障外，还有自我故障诊断、自我电量监控等功能。

3. 堆场装卸

到达指定的堆场之后，堆场机械、轨道吊准备就绪，把集装箱吊到指定的堆场位置。所有过程通过自动程序完成。针对运量结构和装卸特点，上海洋山港四期的自动化堆场装卸设备采用无悬臂、单悬臂、悬臂三种轨道吊，无悬臂箱区和单悬臂箱区间隔混合布置。无悬臂轨道吊可在箱区两端与水平运输设备进行交互，而悬臂式轨道吊在具备无悬臂轨道吊所有功能的同时，还可以直接和位于自身悬臂下的水平运输设备进行交互，让现场作业的机动性和灵活性大大增强。目前这一模式在全球的自动化码头中是独一无二的。

4. 智能控制

上港集团自主研发的 TOS 全自动化码头智能生产管理控制系统，成为上海洋山港四期码头的“大脑”。TOS 系统覆盖了自动化码头全部业务环节，衔接上海港的各大数据信息平台，可以提供智能的生产计划模块、实时作业调度及自动监控调整，高效率地组织码头现场生产，还可以实现桥吊边装边卸作业，大大提高了作业效率。

知识延伸

上海快仓智能科技

上海快仓智能科技有限公司（以下简称快仓）成立于 2014 年。作为全球第二大的智能仓储机器人系统解决方案提供商，快仓致力于打造下一代智能机器人及机器人集群操作系统，让智能机器人成为智能制造、智能物流的基础设施，实现“四面墙内智能驾驶——让人类不再搬运”的伟大愿景。作为一家以智能技术驱动的创新公司，快仓全球研发人员数量超400人，凭借在人工智能、机器人、自动驾驶、深度学习、数据分析等领域的丰富经验，赋能传统行业，打造智能物流新生态，已与国内外60多家世界知名企业和机构建立合作，应用场景超过200个项目和20个行业，其为菜鸟网络打造的菜鸟无锡智能仓创造了亚洲首个“单仓千台级”纪录。

快仓系统解决方案可以为传统仓库作业模式节省5～7成人工，并有效提高平效，降低错单率、产品损耗率和订单消耗品开销等，从而大幅降低仓库的运营成本。

【任务分析与讨论】

请通过查阅教材、上网搜索、听课、讨论等获取表7-5中的答案/案例，并进行自我评价，确保项目顺利实施。

表7-5 相关知识和技能信息确认单

相关知识和技能	答案/案例	自我评价
智能机器人应用于物流装卸搬运的案例		
智能机器人应用于物流装卸搬运的作用		
智能搬运机器人的主要功能		

【任务实施】

思考任务要求，制订工作计划，在表7-6中用适当的方式予以表达。

表7-6 计划工作单

1. 小组讨论决策

负责人：________讨论发言人：________________

决策结论及方案变更：

____

____

____

2. 小组互换决策

优点	缺点	综合评价（A、B、C、D、E）	签名

续表

3. 人员分工与进度安排

内容	人员	时间安排	备注

【任务总结】

____

____

____

____

【任务拓展】

1. 结合技术发展及应用实践，思考智慧物流装卸搬运的发展趋势。
2. 收集资料，了解智慧装卸搬运在企业具体运作环节的应用情况。

项目小结

基础练习

一、单项选择题

1. 在两车之间进行靠接，利用各种方式，不使货物垂直运动，靠水平移动从一个车辆上推移到另一个车辆上，这种称为装卸搬运（　　）方式。

A. 吊上吊下　　B. 叉上叉下
C. 滚上滚下　　D. 移上移下

2. 下列不属于智慧物流装卸搬运特点的是（　　）。

A. 无人化　　B. 高效化　　C. 柔性化　　D. 机械化

3. AGV 是（　　）。

A. 自动导引车　　B. 智慧搬运
C. 码垛机器人　　D. 龙门吊自动系统

4. AGV 之所以能够实现无人驾驶，（　　）技术至关重要。

A. 地面控制系统　　B. 车载控制系统　　C. 导航导引技术　　D. 仿真系统

二、多项选择题

1. AGV 控制系统结构为（　　）。

A. 地面（上位）控制系统　　B. 车载（单机）控制系统
C. 导航导引系统　　D. 仿真系统

2. 装卸搬运机具有（　　）功能。

A. 搬移　　B. 起落　　C. 装卸　　D. 短间隔运送

3. 智慧拣选作业系统主要包括（　　）。

A. 自动分拣系统　　B. 机器人分拣系统
C. 传输带拣选系统　　D. “货到人”拣选系统

三、判断题

1. 最早将工业机器人技术应用到码放与搬运的国家是美国。（　　）

2. 世界上第一台 AGV 是美国公司开发成功的。（　　）

3. 智慧物流装卸搬运的柔性化特点是指装卸搬运的作业路径、作业样式、力度功率可以根据仓储货位要求、生产工艺流程、物流作业环境等改变而灵活改变。（　　）

4. 智慧物流装卸搬运就是自动化作业。（　　）

四、简答题

1. 智慧物流装卸搬运的作用有哪些？

2. 了解智慧物流装卸搬运在生产企业或物流企业中的应用情况，并讨论如何进行优化。

3. 结合技术发展及应用实践，思考讨论智慧物流装卸搬运的发展趋势。

项目八
智慧供应链

以提高发展质量和效益为中心，以供应链与互联网、物联网深度融合为路径，以信息化、标准化、信用体系建设和人才培养为支撑，创新发展供应链新理念、新技术、新模式，高效整合各类资源和要素，提升产业集成和协同水平，打造大数据支撑、网络化共享、智能化协作的智慧供应链体系。

——国务院办公厅《关于积极推进供应链创新与应用的指导意见》

学习目标

知识目标

- 了解智慧供应链的概念和特点；
- 理解智慧供应链的核心要素与核心能力；
- 明确智慧供应链构建的意义及途径。

能力目标

- 掌握精益供应链的内涵及实施；
- 掌握敏捷供应链的定义与实现；
- 掌握绿色供应链的概念与构成。

素养目标

- 具有成本意识和创新意识，培养团队合作能力；
- 具有绿色物流意识；
- 具有市场洞察力，能洞悉客户内心的真实诉求。

学习内容

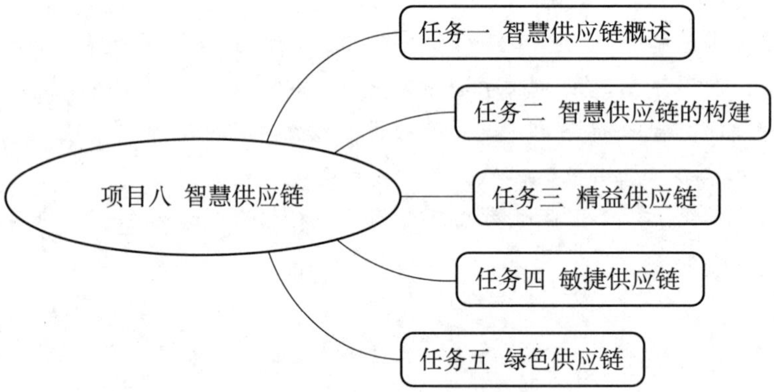

任务一
智慧供应链概述

【任务导入】

中粮金科2020年成立，是中粮集团上市企业中粮资本控股股份有限公司的全资子公司。中粮金科利用区块链、大数据、物联网等先进技术，提升企业效率，赋能生态圈合作伙伴，打通全产业链的需求端和供给端，形成产业规模效应，打造大农业领域产业互联网。产业互联网的形式是通过搭建“基础设施”进行连接和赋能，把产业链上已经存在的单个组织通过新的产业链治理机制和利益分配机制整合起来，实现产业结构调整和产业模式升级，实现“人与人”“人与物”“人与服务”的有效在线链接，实现“分享经济”，重塑“产业生态”。中粮金科基于农业粮食产业链数据开展大数据分析、数据增信等数字金融业务，应用大数据、隐私计算等技术手段建设风控模型，形成客户画像，提供匹配的供应链金融服务及智能化运营解决方案。这样一方面以智能化决策为目标，以多维度数据模型为驱动，可以部署覆盖信贷全生命周期的大数据风控模型体系，为公司直接对外服务的核心平台提供有效支撑；另一方面，可以通过AI、BI和大数据等相关技术帮助企业管理数据，实现智慧管理，为企业提供智能化运营服务。

思考：数字化如何助力供应链营运？

【基础知识】

一、智慧供应链产生的条件

（一）客户需求的变化

现阶段，供应链整个网链结构的重心正在逐步向后端移动，促使供应链的管理视角发生了变化，以需求为导向的思想开始渗透到供应链各个主体。对消费者行为特征进行分析和预测，对物流需求进行精准、实时预测，是供应链管理的基础，是减少库存积压以及供求偏差，保持供应链高度灵活的首要条件。

（二）技术进步的催化

人工智能等新兴技术在供应链领域的应用催生智慧供应链。首先，技术进步解决了个性化需求，单个的需求和供给可以低成本、高效率、精准对接且形成规模化。其次，技术进步拓宽了收入渠道，在传统的供应链当中，只有一个最终消费者作为现金流的收入，而在智慧供应链中，从供应商到生产商再到流通商等，都有可能是收入源泉。最后，技术进步促进供应链主体实现万物互联、精准预测以及自主决策，重塑供应链体系结构。

（三）产业发展的要求

要充分发挥海量数据和丰富应用场景优势，促进数字技术与实体经济深度融合，赋能传统产业转型升级，催生新产业新业态新模式。2017 年 10 月，国务院办公厅印发的《关于积极推进供应链创新与应用的指导意见》明确提出，以提高发展质量和效益为中心，以供应链与互联网、物联网深度融合为路径，以信息化、标准化、信用体系建设和人才培养为支撑，创新发展供应链新理念、新技术、新模式，高效整合各类资源和要素，提升产业集成和协同水平，打造大数据支撑、网络化共享、智能化协作的智慧供应链体系。

（四）生态环境的约束

中国产业发展将进入“供应链+”的新阶段。“供应链+制造”将促使制造业利用供应链管理方法推动行业创新和发展，提升制造业竞争力；“供应链+服务”将使服务业在供应链模式下得到细分和融合，实现服务业升级；“供应链+物流”将激励一批供应链管理型物流服务企业的服务创新与变革；“供应链+金融”将实现物流金融与互联网金融齐头并进，共谋发展；“供应链+技术”将促进大数据等新兴技术推动供应链管理模式的全面转型。

二、智慧供应链的概念、优势、特点

微课

智慧供应链的概念

（一）智慧供应链的概念

智慧供应链以市场和消费者需求为导向，以“人、货、场”为核心，依托大数据、人工智能等技术驱动，实现对选品、定价、库存、销售、物流、配送等环节的精准化管控，形成智能决策、智能运营和智能营销，最终达到成本、效益和用户体验优化的目的。智慧供应链流程如图 8－1 所示。

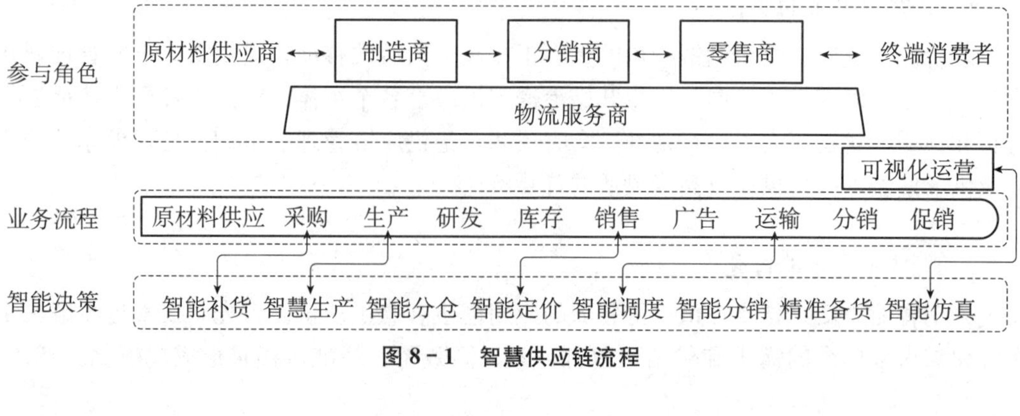

图 8－1　智慧供应链流程

（二）智慧供应链的优势

智慧供应链在数字化程度、协同程度、运作模式、组织管理上与传统供应链相比具有明显优势，如表 8－1 所示。

表 8－1　智慧供应链与传统供应链对比

项目	传统供应链	智慧供应链
数字化程度	信息化程度整体水平不高，数据采集、传输、存储、处理、分析、应用的能力弱；供应链各节点企业信息壁垒严重。	依托物联网、人工智能、5G、区块链、机器人等数字科技赋能供应链，信息化程度大大提升；数据采集、传输、存储、处理、分析能力提升；供应链各节点企业信息共享程度高，供应链可视化程度增强。
协同程度	协同程度不高，信息开放和共享难，供应链各节点企业相对独立，跨层级、跨企业、跨部门、跨系统的资源整合能力弱。	信息开放共享，商流、物流、信息流、资金流实现"四流合一"，协同更深入；注重各节点企业之间的资源整合，系统更协调，实现多方互惠互利。
运作模式	以推式供应链为主，被动接受市场需求，对市场信息反应不够及时，库存周转率较高，容易产生滞销。	以拉式供应链为主，主动响应用户需求，及时应对市场变化，库存周转期天数大幅缩短。
组织管理	侧重供应链运作效率，人才发挥空间有限，对技术创新重要性认识不足。	注重供应链战略规划与管理，将技术与人才提升到企业战略层面。

（三）智慧供应链的特点

1. 技术的渗透性更强

在智慧供应链管理背景下，管理者和运营者会主动使用包括物联网、大数据、云计算、人工智能等现代化技术，主动去适应新技术带来的管理上的变化。比如，在获取数据信息上就采取了可视化的方式。

2. 信息整合性与共享性更强

依托高度开放共享的智能化信息网络，智慧供应链系统有效解决了企业各职能部门信息系统的异构性问题，实现了商流、物流、信息流、资金流的无缝对接，从而使供应链中的信息具有更强的整合性与共享性。

3. 协作性更强

通过智慧供应链，企业可以及时有效地了解供应链内外部的各种信息，并根据实际情况随时与供应链上下游企业进行联系沟通，做出有针对性的调整与协作，从而大幅提升供应链的运作效率与效果。

4. 可延展性更强

智慧供应链中的各类信息具有更强的渗透性、整合性与共享性，企业可以随时与供应链上下游的其他成员进行沟通交互，有效解决了传统供应链中因信息层级传递而造成的效率下降问题，延展性会大大增强。

三、智慧供应链的核心要素

（一）供应链运营可视化

供应链运营可视化，包括流程处理可视化、仓库可视化、物流追踪管理可视化和应用可视化。供应链运营可视化一方面可以提高整个供应链需求预测的精确度，另一方面可以提高整个链条的协同程度。

（二）供应链组织生态化

供应链组织生态化运营需要去协调和整合企业、需求方、微服务供应商和其他所有利益相关者的关系和行为，实现供应链合作的合法性和带来新的资源。

（三）供应链决策智能化

供应链决策智能化是指在供应链规划和决策过程中，能够运用各类信息数据驱动供应链决策的制定，诸如从采购决策、制造决策、运送决策，再到销售决策的全过程制定。具体来讲，其主要是通过大数据与模型工具进行结合，并通过智能化以及海量的数据分析，来实现供应链运营智能化。

（四）供应链要素集成化

供应链要素集成化是指在供应链运行中能有效地整合各种要素，使要素聚合的成本最低、价值最大。具体来讲，智慧供应链下的要素集成主要表现为通过传统的商流、物流、信息流和资金流等诸多环节的整合，进一步向几个方面集成：

一是供应链与金融的结合与双重迭代。

二是消费活动、社交沟通与供应运行的集合。

三是互联网金融与供应链金融的结合，将依托于互联网产生的金融通道（如 P2P、众筹等）、第三方支付等金融业务创新，与产业供应链金融（如贸易金融、物流金融和供应链融资等）紧密结合。

微课

智慧供应链的能力

四、智慧供应链的核心能力

（一）供应链客户的真实价值诉求得到切实响应

在智慧供应链时代，客户的需求和供应商的原材料准备，设计师的设计与工厂的生产，这些环节在实际的工作开展中具备较高的联动性，时间、成本、质量三者的关系也能得到较大程度的优化。

（二）供应链全程可视化

在智慧供应链模式下，借助互联网、物联网、大数据等先进技术和手段，供应链各参与方能够及时地反映供应链全过程、国内外市场的状态和运营，并追踪物流、交易的状态和活动，实现对供应链运营过程的及时检测和操控，实现供应链全程可视化。

（三）模块化的供应链运营方式得到运用

在智慧供应链时代，随着互联网技术的普及与应用，运用模块化方式进行供应链集成，可以有效地帮助企业完善自身的供应链体系，通过对各方资源的协调与应用，能迅速地运用自身、外部第三方等主体或机构的能力建立起独特的供应链竞争力，在不破坏原有体系的基础上实现供应链服务功能的快速定制，具有良好的智能反应和流程处理能力。

（四）供应链计划与执行得到实时连接

智慧供应链环境下，计划层面与执行层面能够在数据和信息上实现同步，使计划的制订不仅可以基于对历史数据的分析，也能对供应链当前实际情况做出积极响应，甚至还可以基于对发展趋势的预测而做出有效调整；而对于供应链执行，也能够根据实际正在发生的状况和下一步需要执行的活动，及时配置资源和能力，使得供应链执行过程稳定、有效。

（五）完善的报告和绩效管理，以及良好的供应链预警

智慧供应链管理的核心是实现高度智能化供应链运用的同时，实现有效、清晰的绩效测度和管理，建立贯穿供应链各环节、主体、层次的预警体系，保证供应链活动的持续进行、质量稳定和成本可控。即能运用供应链分析工具比较预期与实效，实现统计性流程控制，防范因供应链运行超出预计范畴而导致供应链中断或产生其他风险。

（六）供应链精敏化

智慧供应链建立就是运用互联网、物联网和云计算等现代技术实现解耦点的前移，使所有供应链环节，特别是终端用户的行为变化能够及时得到反映、掌握和分析，使解耦点能够沿着供应链向上游推移，并且在保证服务质量和下游低库存成本的同时，实现上游有序、稳定和高效的生产和运营。

知识延伸

京东智慧供应链

京东智慧供应链商家开放平台将行业领先的供应链管理理念，结合京东 YAIR（YAI Platform for Retail）零售行业人工智能平台提供的大数据和算法能力平台化、产品化，通过提供精细化、智能化、自动化库存决策产品，为商家提供最优库存管理决策支持，将更专业的智慧供应链全链路解决方案开放赋能。主要产品有：

存货布局：通过数据挖掘，分析商家的经营数据、存货布局的现状，结合大数据预测结果洞悉商家未来的经营趋势，模拟仿真，在商家期望的时效渗透率及成本约束下，给出极值的分仓建议，提升用户体验。

库存健康：依托经典库存管理体系，不断拥抱人工智能和精准定位来链接客户，集库存监控、库存诊断及优化建议、商品分类处理执行、供应链全链路运营监控于一体，完美地实现了库存管理的闭环模式。

销量计划：以商家的商品信息、历史销售信息、促销方式、时段等数据为基础，基于机器学习算法，多品类、多层次的预测模型，对入仓的百万级商品进行预测，有效减少商家收集数据做预测分析的时间和提升预测准确度。

智能补货：基于京东AI技术和大数据分析预测商品的未来销量，通过先进的补货模型和科学合理的补货参数输出补货建议，提升补货精准度，降低周转与库存成本，全面提升商家库存管理能力。

滞销处理：根据不同类型滞销场景系统自动给出对应的处理建议，可视化展示滞销商品分布、分级，智能给出处理建议，帮助商家轻松找到仓里的“问题商品”，高周转，无销售残品、脏品、临期、过期商品。

【任务分析与讨论】

请通过查阅教材、上网搜索、听课、讨论等获取表8-2中的答案/案例，并进行自我评价，确保项目顺利实施。

表8-2　相关知识和技能信息确认单

相关知识和技能	答案/案例	自我评价
智慧供应链适用场景		
智慧供应链解决方案		
智慧供应链解决方案价值		

【任务实施】

思考任务要求，制订工作计划，在表8-3中用适当的方式予以表达。

表8-3　计划工作单

1. 小组讨论决策 负责人：________讨论发言人：________________________ 决策结论及方案变更： ____ ____ ____

续表

2. 小组互换决策

优点	缺点	综合评价（A、B、C、D、E）	签名

3. 人员分工与进度安排

内容	人员	时间安排	备注

【任务总结】

____

____

____

____

【任务拓展】

1. 查找资料，了解智慧供应链的发展大致经历了哪几个阶段。
2. 通过相关资源途径，查找国内外智慧供应链优秀实践案例。

任务二
智慧供应链的构建

【任务导入】

供应链是以客户需求为导向、以提高质量和效率为目标、以整合资源为手段，实现产品设计、采购、生产、销售、服务等全过程高效协同的组织形态。自 20 世纪 90 年代以来，我国企业纷纷开始引入供应链管理思想。供应链管理的技术、模式与方法在许多行业都得到了普及和推广，在制造供应链、农产品供应链、服务供应链乃至军事供应链、应急供应链中都得到广泛应用。一些典型领域如电子商务、快递物流等的供应链创新模式与技术在全球已经开始领先。这些应用不仅有力提高了原有企业的生产效率和经营效益，也显著提升了社会经济运行质量，促进了民生发展。然而，纵观我国供应链管理的应用进展，仍然存在两个重大的发展困境：一是传统的供应链运行模式受到技术应用不足的影响，信息孤岛现象严重，效率和效益的提升程度有限；二是传统供应链运行受到政府条块分割体制的多重影响，导致供应链无法畅通，运行成本高昂，难以充分发挥供应链管理对产业发展的重大价值。这两个明显的发展困境已经成为当前阻碍我国经济高质量发展的因素，传统的供应链管理模式与方法迫切需要改进与转型。

思考：如何突破传统的供应链面临的两大瓶颈？

【基础知识】

一、供应链管理的挑战

（一）成本控制

在供应链管理中，成本控制是一个关键的目标。有效的成本控制策略可以帮助企业实现利润最大化、提高竞争力。但是传统的成本降低方式对供应链企业已经不再有效，增加供应链弹性也许能够帮助企业找到降低成本的方法。

（二）供应链可视化

供应链可视化就是利用信息技术，采集、传递、存储、分析、处理供应链中的订单、物流以及库存等相关指标信息，按照供应链的需求，以图形化的方式展现出来。供应链可视化可以有效提高整条供应链的透明度和可控性，从而大大降低供应链风险。传统供应链可视性较差，在智慧供应链模式下，信息量大增，供应链主管必须快速收集信息并做出判断，利用合适的信息采取行动。

（三）风险管理

供应链是由供应商、分包商、各地工厂、仓库、运输商、客户、代理商、售后服务等组成的一个庞大的网络，具有复杂性和风险不可预测性。因此，风险管理成为供应链管理的首要任务。在供应链内部，主要的风险有信息传递错误、采购或物流中断、仓储管理混乱、物料计划紊乱等，而在供应链外部，市场的不确定性、行业和经济的周期性、政策和法律风险以及自然灾害等不可抗风险，都会使供应链受阻或中断。

（四）用户需求增加

市场需求是客户需求的主要来源，当市场需求增加时，客户的需求也会相应增加，从而推动供应链运作。企业需要密切关注市场需求和客户需求的变化，及时调整供应链运作策略，以满足客户需求，提高市场竞争力。

（五）全球化

“买全球、卖全球”已经是企业无法逃避的发展趋势。建立一个能够对接全球的供应链体系成为企业参与全球竞争的重要保障，也成为提高资源配置效率，创新各种商业模式，实现互利共赢和可持续发展的基础力量。互联网、物联网、智能制造等技术的飞速发展，为全球供应链提供了重要的技术支撑。供应链体系全球化发展不仅是一种趋势，更是一种必然。

二、构建智慧供应链的意义

（一）能够高度整合供应链内部信息

智慧供应链依托智能化信息技术的集成，能够采用有效方式解决各系统之间的异构性问题，从而实现供应链内部企业之间的信息共享，保证信息流无障碍地流通，提高信息流的运转效率和共享性。

（二）能够增强供应链流程的可视性、透明性

智慧供应链拥有良好的可视化技术，能够实现企业之间的信息充分共享，对自身和外部环境增强反应的敏捷性。企业管理者能够依据所掌握的全面的产品信息和供应链运作信息做出正确判断和决策，实现有序生产管理。

（三）能够实现供应链全球化管理

智慧供应链具有良好的延展性，依据自身对信息的整合和有效的可视化特点，可以打破各成员间的信息沟通障碍，不受传统信息交流方式的影响，能够高效处理来自供应链内部横向和纵向的信息，实现全球化管理。

（四）能够降低企业的运营风险

智慧型供应链所具有的信息整合性、可视性、可延展性等特点，使得供应链内部企业能够实时、准确地通过了解供应链中各环节企业的生产、销售、库存情况，保证和上下游企业的协作，避免传统供应链由于不合作导致的缺货问题。因此，智慧供应链能够从全局和整体角度将破坏合作的运营风险降到最低。

微课

搭建智慧供应链

三、构建智慧供应链的途径

（一）持续改进

建立集成的产品研发、生产计划及执行的业务流程，实现产品研发管理集中化，并控制生产工艺，制定合理的生产标准，并在不同生产基地实施，增强供应链成员在集成技术下的一致性和协同性。

（二）完善生产计划系统

实现 ERP 系统与 SCM 系统完美对接，增强销售过程的可视化和规范化，营造涵盖客户交易执行流程与监控的平台，动态控制过程，及时掌握相关重要信息，以便对可能出现的问题进行预测。

（三）实现财务管理体系标准化和一体化

利用 ERP 系统来实现企业的财务业务的一体化，从传统记账财务业务分析转向价值创造财务分析，并构建基于数据仓库的数据分析及商业智能应用平台。

（四）定制化的供应链可靠性设计

从供应链可靠性角度来看，客户需求是一种需要关注与整合的资源，合理利用客户需求将有助于平衡供求关系，从而确保供应链系统的供应可靠性。从客户角度来看，客户可以通过参与供应链的设计、运行和管理来改善自己的购买方式，购买切合自身需求的产品。

（五）借助标尺竞争，提升供应链可靠性

通过合理引入标尺竞争，供应链管理者就无须了解各成员企业的成本与投入具体信息，这样有效地减少了监管机构对被监管成员企业的信息依赖问题，也解决了信息不对称情况下的监管问题。

知识延伸

支持海外仓企业发展及海外智慧物流平台推广

浙江省出台《对外贸易主体培育行动计划（2022—2025）》，鼓励引导重点外贸企业

合理布局、发展建设海外仓。培育一批在信息化建设、智能化发展、多元化服务、本地化经营方面特色鲜明的代表性海外仓。加大海外智慧物流平台（海外仓服务在线）推广应用力度，进一步完善平台功能和服务，构建覆盖全球、协同发展的新型外贸数字物流服务网络，打造优化国际供应链布局的智慧载体，切实帮助外贸企业解决物流痛点，助力外贸企业转型发展。

【任务分析与讨论】

请通过查阅教材、上网搜索、听课、讨论等获取表 8-4 中的答案/案例，并进行自我评价，确保项目顺利实施。

表 8-4　相关知识和技能信息确认单

相关知识和技能	答案/案例	自我评价
海外仓面临的挑战		
海外仓与智慧供应链		

【任务实施】

思考任务要求，制订工作计划，在表 8-5 中用适当的方式予以表达。

表 8-5　计划工作单

1. 小组讨论决策

负责人：________讨论发言人：______________________

决策结论及方案变更：

____

____

____

2. 小组互换决策

优点	缺点	综合评价（A、B、C、D、E）	签名

3. 人员分工与进度安排

内容	人员	时间安排	备注

【任务总结】

____

____

____

____

【任务拓展】

1. 查找资料，了解供应链管理面临的问题和挑战。
2. 通过相关资源途径，查找国内外企业构建智慧供应链的实践案例。

任务三
精益供应链

【任务导入】

1985 年，美国麻省理工学院的丹尼尔·琼斯教授等筹资 500 万美元，用了近 5 年的时间对 90 多家汽车厂进行对比分析，于 1992 年出版了《改变世界的机器》一书，把丰田生产方式定名为精益生产，并对其管理思想的特点与内涵进行了详细的描述。4 年之后，丹尼尔·琼斯和詹姆斯·沃麦克出版了它的续篇《精益思想》，进一步从理论的高度归纳了精益生产中所包含的新的管理思想。就这样，精益思想的理论诞生了。

供应链管理学家从供应链管理的角度对比进行了大量的借鉴工作，结合精益思想与精益生产理论提出了精益供应链的新概念。精益供应链的出现标志着供应链管理模式的一次重要转变，即由效能型供应链向响应型供应链转变，建造模式由大批量生产向精益建造模式转变。传统供应链的柔性增强，通过快速响应顾客需求来捕捉商机，最终实现精益供应链。

思考：实施精益供应链的方法有哪些？

【基础知识】

微课

精益供应链

一、精益供应链的定义与特点

（一）精益供应链的定义

精益供应链是指能够以最低成本进行产品创新与设计，并将原材料转换成零部件、半成品、成品，以及分销给客户和进行服务的一种动态过程。其目的是以最小的投入提供给客户最高的价值。

（二）精益供应链的特点

1. 精简的结构体系

精益供应链能减少不确定性对供应链的负面影响，而且能使生产和经营过程更加透明，非创造价值的活动减少到最低限度，订单处理周期和生产周期缩短。

2. 面向对象的一体化模式

精益供应链具有供、产、销一体化的模式特征，其采购过程由订单驱动。如海尔的

"一流三网"物流模式：(1)"一流"即订单信息流，强调没有订单不生产，生产的是订单，而不是库存；(2)"三网"即"计算机信息网""全球供应资源网""全球配送资源网"，从而使海尔的准时制采购、准时制生产和准时制配送有机结合起来，实现了"一个流供应、一个流生产、一个流分销"的精益模式。

3. 非线性系统集成模式

精益供应链的集成不是简单的企业兼并式集团化，而是一种松散的耦合集成，即凝聚与扩散的有机结合。这其中包括企业间的技术交流与扩散，交叉学科间的集成，不同形式的企业组织的集成。从精益的角度来看，这种模式能获得较好的成本效率，其成本效率来自优化的成本结构和虚拟结构冗余的减少，从而使系统实现"1+1＞2"的总体效果。

4. 智能神经元型生产模式

网络化制造使企业组织形式从"机械型"向"生物型"转变，相应的精益供应链生产模式也向智能神经元型模式转变。智能神经元型模式的生产单元具有自我组织优化的能力。为此，精益供应链上的企业需要进行业务流程重组，实行强强联合，简化关系结构，使每个企业都专注于自己的核心竞争力，通过现代电子商务技术，以虚拟组织的形式建立起跨部门、跨地区的动态联盟。

5. 开放式的企业信息系统

精益供应链模式要求企业之间有较好的信息透明度，供应商、制造商、分销商之间应保持较好的沟通和联系，达到信息共享，使供应链达到并行化、同步化。要实现这种运营模式，企业的信息系统就不能再是封闭孤岛式的企业信息系统，而是建立在互联网上的开放式的信息系统，也叫合作式信息系统。

二、精益供应链运作的条件与要求

(一) 精益供应链运作的条件

1. 信息化程度高

精益供应链要求供应链的不同阶段相互协调，具有高效率和敏捷的响应性，从而实现供应链总利润最大化的目标。例如：生产商利用信息进行需求预测，建立主生产计划，从而确定供应商作业计划；分销商根据市场迅速变化的需求信息选择最合适的供应商进行采购。如今有许多技术用来共享和分析信息，如 EDI 技术、RFID 技术、ERP 系统、供应链管理软件系统。这些技术使传递信息的时间显著缩短，供应链各个阶段得以协调，大大提高了供应链对市场需求信息的响应能力，提高了整个供应链的运作效率。

2. 完善的物流运作模式

对于企业物流体系而言，采用何种物流运作模式大致决定了物流系统总体效率的高低。精益供应链要求供应商实现小批量、频繁的准时化供应，但小批量的频繁运输势必会增加运输成本。对于制造类企业而言，其所需物料的种类和数量远远大于产成品的种类和数量，因此其采购物流的复杂程度远远大于流出物流的复杂程度。对于供应商而言，要想满足制造企业准时供货的需求，有效实现精益供应链，其难度非常大，而且原材料供应物流要做到精益并非只是供应商自己的事情。为了降低运输成本，制造企业必须建立完善的物流运作体系，积极寻求把多个供应商的物料供应有效整合，以达到既可以保证物料的准时供应，又可以降低成本的目的。

3. 紧密合作

精益供应链是一个上下游相互紧密合作的供应作业过程。精益供应链要求进行精密的流程管理，以期用整体最小的投入提供给客户最高的价值。供应链中的信息流、物流、资金流都产生成本，精益供应链需要供应链各方企业共同合作，对供应链整体资产进行有效管理，从而实现供应链总盈利最大化。因此，应从整个系统角度齐心协力地消除一切不合理的现象，杜绝浪费，并以满足最终客户需求为中心，形成一种鼓励创新的氛围，在不断完善的基础上实现跨越式的提高，从而充分体现精益供应链效益决策的内涵。

（二）精益供应链运作的要求

1. 对企业环境的要求

（1）对宏观社会环境的要求。企业要生存和发展，就必须有稳定持久的政治、经济环境，尤其对于实施精益供应链管理方式的企业来说，任何政治、经济环境的动荡都会引起市场的波动，影响市场供求关系，给企业的经营活动带来极大的不便。

（2）对相关法规和政策体系的要求。实施精益供应链管理方式，需要从法律和政策角度得到保证和支持。对于实施精益供应链管理方式的企业来说，需要有法规和政策体系来保障企业自身、上下游企业、中介服务机构等的行为规范，确保合同得以履行，企业得到应有的社会支持和保障。

2. 对企业思维的要求

精益供应链要求能在精准的时间提供给客户真正需要的产品。而精益思想一方面指导企业以客户需求为导向审视产品的设计生产，避免不符合客户需要的冗余服务；另一方面识别产品生产及价值传递过程中的关键环节，减少因停滞导致的浪费。精益供应链目标的实现是尽善尽美的动态过程，企业人员只有具备精益思想，才能在价值流动过程中不断发现非增值环节，改进流程并提高效率。

3. 对企业技术的要求

稳定的技术可以保证在产品生产和价值传递过程中能够识别真正能赋值的有效环节，从而消除既消耗资源又无法带来价值提升的无效活动，减少浪费，同时也能缩减环节，降低失误，提高合格率。当客户需求发生变化时，供应链能迅速做出反应，立刻进行产品的设计和生产，保证供应链整体的敏捷性。同时，生产企业为实现节约成本和提高客户需求反应速度的双重目标，往往建立多种生产模式。稳定的技术有利于生产企业在与上下游供应链伙伴分享生产计划时，降低对接难度和成本，提高供应链整体的响应能力。

三、精益供应链的实现

（一）精益采购

精益采购是运用精益思想，以采购成本治理为切入点，通过规范企业的采购行为，实施科学决策和有效控制。精益采购要求合格的供应商在需求的时间内，以合理的价格提供数量正确、符合品质要求的产品及优质的服务。精益采购的实施要点如下：

1. 合理核定采购计划

由各部门根据实际需要提供物资计划，主管部门根据总量需求和阶段性计划要求制订物资采购计划。制订物资采购计划，是在具体实施物资采购行为之前对物资采购成本的一种估计和预测，是对整个采购资金的一种理性规划。只有有了采购计划的约束，才能提高采购资金的使用效率，优化采购管理中资源的调配，有效控制采购资金的流向和流量，从而达到控制物资采购成本的目的。

2. 构建物资采购档案，扩大采购渠道

建立价格动态机制，对物资价格保持敏感度，在当地供应商价格过高的时候可选择外地供应商，借助现代物流实现异地采购。要利用网上信息，建立起自己的价格档案，定期收集有关供应价格的信息，分析、评价现有价格水平，并对归档的价格档案进行评价和更新，以降低企业采购成本。

3. 培训和教育采购人员

进一步规范物资采购人员的选用程序，可以根据实际在企业内部选取人员来充实物资采购队伍，对其展开业务知识培训，提高其规范意识和采购工作的基础水平，并定期对采购组的部分计划员、采购员进行岗位轮换。这样既可以让他们熟悉更多工作岗位、掌握更多业务知识，又可以避免计划、采购人员在同一业务岗位上长期对外联系、单一交往供应商而产生滥用职权的行为。

4. 加强基础台账资料管存，提高精细化管理水平

加强基础台账资料的管存，目的是让物资采购过程中所有的经手人员、采购记录都留下印迹，以供日后查证。台账资料往往还蕴含着对一个项目的评价，如评价程序是否合法规范，进度是否按期，采购价是否为同期市场最低价，采购人和供应商的满意程度等。遇到的问题和改进建议、优秀供应商名单和不良记录供应商名单，都能从一份完整的台账资料中得以体现。加强基础台账资料管存、提高精细化管理水平是实现精益采购的必要措施。

（二）精益生产

1. 小批量生产

一个制造企业应该小批量、高频次地从供应商处采购，并且小批量、多规格地生产

产品。许多企业都尝试过小批量生产，但是都失败了，原因是没有应对和解决精益生产实施中产生的问题。然而，通过整个生产流程的沟通以及与外部供应商的交流而提出的小批量等级规划是实现精益生产所必需的。通过减少采购、半成品和制成品的库存，可以降低小批量生产的成本，这使得企业能够更加灵活地满足不同客户的需求。让供应商参与货物运输的预测和规划，形成一套标准的小批量生产计划，也可减少延迟交付。

2. 精益布局

精益布局的主要设计目标是减少员工、客户或半成品的浪费，并且实现整个工厂内产品流的平稳。精益布局非常直观，流水线很通畅，操作者在一个加工中心能够轻松地监视发生在其他中心的工作。当生产问题发生时，能够被迅速发现并纠正。相对靠近的加工中心加强了团队精神，提升了共同解决问题的能力。相较于传统的生产布局，精益布局需要更少的地面空间。

精益布局的模式有：

（1）串联布局，如图 8-2 所示。

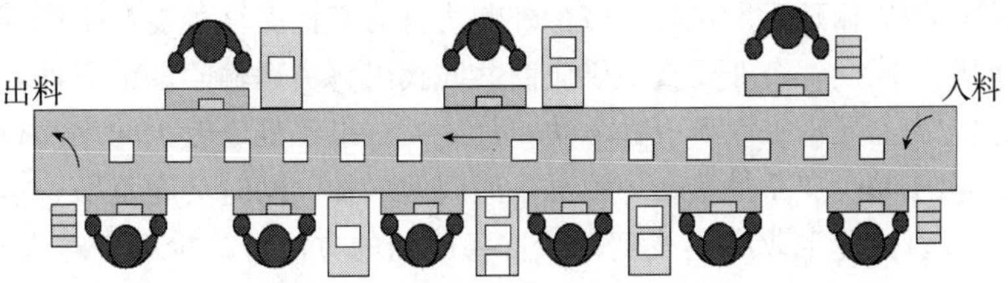

图 8-2 串联布局

串联布局的优势：清晰的物流路线；方便的设备维护；设备按照物流路线直线配置；输出增加时，只需增加列数；回收材料和垃圾可通过皮带运输。

（2）平行布局，如图 8-3 所示。

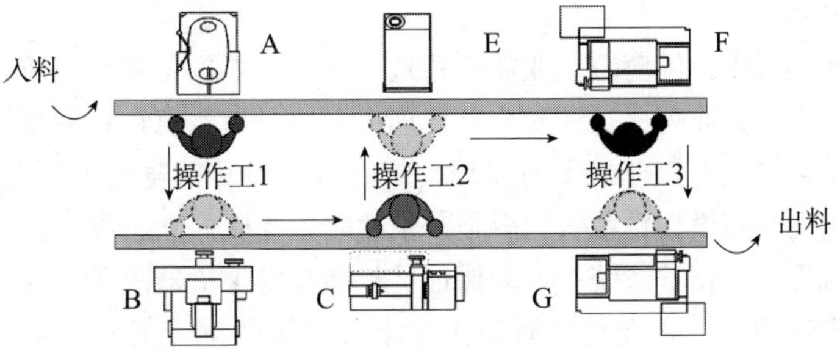

图 8-3 平行布局

平行布局的优势：两人一台；步行和搬运距离短；可以随时观察设备的运行状态。

（3）U 形布局，如图 8-4 所示。

U 形布局的优势：进出口一致，能及时传递异常信息；一人操作 3 套以上设备；可以随时观察设备的运行情况；员工的步行距离很近；占用的空间很小。

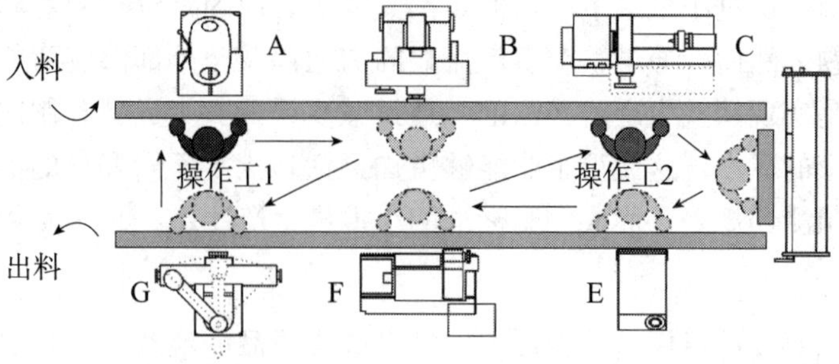

图 8-4 U形布局

(三) 减少库存和准备时间

精益思想认为过度的库存是一种浪费，它们往往隐藏着组织内部的一些采购、生产和质量问题。另外，库存水平的降低也会使组织内部以及合作伙伴之间的问题浮现出来。解决这些问题后，就能在较低的库存水平下提升产品价值，进而使整个系统更有效地运转。但是，当运输延迟发生时，减少外购物料的安全库存可能产生库存短缺和潜在中断生产的问题。因此，企业要么与供应商共同找出解决运输问题的方法，要么找到一个更可靠的供应商。无论采取哪一种方法，最终的结果都是以较少的库存投资形成更顺畅的供应链。由于减少产品批量会导致准备时间的增加，同时会花费下一步生产线调试生产设备的时间，因此企业必须找到减少准备时间的方法。减少准备时间有很多方法，如在前一批产品还在加工时就做好前置准备工作，将机床移至靠近机器的地方，改进机床安装或接头，安装过程标准化，结合多种方法来减少安装时间，以及购买需要较少准备时间的机器。

(四) 全员参与

1. 企业员工全员参与

(1) 营造文化氛围。供应链企业需要营造一种文化氛围，鼓励员工发现问题，并勇敢地将问题提出来。企业需通过开展全员培训提升全员精益意识；后续结合培训管理体系，相继开发精益供应链管理的系列课程，帮助员工提升精益知识和工作技能。同时，企业还可以通过在车间设立精益管理看板、精益知识专栏等方式营造氛围。

(2) 建设流程。在精益系统中，为保证员工能在发生机器故障或人员缺勤的情形中有足够的能力进行应对，企业需要对员工在多种多样的生产流程中进行交叉培训。同时，为保证各部门、各层级人员按照精益管理思路开展工作，企业可根据现场问题的类型自上而下建立起不同的现场服务管理流程，及时解决现场问题，提高员工发现问题、暴露问题、解决问题的能力和意识。员工在生产过程中能对进入工作单元的物品进行质量检查。当发现质量问题时，员工有权停止生产流程并提出遇到的问题。为避免车间岗位出现改进瓶颈，企业应对生产岗位进行全面梳理。此外，企业还应组织专家团队定期到现场帮助车间解决问题，在引导职能部门关注生产现场需求、快速解决现场存在的问题方面，建立相应的职能部门响应流程。

（3）建立管理激励机制。在引导全员参与精益管理中，企业应建立各项管理激励机制，引导各部门的精益管理从员工需求出发，根据不同层级需求进行调查，运用各种沟通渠道收集员工意见与诉求，不断改善员工的工作与生活质量，使各项举措都让员工从接受到满意、从满意到感动；使每个参与管理、生产的员工都将自己当作企业的一分子，融入企业这个大家庭中，不仅关心自己分内的工作是否完成，还对企业的管理和经营进行积极的建言献策，共同参与到企业的建设中来；每月组织开展先进表彰会，对参与精益项目的基层优秀员工给予表彰激励，以形成企业和谐共进的管理氛围。

2. 供应链成员全员参与

（1）相互信任。供应链合作伙伴之间信任关系的建立可以避免供应链管理中的冲突，降低合作伙伴间的交易成本。各个企业的组织结构、文化背景等方面都存在较大差异，信任关系的建立可以大大降低伙伴之间协调的工作量，从而有利于形成稳定的供应链合作关系，使供应链管理总成本最小。

（2）信息共享。供应链各合作伙伴之间需要借助 Internet/EDI 技术，构建供应链管理信息系统，使各合作伙伴之间能共享信息。制造商需要让供应商了解制造企业的生产程序和生产能力，使供应商能够清楚地知道企业需要产品或原材料的期限、质量和数量；制造商还应向供应商提供自己的经营计划、经营策略及相应的措施，使供应商明确制造商的希望，以使自己能随时达到制造商的要求。

另外，各伙伴之间需要相互沟通所获取的最新的市场信息，了解客户需求变化，以调整各自的生产和经营计划，达到双赢或多赢的目的。

（3）权责明确。各合作伙伴需要明确各自的责任，并对其余各方负责。供应链伙伴之间不能为了自身利益而不负责任，牺牲他人利益。企业在合作过程中不能竭尽全力地将利益收归自己的囊中，同时将责任、风险、成本等转嫁给合作企业，这种做法对供应链合作是极其有害的。

（五）持续改善

首先，企业应该激发员工的参与和管理热情，提高他们主动发现并提出问题的积极性，制定一套激励措施和奖励机制，让每位员工在工作中感受到自己在参与管理企业生产活动；加强员工之间的交流沟通和经验分享，激发员工的潜力，使其在共同讨论中改进提高。

其次，企业应当对员工展开培训，通过讲解并分析成功的改善案例帮助他们了解发现问题的重要性和必要性，形成精益管理理念；同时进一步提高员工发现问题的能力，使其形成打破陈规的习惯。作为企业管理人员，持续改善的理念必须时刻谨记，以主动自发的精神预防问题发生，使现场管理不仅仅是被动的补救。

（六）全面质量管理

1. 分析产品质量和质量管理的现状

企业要推行全面质量管理，需要坚持从实际出发，切忌生搬硬套。要知道产品质量和质量管理的现状如何，即已经达到什么样的水平，还存在哪些问题，原因何在等。围绕产品质量来分析质量管理，是正确认识管理现状的重要措施。

2. 开展质量管理培训工作

企业要通过培训教育使员工牢固树立“质量第一”和“顾客第一”的思想，营造良好的企业文化氛围，改变企业文化和管理形态。

3. 建立严格的质量责任制

为了顺利推行全面质量管理，企业必须明确规定各个有关部门在质量管理方面的职能，以及围绕一定的质量目标所承担的具体工作任务。

知识延伸

三只松鼠供应链：数字技术化平庸为神奇

如果简单地定义“三只松鼠”，其实它只是一个坚果的分包商和销售商，可是三只松鼠却将自己做成了一家市值上百亿元的上市公司。

看看三只松鼠在供应链上有哪些特色：

原料端：三只松鼠利用数据回流倒逼供应商伙伴，一直延伸到种植农户那里。这不仅保证了质量，还推动了中国农业的供给侧结构性改革，不断提升食品供应商的发展质量。

生产端：2018 年，章燎原带领员工拜访了 20 多家食品生产企业，与工厂端建立了联系，将原本规模小、业务分散、同质化高的食品生产企业聚合起来。

检测端：三只松鼠进一步与第三方检测认证机构 ITS、全球最大的香精香料企业奇华顿、特种植物油脂生产商 AAK 等公司建立了战略合作关系，从而完善了食品生产的“基础设施”建设。

据此，三只松鼠打通了产品的整条供应链，得以全面参与研发和生产，形成了三只松鼠独特的“造货”模式。

销售端：三只松鼠依托于几大电商平台的大数据，对消费者精准画像。

借助互联网数字技术，三只松鼠正在从一个纯电商企业转型为一个数字化供应链平台企业。三只松鼠一方面通过数字化系统连接中国众多的食品生产企业，另一方面通过更广泛的渠道连接消费者，把两者之间的链路做得更短。

【任务分析与讨论】

请通过查阅教材、上网搜索、听课、讨论等获取表 8－6 中的答案/案例，并进行自我评价，确保项目顺利实施。

表 8-6　相关知识和技能信息确认单

相关知识和技能	答案/案例	自我评价
精益供应链的内涵		
精益供应链的特点		
精益供应链的实施		

【任务实施】

思考任务要求，制订工作计划，在表 8-7 中用适当的方式予以表达。

表 8-7　计划工作单

1. 小组讨论决策

负责人：__________讨论发言人：__________

决策结论及方案变更：

____

____

____

2. 小组互换决策

优点	缺点	综合评价（A、B、C、D、E）	签名

3. 人员分工与进度安排

内容	人员	时间安排	备注

【任务总结】

____

____

____

____

【任务拓展】

1. 查找资料，了解精益供应链的实现可以从哪些方面开展？
2. 通过相关资源途径，查找国内外企业精益供应链的优秀实践案例。

任务四
敏捷供应链

【任务导入】

供需平衡是时尚界的“老大难”问题，而由于库存周转对企业盈利水平有着直接影响，供需平衡又是时尚行业必须破解的难题。近年来，一些时尚企业报告了库存过剩问题，部分企业的库存水平甚至较上年增长了40%，这引发大规模折扣促销，侵蚀了品牌利润。时尚行业产品复杂、供应链条长、需求变化快，解决供需平衡问题道阻且长。

一般而言，时尚企业如果能在2～8个月内完成从产品设计到上架销售的全流程，季中能够根据市场需求灵活补货，季末能够有效避免库存积压，则意味着其具备敏捷供应能力。敏捷供应链能够为时尚企业带来更多的潜在收入、更高的资金利用率、更低的仓储及折扣成本、更具竞争力的价格。

思考：怎么理解“敏捷供应链是时尚行业竞争优势新源泉”这句话？

【基础知识】

微课

敏捷供应链

一、敏捷供应链的定义和特点

（一）敏捷供应链的定义

学术界对敏捷供应链的定义较为统一：敏捷供应链（Agile Supply Chain，ASC）是指在竞争、合作、动态的市场环境中，由若干供应商（供方）、客户（需方）等（自主）实体围绕主导企业构成的快速响应市场环境变化的动态供需网络。

（二）敏捷供应链的特点

相比普通的供应链，敏捷供应链有自己显著的特点（见图8-5）：市场敏感性、组织虚拟性、过程集成性、基于网络。

1. 市场敏感性

市场敏感性是敏捷供应链最本质的特征，是指企业能够及时从外部市场获取信息，察觉市场的变化，并做出快速反应。随着现代信息技术的发展，企业不再只依据经验或历史数据进行预测，而是从市场上直接、快速、便捷地获取市场和消费者的相关信息，以市场需求为驱动，以最快的速度，利用供应链响应个性化和差异化的客户需求，保持

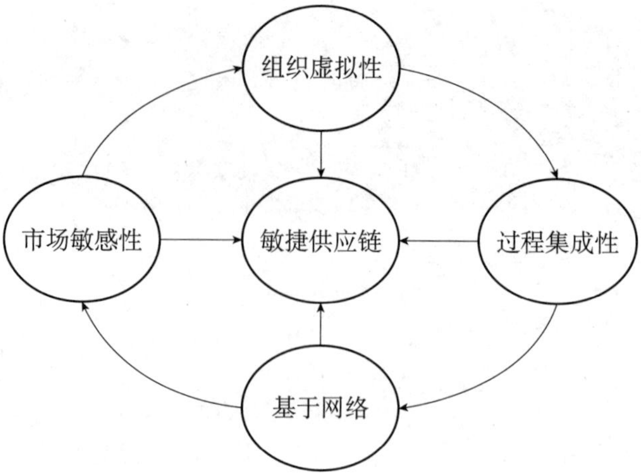

图 8-5　敏捷供应链的特点

整个供应链的动态。

2. 组织虚拟性

组织虚拟性是指供应链网络内部的各个环节之间可通过使用信息技术实现数据共享。供应链上的企业能够根据需求变化迅速解体或重组，从而实现资源共享和双赢的目的。以前许多供应链上游的企业通常不能掌握供应链末端最终用户的实际需求，而只能根据其直接下游客户的订单安排生产计划，使得最终用户的实际需求在供应链上的传递过程中发生扭曲，最终形成“牛鞭效应”。通过构建虚拟供应链，这一问题能够得以有效解决。

3. 过程集成性

敏捷供应链不是简单的信息交换和信息共享，而是必须打破组织界限，站在供应链整体的高度来进行跨企业的业务过程集成或重组，在供应链内相关实体之间，共同进行新产品开发、系统管理及共享信息。企业必须将其注意力集中在有核心竞争力的业务过程和功能上，通过外购、协调等手段，将非核心业务交给供应链伙伴来处理。只有实现业务过程的集成，才能真正缩短供应链物流渠道，协调各实体对市场变化的实时性响应。

4. 基于网络

敏捷供应链将各个节点企业联系在一起，形成网链结构，建立合作伙伴关系。各节点企业不再是以单独个体的形式进行竞争，而是以供应链网络来进行竞争。最终能够在此竞争中胜出的将是那些有能力组织、协调其合作伙伴关系的企业，这些企业能够利用网络为其最终用户提供更好、更贴近和更快的服务。

二、敏捷供应链的作用

（一）满足客户个性化需求

1. 敏捷制造技术的突破

计算机辅助设计（Computer Aided Design，CAD）和企业资源计划（Enterprise

Resource Planning，ERP）是敏捷供应链的主体核心技术。敏捷制造技术推动了敏捷供应链的发展，丰富了敏捷供应链思想的具体内容。

2. 动态变化的组织结构形成虚拟组织

敏捷供应链突破了传统组织的实体有界性，在信息技术的支持下，各个企业间根据业务需求以动态联盟的方式进行更加精准、默契的合作，充分利用供应链上各个企业的资源，使整条供应链保持良好的组织弹性和快速的市场需求响应速度。

3. 柔性管理技术

敏捷供应链强调打破传统的严格部门分工界限，实行职能的重新组合，让个体获得独立处理问题的能力，充分发挥自身的长处，以便做出最优决策。

（二）提高响应速度

通过实行敏捷供应链，企业能够及时地为客户提供所需要的个性化产品和服务。在传统企业运作方式中，按照工艺流程完成订单常常会产生必备作业时间外的等待时间，从接受订单到成品交付的过程变得尤为漫长。然而企业如果使用敏捷供应链独特的订单驱动生产组织方式，就可以在敏捷制造技术支持下以最快速度响应客户需求。通过合作企业间的信息共享，敏捷供应链增加了企业对市场反应的灵敏度，可以更加快速、全面地对市场情况做出响应。同时，供应链上各个企业都在发挥自己的核心优势，在一定程度上能减少产品的生产与物流时间，实现供应链的即时供应、即时生产和即时销售，将消费者的订货提前期降到最短。

（三）降低成本

成本是影响企业利润最基本、最关键的因素，供应链管理是降低成本、增加企业利润的有效手段。成本管理涉及企业生产经营的全部过程和环节，只有对企业活动进行全过程、全方位的系统化管理和控制，才能获得良好的效果。敏捷供应链通过流程重组，在企业之间形成利益一致、信息共享的关系，通过提高敏捷性改造来提高效率，从而降低成本。因此，企业通过对供应链整体的合作与协调，产生拉动式的需求与供应，可以在加快物流速度的同时减少各个环节的库存数量，避免浪费。同时，由于供应链上各个企业之间是一种合作关系而不是竞争关系，因此避免了不必要的恶性竞争，降低了企业之间的交易成本，使整个供应链的成本降低。

三、敏捷供应链的运作模式

（一）敏捷供应链的集成化

1. 敏捷供应链集成化的内涵

敏捷供应链集成化是以信息技术为核心，建立一个开放式、集合化的数据环境，把全球范围内的优势企业集合起来，进行资源整合及共享，达到敏捷地提供原材料、产品及服务的目的。同时，敏捷供应链将企业内部部门、企业外部其他供应链成员集合起来形成动态联盟，克服了原有采购、生产、销售之间的障碍，力求达到整个敏捷供应链全局的动态最优。

2. 敏捷供应链集成化的表现形式

（1）平台。

平台具有开放性，通过聚集供应链上多家合作企业，整合更多的资源，让资源提供者和使用者能够更有效地结合，促进供需双方的匹配和交易。平台化结构打破了企业界限，将全球资源整合在一起，全面实现资源的有效整合，可以提高效率、促进交易。

比较有代表性的企业有淘宝、京东等电商平台，谷歌、百度等搜索引擎，Facebook和腾讯等社交平台。这些平台以客户为中心，围绕客户需求，企业边界的概念逐步弱化。这些平台拥有全球范围内基数庞大的消费者、供应商和服务者，它们可通过平台扩大交易范围，进行全球化、在线化的市场交易。企业可充分利用平台提供的网络基础设施、支付平台、安全平台、管理平台等共享资源有效、低成本地为全球的消费者提供商品以及服务。

（2）园区。

园区是指政府集中统一规划指定区域，在区域内专门设置某类特定行业、形态的企业、公司等进行统一管理。园区大致可以分为工业园区、农业园区、科技园区、物流园区以及文化创意产业园区等。

园区有效运作，可以实现土地资源的高效配置、政策资源的有效落地、产业资源的有效导入、金融资源的有效利用、高校资源引入与高端人才的培养，提升单位土地产出效益，增强产业竞争能力，解决资源低效利用、错配甚至闲置放空等问题。比较知名的有美国硅谷、中国中关村等科技园区，德国不莱梅物流园区。

（3）孵化器。

孵化器在企业方面是指一个集中或虚拟的空间，能够在企业创办初期举步维艰时提供资金、管理等多种便利，旨在对高新技术成果、科技型企业和创业企业进行孵化，以推动合作和交流，使企业“做大”。从本质上来看，孵化器是一种资源集成的平台，通过将人、财、设备、信息等资源集成到孵化器，为创业者提供更加专业化、多样化的创业服务。大多数孵化器可提供办公场地、培训、融资、法务等方面的服务，少数孵化器可提供市场营销服务、供应链服务，仅有少部分的孵化器具备科研条件。

（二）快速响应模式

1. 快速响应的含义及特点

（1）快速响应的含义。

快速响应（Quick Response，QR）是指在供应链中，为了实现共同的目标，零售商和制造商建立战略伙伴关系，利用EDI等信息技术，进行销售时点的信息交换及订货补充等其他经营信息的交换，用多频度、小数量配送方式连续补充商品，以期缩短交货周期、减少库存、提高客户服务水平和企业竞争力的供应链管理方法。

（2）快速响应的特点。

1）快速响应是建立在供应链中的，由多个企业协同合作。面对客户需求，有时单个企业是难以满足的，必须通过供应链中合作伙伴的协同努力来完成。

2）快速响应的关键之处是速度，即对市场需求的反应速度。在以速度取胜的市场中，速度是快速响应策略的重要指标，且是供应链的核心竞争力之一。

3）快速响应是建立在满足市场需求的基础上的，企业的所有活动都要围绕需求和客户行为同步发展。客户满意度是快速响应策略的一项重要评价标准。

4）快速响应提倡企业与外部供应商合作。这种方式打破了传统上单一企业独霸市场的局面，企业之间因市场需求的驱动而建立同盟和协作。

2. 快速响应的实施步骤

（1）安装条码和 EDI 等设备。

零售商必须安装条码（UPC 码）、POS 扫描和 EDI 等技术设备，以加快 POS 机收款速度，获得更准确的销售数据，并使信息沟通更加流畅。POS 扫描在收款检查时用光学式条码阅读器来阅读条码，然后将条码转换成相应的商品代码，扫描后可以快速准确地检查价格并记录交易。

EDI 是在计算机之间交换商业单证。企业可将其业务单证转换成行业标准格式，并传输到某个增值网（VAN），贸易伙伴在 VAN 上接收到这些单证，然后将其从标准格式转换为自己系统可识别的格式。EDI 可传输的单证包括订单、发票、订单确认单、销售和存货数据及提前运输通知等。

（2）制定固定周期补货策略。

快速响应的自动补货，要求供应商更快、更频繁地运输重新订购的商品，以保证店铺不缺货，从而提高销售额。通过对商品实施快速响应并保证这些商品能敞开供应，零售商的商品周转速度更快，消费者可以有更多样化的选择。

某些基本商品每年的销售模式实际上都是一样的，一般不会受流行趋势的影响。这些商品的销售量是可以预测的，因此不需要对商品进行考察来确定重新订货的数量。

（3）成立先进的补货联盟。

成立先进的补货联盟是为了保证补货业务的流畅。零售商和制造商联合起来检查销售数据，制订关于未来需求的计划，在保证有货和减少缺货的情况下降低库存水平。而且还可以进一步由消费品制造商管理零售商的存货和补货，以加快库存周转速度，提高投资毛利率。

（4）进行科学的零售空间管理。

企业可以根据每个店铺的需求模式来规定其经营商品的品类和补货业务。一般来说，制造商可以参与甚至制定品类、数量、店内陈列及培训或激励售货员等政策。

（5）联合开发产品。

厂商和零售商建立极为密切的合作关系并联合开发服装等生命周期很短的商品，可以缩短新产品从设计、生产到上市的时间，也有利于新产品实行试销。

（6）快速响应集成。

通过重新设计业务流程，将前五步的工作和公司的整体业务集合起来，用以支持公司的整体战略。前四步的实施有助于零售商和制造商重新设计产品补货、采购和销售流程。前五步的实施可以改进配送中心，使其适应频繁的小运量运输，增加配送业务的流畅性。

（三）CPFR 模式

1. CPFR 的定义及特点

（1）CPFR 的定义。

协同计划、预测和补货（Collaborative Planning，Forecasting and Replenishment，CPFR）是在协同预测和补货（Collaborative Forecasting and Replenishment，CFAR）的基础上，进一步推动共同计划的制订，即不仅合作企业实行共同预测和补货，同时原来属于各企业内部事务的计划工作（如生产计划、库存计划、配送计划、销售规划等）也由供应链各企业共同参与。

（2）CPFR 的特点。

CPFR 是现代企业供应链整合的发展概念，是一种协同式的供应链管理方法。CPFR 的本质特点表现为以下几个方面：

1）协同。CPFR 要求双方长期承诺公开沟通、信息分享，从而确立其协同性的经营战略。这种战略的实施必须建立在信任和承诺的基础上。协同的第一步就是保密协议的签署、纠纷解决机制的建立、供应链计分卡的确立及共同激励目标的形成。但在确立目标时，不仅要建立起双方的效益目标，还要确立协同的盈利驱动性目标。只有这样，才能使协同性体现在流程控制和价值创造的基础之上。

2）规划。CPFR 在已有的 CFAR 结构上增加“P”，即合作规划（品类、品牌、分类、关键品种等）及合作财务（销量、订单满足率、定价、库存、安全库存、毛利等）。此外，为了实现共同目标，还需要双方协同制订促销计划、库存政策变化计划、产品导入和中止计划及仓储分类计划。

3）预测。CPFR 强调买卖双方必须做出最终的协同预测，尤其是对对于供应商和零售商都是十分重要的信息进行共同预测能促进产品更好地销售，节约整个供应链的资源。CPFR 推动的协同预测不仅关注供应链双方共同做出最终预测，也强调双方都应参与预测反馈信息的处理和预测模型的制定和修正。只有把数据集成、预测和处理等各方面都考虑清楚，才有可能真正实现共同的目标，使协同预测落在实处。与此同时，最终实现协同促销计划是实现预测精度提高的关键。

4）补货。销售预测必须利用时间序列预测和需求规划系统转化为订单预测，并且供应商约束条件，如订单处理周期、前置时间、订单最小量、商品单元及零售商长期形成的购买习惯等，都需要供应链双方加以协商解决。根据美国产业共同商务标准协会（VICS）的 CPFR 指导原则，协同运输计划也被认为是补货的主要因素。此外，需要将例外状况出现的概率转化为存货的百分比、预测精度、安全库存水准、订单实现的比例、前置时间及订单批准的比例，这些都需要在双方公认的计分卡基础上定期协同审核。对于潜在的分歧，双方应事先及时解决。

2. CPFR 的实施

（1）识别可比较的机遇。

CPFR 有赖于数据间的比较，这既包括企业间计划的比较，又包括一个组织内部新计划与旧计划、计划与实际绩效之间的比较。这种比较越详细，CPFR 的潜在收益就越大。因此，CPFR 实施框架的第一步就是识别可比较的机遇。在识别可比较的机遇方面，关键有以下几个方面：

1）订单预测的整合。CPFR 为补货订单预测和促销订单提供了整合、比较的平台。CPFR 参与者应该搜集所有的数据资源和拥有者，寻求一对一的比较。一对一的比较虽然对于高促销产品其绩效要大打折扣，但是比起根本不做比较产生的效果要好得多。

2）销售预测的协同。CPFR 要求企业在周计划促销的基础上再做出客户销售预测，这样将这种预测与零售商的销售预测相对照，就可能有效地避免销售预测中没有考虑促销、季节因素等产生的差错。

基于上述两个方面的考虑，CPFR 的实施要求与其他供应和需求系统相整合，通过综合运作，就可以识别可比较的机遇。对于零售商来说，CPFR 需要整合比较的资源有商品销售规划、分销系统、店铺运作系统；对于供应商来说，CPFR 需要整合比较的资源有 CRM、APS 及 ERP。应当看到，CPFR 的这种资源整合和比较，不一定都是 CPFR 系统与其他应用系统的直接相连，但是这种比较的基础至少是形成共同的企业数据库，即这种数据库的形成来自不同企业计划系统在时间整合和共同数据处理的基础上。在识别比较机遇阶段，定期数据的输入和协同数据的处理与比较是 CPFR 运作的关键。在实施过程中，需要注意例外情况的识别。任何在数据输入、计划对比过程中发生的例外都需要事先考虑，并且一旦发生就需要调整，所有这些弥补手段也需要供应链参与方进行细致的规划。

（2）数据资源整合。

在发现和整合了各方的数据资源后，CPFR 实施的第一个阶段就是数据资源的整合运用。这种整合运用不仅是集合、调整数据，而且也需要供应链参与方调整相应的业务政策，以使 CPFR 可以实施。

数据资源的整合运用主要反映在如下方面：

1）不同层面的预测比较。不同类型的企业由于自身的利益驱使，计划的关注点往往各不相同，造成信息来源不同，从而导致信息不一致。CPFR 要求协同团队寻求到不同层面的信息，并确定可比较的层次。例如：一个供应商提供四种不同水果香味的香水，但是零售商不可能对每一种香味的香水都进行预测，这时供应商就可以在系统中输入每种香水的预测数据，运用 CPFR 解决方案将这些数据收集起来，并与零售商的品类预测相比较。

2）商品展示与促销包装的计划。CPFR 系统在数据整合运用方面一个最大的突破就是它能对每个产品进行追踪，并且销售报告可以用包含展示信息的形式反映出来，预测和订单就不再只是需要多少产品，而是包含了不同品类、颜色及形状等特定的展示信息。这样数据之间的比较不再是预测与实际绩效的比较，而是建立在单品基础上、包含商品展示信息的比较。CPFR 实施过程中还有一个很重要的因素，就是建立在预测、追踪及协同计划上的促销装商品的管理。CPFR 交易双方在事前就对促销计划进行协同，因此对促销商品的预测、追踪和管理相对来说比较容易。

3）时间段的规定。CPFR 在整合利用数据资源时，非常强调时间段的统一。由于预测、计划等行为都是建立在一定时间段基础上的，因此如果交易双方对时间段的规定不统一，就必然造成交易双方的计划和预测很难协调。正是因为如此，供应链参与方需要就管理时间段的规定进行协商，如预测周期、计划起始时间、补货周期等。

（3）组织评判。

一旦供应链参与方有了可比较的数据资源，就必须建立一个企业特定的组织框架体系以反映产品层次、地点层次、分销地区及其他品类计划的特征。一般而言，一个企业有多种组织框架，如企业可以按照配送中心确立分销体系，也可以按照销售区域确立分销体系。通常企业采用多种组织管理方法，CPFR 能在企业界定组织管理框架后，支持多体系的并存，体现不同框架的映射关系。

（4）商业规则界定。

当所有的业务规范和局部资源整合以及组织框架确立后，最后在实施 CPFR 的过程中需要决定的是供应链参与方的商业行为规则，这种规则主要表现在例外情况的界定和判断上。

知识延伸

京东和美的“协同计划、预测和补货”（CPFR）案例

京东与美的基于 EDI 电子数据交换技术实现数据有效及时的共享，构建了从计划到预测及补货流程的全面协同（见图 8-6）。

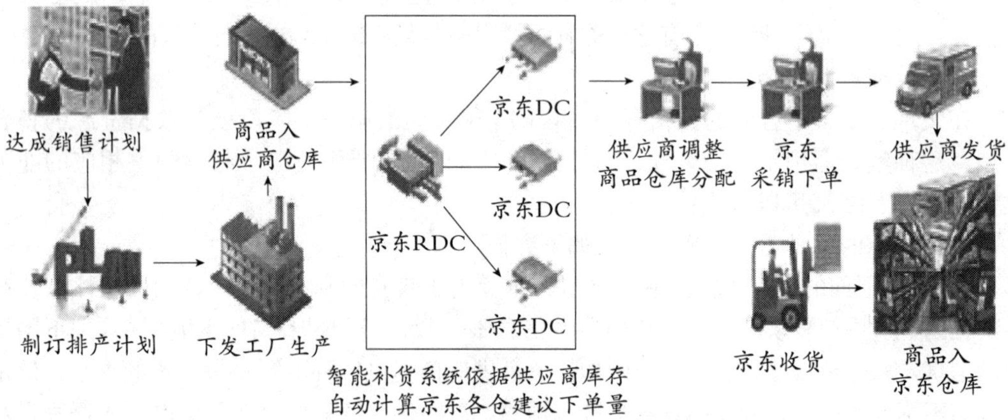

图 8-6 京东从计划到预测及补货流程

业务流程分为三个方面：

（1）协同销售计划。

京东提前一个月向美的提报备货计划，美的接收并反馈供货计划，双方即以供货计划作为下个月采购及供货的依据。然后美的根据供货计划制订每周排产计划，并共享给京东。

（2）协同订单预测。

美的排产完成商品入库后，同步库存数据给京东。京东应用自动补货系统，以仓到

仓支援关系及供应商库存等为限制因素，计算出各仓补货建议，并将补货建议共享给美的，美的根据发货要求进行调整并反馈给京东。

(3) 协同订单补货。

美的评审后的补货建议自动形成京东采购单，美的接收系统自动发起仓库入库预约，收到预约号后进行发货，并反馈京东发货单，京东仓库收到货物后回传美的收货确认。

【任务分析与讨论】

请通过查阅教材、上网搜索、听课、讨论等获取表 8-8 中的答案/案例，并进行自我评价，确保项目顺利实施。

表 8-8　相关知识和技能信息确认单

相关知识和技能	答案/案例	自我评价
敏捷供应链的特点		
敏捷供应链的作用		
敏捷供应链的运作模式		

【任务实施】

思考任务要求，制订工作计划，在表 8-9 中用适当的方式予以表达。

表 8-9　计划工作单

1. 小组讨论决策

负责人：__________讨论发言人：____

决策结论及方案变更：

____

____

____

2. 小组互换决策

优点	缺点	综合评价 (A、B、C、D、E)	签名

3. 人员分工与进度安排

内容	人员	时间安排	备注

【任务总结】

【任务拓展】

1. 通过相关资源途径，查找国内外敏捷供应链优秀实践案例。
2. 敏捷供应链还有哪些实际应用?

任务五
绿色供应链

【任务导入】

习近平总书记在2023年全国生态环境保护大会上强调，以高品质生态环境支撑高质量发展。推动高质量发展，构建新发展格局，畅通国内国际双循环，需要以安全、稳定、高效、绿色的产业链、供应链为支撑，不断提高供给体系的质量和水平，以新供给创造新需求。

以绿色供应链为抓手，推动落实绿色发展理念，可以有效发挥市场机制的作用，对供给侧的生产方式进行生态绿色化改造，从供给侧淘汰高污染、高能耗产业和产品，将企业和产品的良好环境绩效转化为产业绿色价值，提高国内绿色生态产品的有效供给，从而支撑供给侧结构性改革，提高供给企业的环境表现和市场竞争力，推动我国在国际产业链分工中的绿色转型和升级。

绿色供应链管理通过市场供需关系的约束，促进供应链上各节点节约能源和原料、提高资源利用率，减少环境治理费用，从而实现全产业的降本增效和价值增值。同时，为适应绿色供应链管理的要求，市场主体需要主动提升研发创新能力，突破资源能源、污染治理和环境风险防范相关技术瓶颈，以增强产业链供应链的竞争力和安全性。

在全球绿色发展进程持续深入的背景下，主要发达国家和全球产业链链主企业不断提高生产过程和产品的绿色要求，逐步建立更高标准的绿色供应体系。要继续保持我国在国际大循环中的优势地位，就需要提升我国产业体系的绿色化水平，加快供应链绿色化进程，提高其抗风险能力，从经济、社会和生态效益三方面提升绿色供应链价值，利用国际大循环的资源和优势反哺国内产业升级改造，夯实我国经济发展的根基，助力国内大循环的良性发展。

思考：发展绿色供应链是未来趋势，可以通过哪些环节来实施？

【基础知识】

微课

绿色供应链

一、绿色供应链概述

（一）绿色供应链的概念与特征

1. 绿色供应链的概念

本书认为绿色供应链的基本含义是：将环境保护和资源节约的理

念贯穿于企业从产品设计到原材料采购、生产、运输、储存、销售、使用和报废处理的全过程，使企业的经济活动与环境保护相协调的上下游供应关系。

2. 绿色供应链的特征

（1）突出可持续发展，考虑环境问题。绿色供应链考虑在供应过程中所选择的方案会对周围环境和人员产生何种影响、是否合理利用资源、是否节约能源、废弃物和排放物如何处理与回收、环境影响是否做出评价等。

（2）强调供应商之间的资源信息共享。信息共享包含绿色材料的选取、产品设计、对供应商的评估和挑选、绿色生产、运输和分销、包装、销售和废物的回收等过程的信息。供应商、制造商和回收商以及执法部门和用户之间的联系都是通过 Internet 来实现的。因此，绿色供应链信息数据流动是双向互动的，并通过网络来支撑。

（3）闭环运作。绿色供应链中流动的物流不仅是普通的原材料、中间产品和最终产品，更是一种绿色的物流。在生产过程中产生的废品、废料和在运输、仓储、销售过程中产生的损坏件及被用户淘汰的产品均须回收处理。当报废产品或其零部件经回收处理后可以再使用，或可作为原材料重复利用时，绿色供应链没有终止点。

（4）体现并行工程的思想。绿色供应链研究从原材料生产、制造到回收处理，实际上研究的是产品生命周期的全过程。并行工程要求面向产品的全生命周期，在设计一开始，就充分考虑设计下游有可能涉及的影响因素，并考虑材料的回收与再利用，尽量避免在某一设计阶段完成后才意识到因工艺、制造等因素的制约造成该阶段甚至整个设计方案的更改。

（5）充分应用现代网络技术。网络技术的发展和应用，加速了全球经济一体化的进程，也为绿色供应链的发展提供了机遇。企业利用网络完成产品设计、制造，寻找合适的产品生产合作伙伴，以实现企业间的资源共享和优化组合利用，减少加工任务、节约资源和全社会的产品库存；通过电子商务搜寻产品的市场供求信息，减少销售渠道；通过网络技术进行集中资源配送，减少运输对环境的影响。

（二）绿色供应链的现实意义

1. 构建企业竞争优势

环境问题和环保法规日趋严格，企业必须改变、提升、优化生产方式，通过建立绿色供应链来规避环保要求并逐步建立领先的竞争优势。绿色供应链体系建设具有高投入、高使用成本和低边际成本等特点，建设成功后会成为企业所独有的竞争优势，短期内难以被竞争对手替代。此外，建立完整的绿色运作体系可以极大地改善企业员工的工作环境，进而有效促进员工的参与感和提升效率。同时，绿色供应链体系为客户带来绿色收益，可赢得客户的长远信任。

2. 创造供应链协同效益

供应链体系是一个复杂的系统工程，商誉商标、企业文化、专有技术等在供应链中可以产生协同效益。此外，通过绿色供应链的实施，供应链成员企业可以联合绿色供应链产业的上下游企业进行整合，优势互补，共同发展，为整个供应链带来更多的协同效益。

3. 促进经济与环境协调发展

近年来，经济的高速发展带来的环境问题逐渐凸显，自然资源日益紧缺，这不仅限制了经济的可持续发展，也严重威胁着人类的生存。因此，企业实施绿色供应链，既可以有效地保护环境、节约资源、维护生态平衡，又有利于经济的持续稳定健康发展，实现经济和环境的双赢。

二、绿色供应链的构成

绿色供应链的内容涉及供应链的各个环节，主要有绿色采购、绿色生产、绿色销售、绿色物流。绿色供应链按照产品生命周期要求，对设计、采购、生产、物流、回收等业务流程进行管理，其中涉及供应商、制造商、批发商、零售商、消费者以及回收商等企业的协作（见图 8－7）。

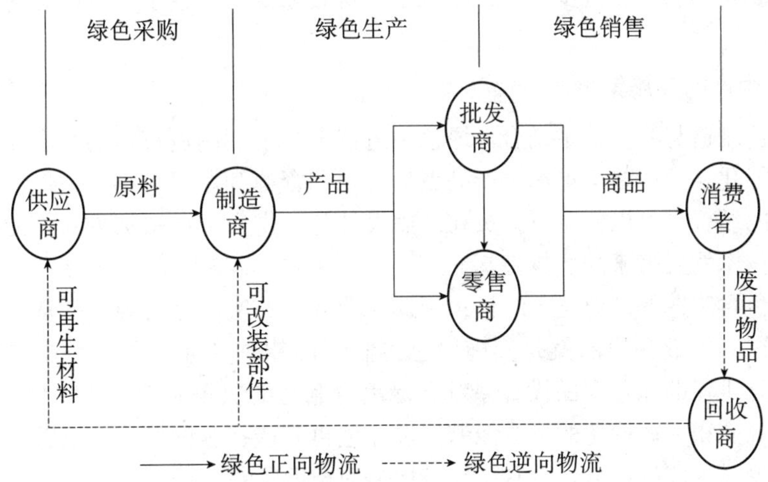

图 8－7　绿色供应链

（一）绿色采购

1. 绿色采购的概念

绿色采购是指企业在采购活动中，推广绿色低碳理念，充分考虑环境保护、资源节约、安全健康、循环低碳和回收促进，优先采购和使用节能、节水、节材等有利于环境保护的原材料、产品和服务的行为。

2. 绿色采购的实施策略

（1）改善节能环保产品的认证制度。只有进一步科学化和细化认证管理制度，才能更加公平有效地推行绿色采购。

（2）完善绿色采购清单的公示制度和动态调整机制，与此同时还要加强监督管理，不让低能的产品浑水摸鱼进入绿色环保市场，以致造成无法想象的后果。只有这样才能有效地保护先进产品，淘汰落后产品。

（3）完善绿色采购执行机制。根据现行的绿色采购规章制度，努力探索最有利于市场优势的具有可行性的采购方法。

（4）研究并建立绿色采购的绩效评价机制和责任追究机制。按照权责利明确、目标相同、运作效率高等一系列原则，进一步健全各部门与各机构之间的协调配合机制，保证在采购过程中出现不可预料的问题时能够及时解决并保证绿色采购能够有效进行，从而发挥其积极作用。

（二）绿色生产

1. 绿色生产的概念

绿色生产是以节能、降耗、减污为目标，以管理和技术为手段，实施工业生产全过程污染控制，使污染物的产生量最少化的一种综合措施。随着技术进步和经济发展，绿色生产的内涵将不断更新进步。根据企业生产材料来源，绿色生产可以分为绿色制造和绿色再制造。

2. 绿色生产的实施策略

（1）绿色制造与其他技术结合。绿色制造技术与智能制造技术的结合，可以使生产制造更加智能化，生产效率更高，产品更加优化和资源利用率更高；绿色制造技术与虚拟制造技术的结合，可以使工程人员在产品设计与开发等方面更加创新，能够让人类很好地体会到技术发展带来的优越性。

（2）绿色再制造的产业化。绿色再制造生产方式的实施必将导致一批新兴产业的形成与发展。这其中最突出的就是实施绿色再制造的软件产业。各个企业进行绿色再制造，需要计算机辅助绿色产品设计系统、绿色再制造的决策系统、ISO 14000 国际认证的支撑系统等。相关产业化的形成能够促进绿色再制造技术的发展，能够更加有效地利用资源，减少对环境的影响，有利于经济社会的长远发展。

（3）绿色生产的集成化。因为绿色生产涉及产品生命周期的各个过程，并涉及企业生产经营的各个方面，所以绿色生产就成为一个复杂的问题。当前，绿色生产的集成化要求产品设计、工艺设计与材料选择系统集成，绿色制造与绿色再制造技术体系集成等。

（4）绿色生产的政策支持。对于绿色产业，政府可出台相关政策法规提供支持，为企业的绿色发展铺平道路，并用市场经济的机制对绿色生产进行引导。例如：利用更加严厉的经济手段来惩罚相关企业，迫使其进行产业改造，让该企业的生产更加绿色健康。但是在出台相关政策的同时，要考虑到经济发展的规律，不要过急过猛。

（三）绿色销售

1. 绿色销售的概念

绿色销售是指企业在销售过程中在充分满足消费者需求、争取适度利润和发展水平的同时，还能够确保消费者的安全和健康，遵循在商品的售前、售中、售后服务过程中注重环境保护和资源节约的原则的销售方式。

2. 绿色销售的实施策略

（1）树立绿色企业形象。当今时代，树立企业的绿色形象无疑是非常重要的。要树立绿色形象，可以采取以下方法：1）加强对员工和管理人员绿色意识的教育，使员工树立环保意识，使企业逐渐形成绿色文化，真正成为一家以减少环境污染为目标的绿色企业；2）进行绿色宣传工作，宣传以绿色消费为原则的全过程服务。

（2）建立绿色分销渠道。绿色产品的品质与非绿色产品的品质是有明显不同的，但却很难从外观上进行区分，因此，对于绿色产品的销售应建立绿色分销渠道。同时，建立绿色分销渠道可防止商品的二次污染，维护绿色品质。建立绿色分销渠道的主要对策有：1）在绿色市场较成熟的地方，应尽量选择与本企业有相同绿色意识、有良好的形象并能真正合作的中间商来经销企业的产品；2）在绿色市场尚不成熟的地方，企业可以考虑自行建立分销渠道，如设立绿色专营店、绿色专柜等。

（3）实施绿色促销。绿色营销是一种观念。因此，企业要在公众中树立良好的绿色形象，同时要与有关环保部门保持和谐关系，寻求其支持，并积极参加各种与环保有关的事务，以扩大企业的绿色影响力。另外，绿色营销又是一种行动。企业可利用各种媒体宣传自己在绿色领域的成就和作为，包括如何遵守相关绿色法规等，以实际行动强化企业在公众心目中的印象。

（4）提供绿色服务。绿色服务是指产品在售前、售中、售后过程中以符合再生资源、减少环境污染为原则的全过程服务。企业应对全体员工进行绿色服务的培训，使其真正意识到绿色服务的重要性，树立绿色服务的企业精神。

微课

绿色物流

（四）绿色物流

1. 绿色物流的概念

中华人民共和国国家标准《物流术语》（GB/T 18354—2021）：绿色物流指通过充分利用物流资源、采用先进的物流技术，合理规划和实施运输、储存、装卸、搬运、包装、流通、加工、配送、信息处理等物流活动，降低物流活动对环境影响的过程。从管理学的角度讲，绿色物流是指为了实现客户满意，连接绿色需求主体和绿色供给主体，克服空间和时间限制，提供绿色商品和服务的绿色经济管理活动过程。

2. 绿色物流的实施策略

（1）树立绿色物流观念。企业上下要提高认识和转变观念，要着眼于长远利益、生态利益和社会利益。要树立集体协作、节约环保的团队精神，将节约资源、减少废物排放、避免环境污染等目标作为企业的长远发展目标，把绿色物流作为绿色供应链发展战略的重要组成部分。

（2）推行绿色物流经营。企业要从保护环境的角度制定绿色经营管理策略，以推动绿色物流进一步发展。企业可以从绿色运输、绿色包装、绿色流通加工、绿色信息管理等方面推行绿色物流经营。

（3）开发绿色物流技术。企业开展绿色物流离不开绿色物流技术的应用和开发。目前我国的物流技术与绿色要求有较大的差距，如物流机械化方面、物流自动化方面、物流信息化及网络化等方面。供应链企业要大力开发绿色物流技术，推进绿色物流的发展。

（4）制定绿色物流法规。绿色物流的实施不仅是企业的事情，还需要政府对现有的物流体制强化管理。政府需要制定政策法规，在宏观上对绿色物流进行管理和控制，包括制定诸如污染发生源、限制交通量、控制交通流等的相关政策和法规。

（5）大力培养绿色物流人才。绿色物流对人才素质要求较高，因此，要实现绿色物流的目标，培养一批熟悉绿色物流理论和实务的人才是当务之急。

知识延伸

京东以绿色供应链推进全产业链绿色低碳发展

拥有 20 年供应链基础设施积淀的京东，致力于将绿色基础设施与数字技术深度融合，推进仓储、包装、运输、运算、回收及办公等多个环节协同共建绿色供应链，并将其面向全社会开放共享，与全产业链共同推进绿色发展。这不仅为企业创造了可持续经济价值，也产生了巨大的社会效益。

“双碳”政策的实施，促使企业对能源利用的方式向集约型转变。作为新型实体企业，京东致力于成为节能降耗的“碳”路者，依托绿色供应链带动节能、能效提升、储能等领域快速发展。截至 2022 年底，京东已完成 23 座智能物流园的光伏发电系统安装，同时计划将光伏发电能力逐步提升至 1 000 兆瓦，为 85%的京东智能产业园提供绿色能源。

京东产发为宝马提供定制化的区域配送中心建设服务，让后者在成为中国首个获得 LEED 金级认证的售后零件“绿色库房”。京东产发旗下的 38 个京东智能产业园完成了车辆充电桩配套，共计 582 座充电桩已投入使用。

京东在包装上通过延长使用寿命、创新包装方式、回收再利用等方式，守住青山绿水。京东物流循环保温箱是国内最早应用 2C 循环包装模式的试点，替代传统 EPS 白色泡沫箱和一次性冰袋。循环保温箱在京东 B2C 生鲜业务中使用，截至 2022 年底，已在 18 个城市规模化、常态化投放 70 万个，累计投放超 2 亿次，减少泡沫箱使用 2 亿个。循环青流箱取消一次性封签或胶带使用，仅依靠物流面单即可封箱，已在 30 个城市常态化投放 20 万个，累计投放 2 000 万次。

近两年来，京东健康不断优化纸浆配比，药急送及京东到家使用超 4 000 万环保纸袋，节省纸浆相当于少砍伐 1.5 万棵树。此外，2022 年，京东到家 77.1%的包装袋为可降解包装袋，已覆盖约 70%订单。

交通运输行业的能源消耗巨大，交通节能对控制能源消费总量、实现碳排放达峰和改善区域环境都有积极贡献。为了节能减排，京东的合作伙伴达达快送基本实现电车配送，全年配送距离 18.2 亿千米，并在分拣、打包、配送等环节，全流程实施碳减排举措。京东物流在全国 50 多个城市投放新能源车，北京地区的自营城配车辆已全部更换为新能源车，促进减排降耗。

为了让数字化和智能化决策更好地为客户服务，京东物流向客户提供数字化供应链碳管理平台 SCEMP 试算服务，单月计算物流运输碳足迹超过 35 万张运单，在单项仓配运输场景下，所计算的温室气体排放量总量超过 450 000 千克二氧化碳当量，温室气体减排量为 37 千克二氧化碳当量。京东工业推出“碳能云”这一综合能源管理解决方案，从管理节能、设备节能、系统节能三大维度出发，以能源大数据为核心，助力企业在供—售—用等环节实现绿色低碳，让工业企业用电量和碳排放看得见、算得清、降得下。在同国家级经开区丽水经开区、立白集团、京东亚洲一号仓库的合作中，共实现减碳量 1.18 万吨。

低碳是一种生活态度，保护环境需要全社会共同努力。依托“有责任的供应链”，京东与全产业共同推进绿色发展，为产业“降碳”、为发展“增绿”，以绿色供应链实现向美好生活的奔赴。

【任务分析与讨论】

请通过查阅教材、上网搜索、听课、讨论等获取表 8-10 中的答案/案例，并进行自我评价，确保项目顺利实施。

表 8-10　相关知识和技能信息确认单

相关知识和技能	答案/案例	自我评价
绿色供应链的现实意义		
绿色供应链的特征		
绿色供应链的构成		

【任务实施】

思考任务要求，制订工作计划，在表 8-11 中用适当的方式予以表达。

表 8-11　计划工作单

1. 小组讨论决策

负责人：＿＿＿＿＿讨论发言人：＿＿＿＿＿＿＿＿＿＿＿＿＿＿＿＿＿＿＿＿

决策结论及方案变更：

＿＿＿＿＿＿＿＿＿＿＿＿＿＿＿＿＿＿＿＿＿＿＿＿＿＿＿＿＿＿＿＿＿＿＿＿

＿＿＿＿＿＿＿＿＿＿＿＿＿＿＿＿＿＿＿＿＿＿＿＿＿＿＿＿＿＿＿＿＿＿＿＿

＿＿＿＿＿＿＿＿＿＿＿＿＿＿＿＿＿＿＿＿＿＿＿＿＿＿＿＿＿＿＿＿＿＿＿＿

2. 小组互换决策

优点	缺点	综合评价 （A、B、C、D、E）	签名

续表

3. 人员分工与进度安排

内容	人员	时间安排	备注

【任务总结】

【任务拓展】

1. 查找资料，说说绿色供应链的实施策略有哪些。
2. 通过相关资源途径，查找国内外绿色供应链优秀实践案例。

项目小结

基础练习

一、单项选择题

1. 发展供应链的本质是（　　）。

A. 整合　　B. 价值创造　　C. 优化　　D. 合理

2. 通过（　　），在多方互信的基础上快速集合优质资源，打造立体化供应链生态服务。

A. 互联网　　B. 物联网　　C. 区块链　　D. 大数据

3. 精益供应链系统的成功实施需要体现（　　）的原则。

A. 成本最低　　B. 以人为本　　C. 节约资源　　D. 高服务水平

二、多项选择题

1. 智慧供应链的实现在流程上有赖于“四化”，即（　　）。

A. 供应链决策智能化　　B. 供应链运营可视化

C. 供应链组织生态化　　D. 供应链要素集成化

2. 精益供应链运作的主要条件是（　　）。

A. 信息化水平高　　B. 物流运作模式完善

C. 合作紧密　　D. 成本尽可能低

3. 绿色供应链体系的环节主要有（　　）。

A. 绿色采购　　B. 绿色生产　　C. 绿色销售　　D. 绿色物流

三、判断题

1. 供应链创新的基本目标是提高经济发展的效益和效率。（　　）

2. 智慧供应链能够从全局和整体角度将破坏合作的运营风险降到最低。（　　）

3. 绿色供应链体现了现代供应链的协调管理、资源整合、创新发展的核心特征。（　　）

四、简答题

1. 经济新常态下供应链创新的本质是什么？

2. 智慧供应链具有哪些核心能力？

3. 什么是精益供应链管理的延迟策略？为什么要实施延迟策略？

4. 实施快速响应需要经过哪些步骤？

5. 绿色营销的实施策略包括哪些方面？

参考文献

[1] 王先庆．智慧物流：打造智能高效的物流生态系统［M]．北京：电子工业出版社，2019.

[2] 魏学将，王猛，张庆英，等．智慧物流概论［M]．北京：机械工业出版社，2020.

[3] 施先亮．智慧物流与现代供应链［M]．北京：机械工业出版社，2020.

[4] 廖胜．大数据背景下智慧物流业务体系构建与运营［J]．中国科技信息，2022（11).

[5] 王喜富．大数据与智慧物流［M]．北京：清华大学出版社，2016.

[6] 张翼英，张茜，西莎，等．智能物流［M]．北京：水利水电出版社，2012.

[7] 马海晶．物联网感知计术探讨［J]．制造业自动化，2011（06).

[8] 郑文超，贲伟，汪德生．智慧交通现状与发展［J]．指挥信息系统与技术，2018（08).

[9] 陈广学，陈琳轶，俞朝晖．智能包装技术的探索与应用［J]．今日印刷，2018（05).

[10] 操露．智慧仓储实务：规划、建设与运营［M]．北京：机械工业出版社，2023.

[11] 党争奇．智能仓储管理实战手册［M]．北京：化学工业出版社，2020.

[12] 刘常宝．现代仓储与配送管理：基于仓配一体化［M]．北京：机械工业出版社，2020.

[13] 柳荣．智能仓储物流、配送精细化管理实务［M]．北京：人民邮电出版社，2020.

[14] 郭妍，杨高英，李墨溪．智慧仓配运营管理［M]．北京：化学工业出版社，2023.

[15] 杨松．Y 物流公司智慧仓储实施研究［D]．北京：北京交通大学，2018.

[16] 任芳．无人仓技术及其进展［J]．物流技术与应用，2018（10).

[17] 朱一青．城市智慧配送体系研究［D]．武汉：武汉理工大学，2017.

[18] 施和平，程永生．大数据背景下企业智慧配送体系构建［J]．商业经济研究，2021（07).

[19] 闫妍，刘雅迪．无人机技术在物流配送环节的优化研究［J]．中国储运，2022（03).

[20] 赵丹凤．基于智慧物流配送路径的优化研究［D]．天津：天津工业大学，2016.

[21] 刘茵，陈倩．智慧配送背景下城市地下物流发展浅析［J]．中国储运，2022（12).

[22] 余晓鑫．智能物流设备发展现状和趋势研究［J]．全国流通经济，2020（11).

[23] 陈明舟．物流领域智能技术动向研究［J]．电子技术与软件工程，2021（12).

［24］王志伟．智能包装技术及应用［J］．包装学报，2018（01）．

［25］前瞻产业研究院．中国智能包装行业发展前景预测与投资战略规划分析报告［R］．2019．

［26］高康，黄倩．智能包装应用现状研究［J］．绿色包装，2019（03）．

［27］陈克复，陈广学．智能包装：发展现状、关键技术及应用前景［J］．包装学报，2019（01）．

［28］张志勇．龙门吊自动装卸系统设计［J］．集装箱化，2013（12）．

［29］邹亮．双抓手码垛机器人结构优化设计及控制系统研究［D］．合肥：合肥学院，2023．

［30］卜清芝．卡车自动装卸系统及其应用［J］．物流技术与应用，2015（07）．

［31］陆建萍．自动装卸系统及其应用［J］．物流技术与应用，2019（10）．

［32］王森磊，胡昊程，等．AGV 的技术应用现状与发展趋势［J］．数字技术与应用，2023（12）．

［33］宋杰．全球最大单体全自动化码头 上海洋山港四期开港［J］．中国经济周刊，2017（12）．

［34］陶德馨．智慧港口发展现状与展望［J］．港口装卸，2017（02）．

［35］赵然，安刚，周永圣．浅谈智慧供应链的发展与构建［J］．中国市场，2015（03）．

［36］霍艳芳，齐二石．智慧物流与智慧供应链［M］．北京：清华大学出版社，2020．

［37］刘伟华，李波，彭岩．智慧物流与供应链管理［M］．北京：中国人民大学出版社，2022．